JN422776

2025
8TH EDITION

세법학 I

강의노트

정정운

I

- 국세기본법
- 상속세및증여세법
- 법인세법
- 소득세법

상경사
www.SKBOOKS.co.kr

정정운(鄭丁云)

전남대학교 경영대학 경영학과 졸업
제35회 세무사시험 수석합격
지방세공무원 연수원 강사 역임
한세대학교 전임강사 역임
재정경제부 혁신동아리 강사 역임
재정경제부장관 표창장 수상(제070442호)
웅지세무대학 전임강사 역임
기획경제부 세제개정 전문위원 역임
나무경영아카데미 세법 강사

• **저 서**
『세법개론』(상경사)
『세법개론 강의노트』(상경사)
『세법학Ⅰ』(상경사)
『세법학Ⅱ-1』(상경사)
『세법학Ⅱ-2』(상경사)
『세법학Ⅰ.zip』(상경사)
『세법학Ⅱ.zip』(상경사)
『세법학 강의노트』(상경사)
『세법학연습』(상경사)

세법학Ⅰ 강의노트

지은이 정정운

2018년 6월 7일 1판 1쇄 펴냄
2025년 5월 19일 8판 1쇄 펴냄

펴낸곳 상경사
펴낸이 김희철
영업·마케팅 김병훈 · 김희은
편집·북디자인 성진우 · 배정영 · 이은정 · 임경순
경영지원 배정민

등록일 1988년 6월 27일
동록번호 제 1-753 호

06784 서울특별시 서초구 동산로12길 13-8 B01,02 (양재동,담덕궁)
전화 02-577-3835, 팩스 02-573-2240, https://www.skbooks.co.kr

● ISBN 979-11-6137-395-9 94360

● 값은 표지 뒷면에 있습니다.
● 파본은 구입하신 서점에서 교환해드립니다.

2025

8TH EDITION

세법학 I

강의노트

정정운

상경사

www.SKBOOKS.co.kr

[상속세 및 증여세법]

제 1 장 상속세

제 1 절 상속과 증여의 개념

■ 무상이전의 유형

		甲 ⟶	A	受
계약	증여	증여자	수증자	증여세
계약	사인증여	증여자	사인증여 수증자	상속세
단독행위	유증	유증자	수유자	상속세
법률규정	상속	피상속인	상속인	상속세

■ 증여·사인증여·유증·상속의 개념

• 증여 · 사인증여

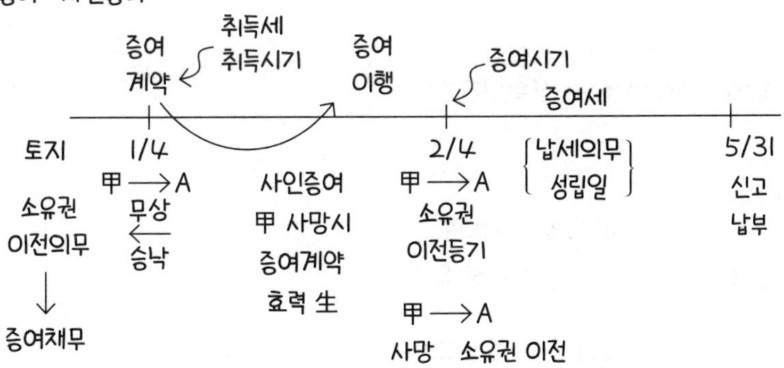

• 유증

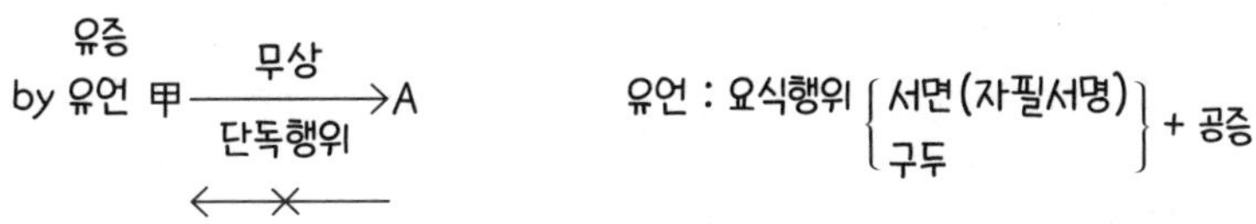

• 상속

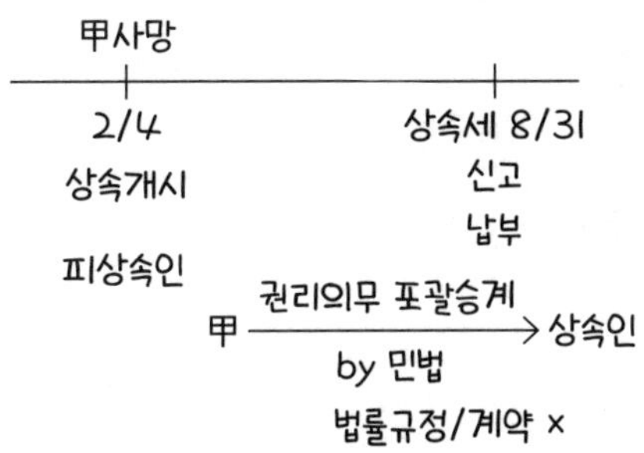

■ 민법상 상속의 순위

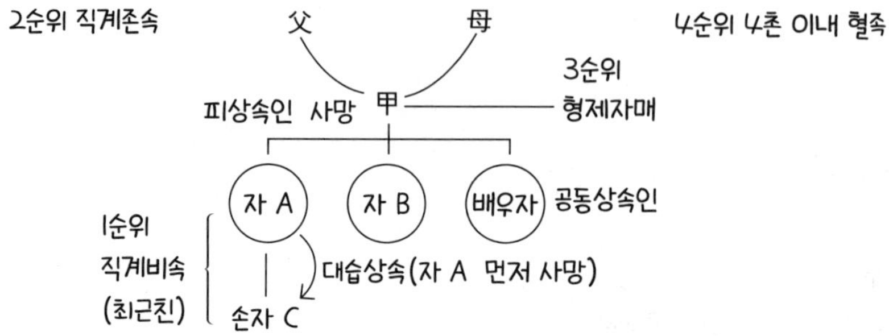

■ 상속의 승인과 상속포기

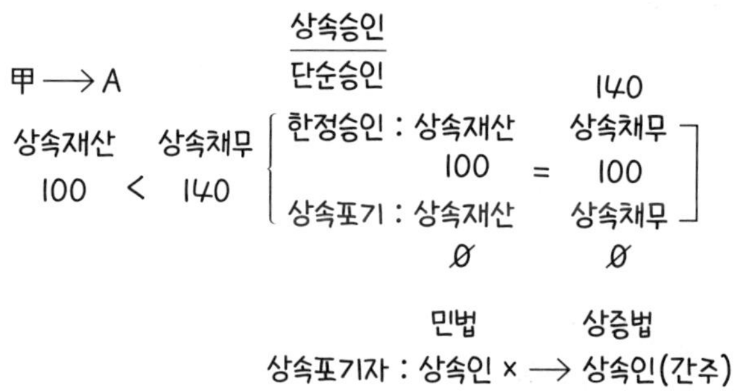

■ 상속재산의 분할

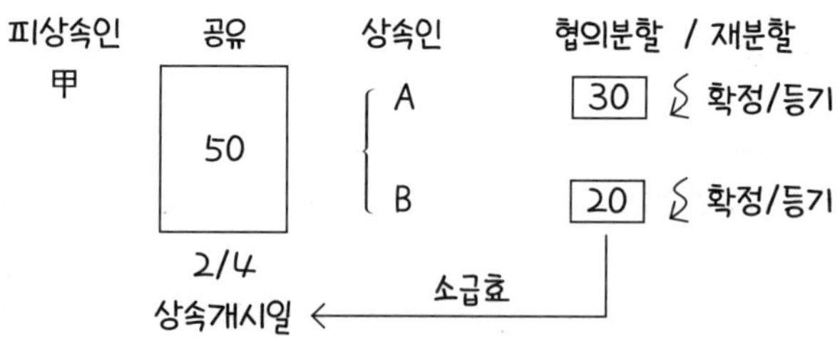

■ 유류분 청구

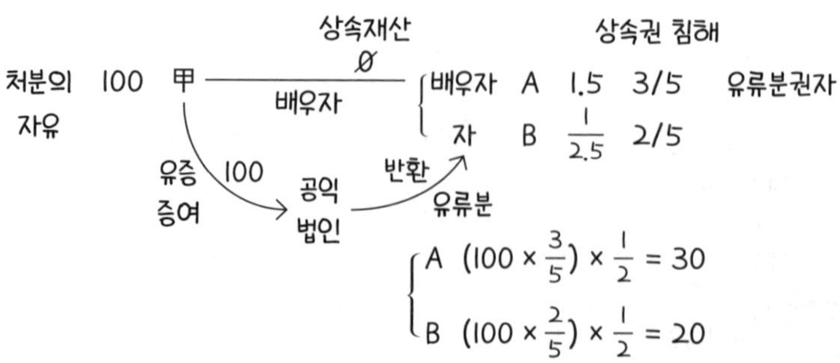

■ 상속분

甲 —— 유언 → 상속분*

상속분*	자 A	자 B	배우자
지정상속분	1/3 토지	1/3 건물	1/3 주택
법정상속분	1	1	1.5 (합계 3.5)
* 상속재산 분배비율	$\frac{1}{3.5}\left(\frac{2}{7}\right)$	$\frac{1}{3.5}\left(\frac{2}{7}\right)$	$\frac{1.5}{3.5}\left(\frac{3}{7}\right)$

■ 무상이전에 대한 증여세와 상속세 과세

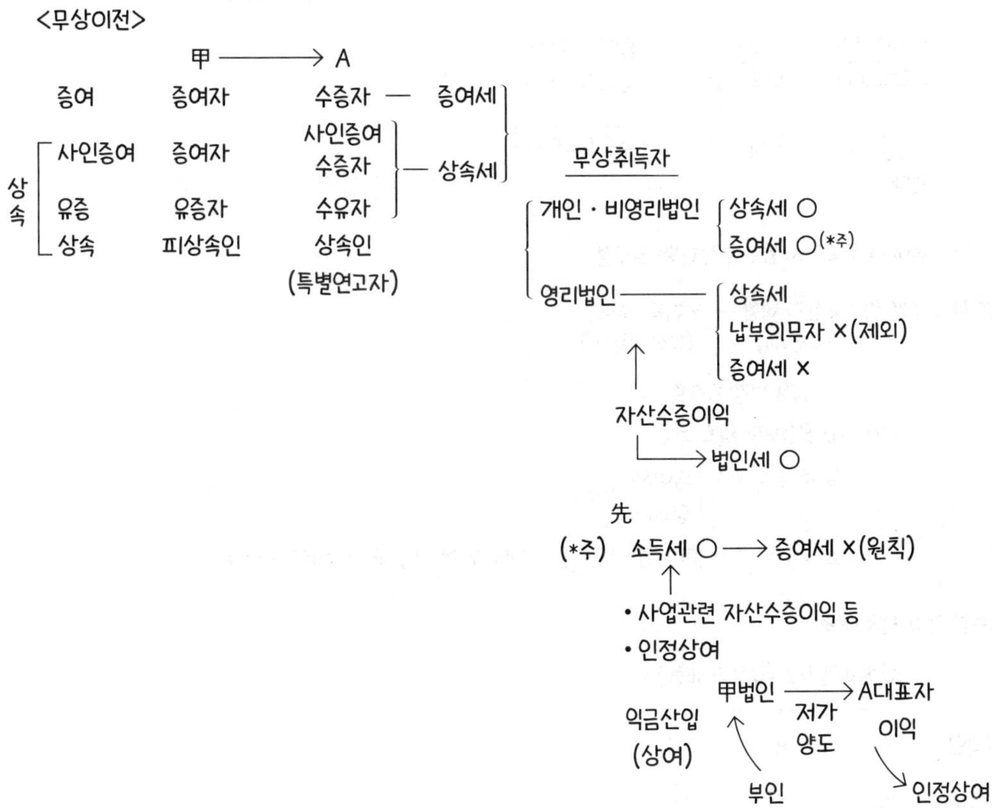

■ 상속세의 과세유형 : 유산과세형(유산세 방식)과 취득과세형(유산취득세 방식)

甲 [100] 유산 총액 → 기준

공동상속인 [50] A [30] B [20] C — 각자 유산 취득가액

<유산과세형>

과표 × 세율 = 세액 ⟶
(1회)

<취득과세형>

과표 × 세율 = 세액 ⟶
(3회)

A 50 × 세율 = 세액
(기준)

B 30 × 세율 = 세액

C 20 × 세율 = 세액

	납세의무자	입법례	증여세 과세
⟶	인격대표자	미국 · 영국	증여자 과세
⟶	[각 상속인] + 연대	독일 · 일본	[수증자 과세]

■ 유산과세형에서 취득과세형으로 전환의 필요성

상속세 과세유형 : 유산과세형 ⟶ 취득과세형
(유산세) (유산취득세)

정부 변경 추진중

근거 ① 응능부담 원칙 부합

② 취득과세형 { 증여세, 상속세 } 일치

③ 국제적 추세(미 · 영 · 덴 · 한 4개국 외의 다수 국가 취득과세형)

■ 상속인 각자 납부세액

상속세액 70 (유산과세형)

상속인	A	B	C
부담비율	$\frac{2}{7}$	$\frac{2}{7}$	$\frac{3}{7}$
	20	20	30

■ 생전 증여재산의 상속재산에 합산과세

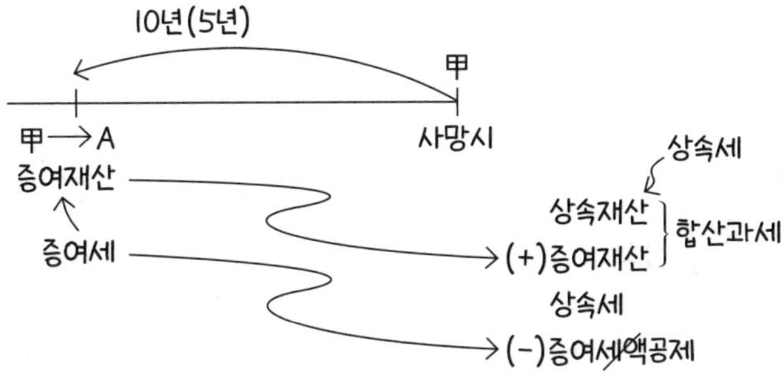

제 3 절 상속세의 과세대상과 납세의무자

■ 유언대용신탁

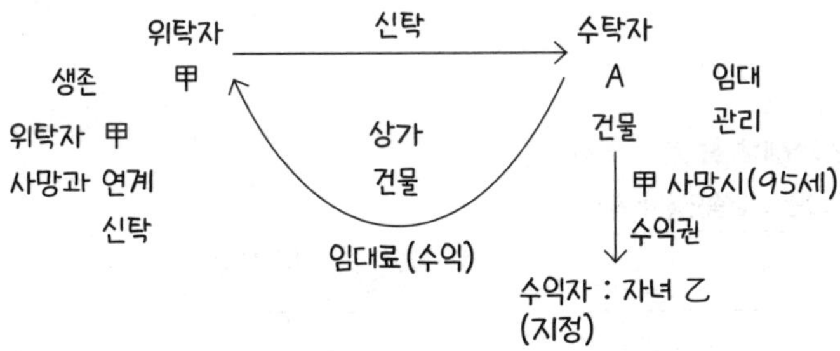

<u>유언대용신탁</u> = 사인증여 { 증여세 ×, 상속세 ○ }

무상이전
- 증여 甲 생계보장 ×
- 상속 乙 이전 × (상속인 다툼)
- 유증 乙 사망 → 효력 生 ×
- 사인증여 甲 (85세) 관리능력부족

수익자연속신탁

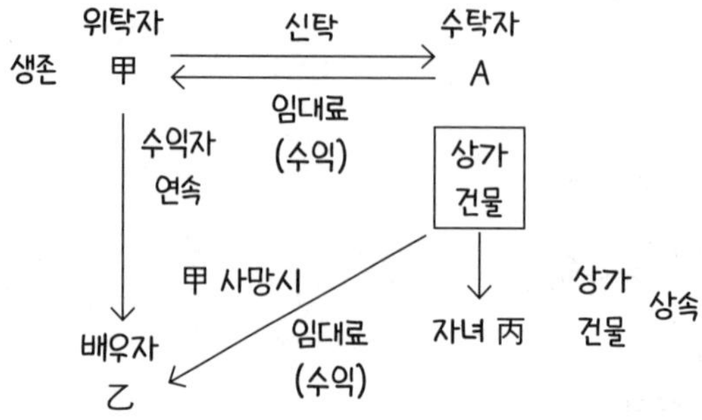

乙 사망

수익자 연속신탁 = 사인증여 {증여세 × / 상속세 ○}

상속재산의 범위

甲	피상속인 —	상속인
거주자	(국내 + 국외)	재산
OR		
비거주자	국내	재산

상속포기자가 생전 증여받은 경우 과세상 취급

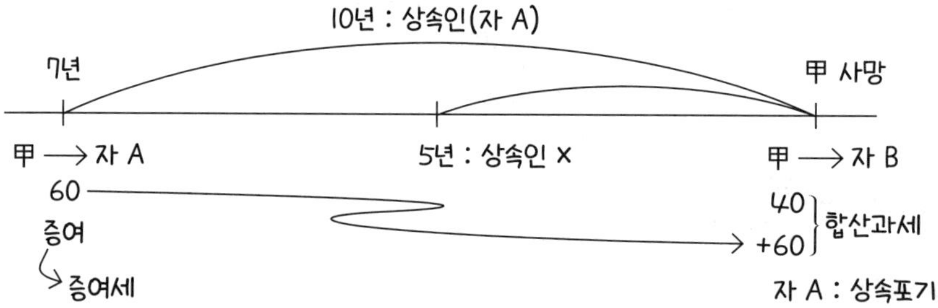

각 상속인의 부담비율과 상속인의 연대납세의무

$$\text{각 상속인 부담비율} = \frac{\text{분자}}{\text{분모}} = \frac{\text{상속인별 과표}}{\sum(\text{상속인's 과표})}$$

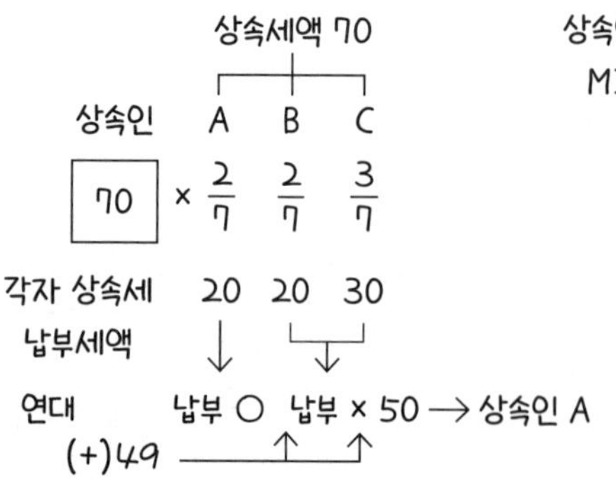

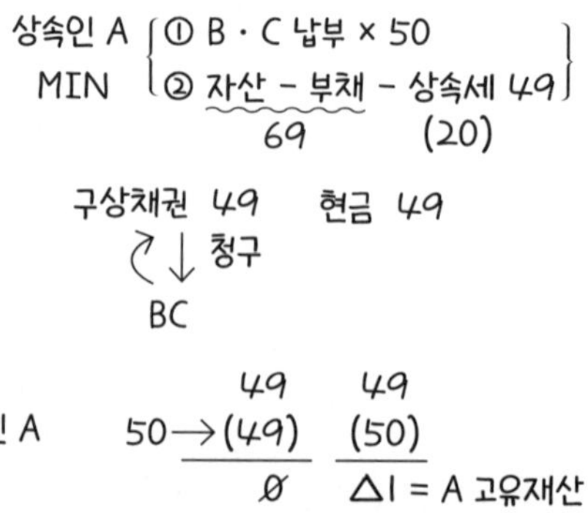

■ 영리법인을 통한 우회상속시 영리법인의 주주 중 상속인과 그 직계비속의 상속세 납세의무

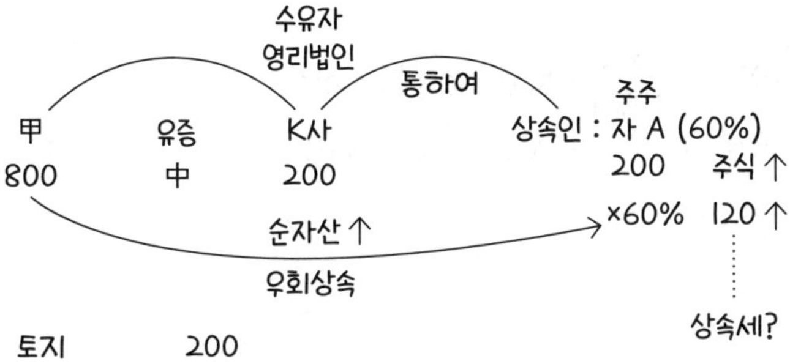

토지 200
자산수증이익 200(익금)
↖ 법인세 9%~24%

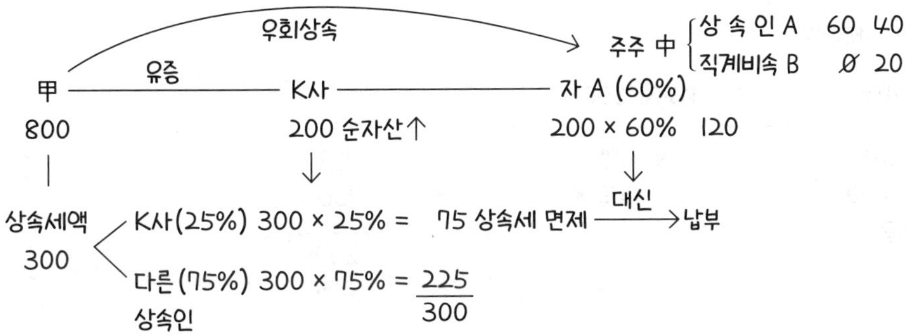

자 A (지분상당액 상속세)

	면제 상속세	법인세 과세	
=	(75 −	200×10%)	×60%(주식비율)
=	(75 −	20)	×60%
=	55		×60%
=	33(상속세)		

{ A 55×40 = 22
B 55×20 = 11
합계 33

자 A　K주식 50 (60%)　현금 50
+
200×60%↑　K주식 120↑ step-up　이익 120 − 증여세 33 ↑

TAX　K주식 170
현금 200　K주식 170 ↑
양도소득 30 ↓　↲ 양도소득세↓

■ 영리법인에게 유증한 경우 상속인과 그 직계비속의 상속세 납세의무 사례

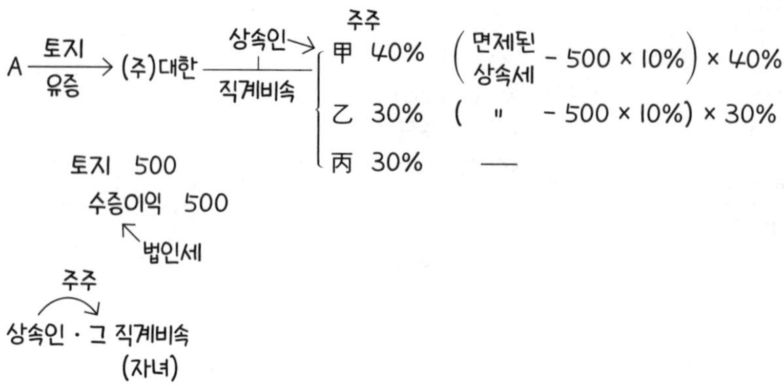

■ 상속세 과세여부 사례문제

3.

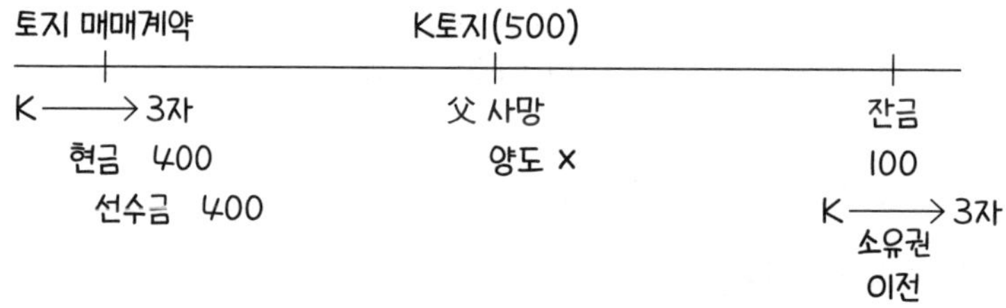

K

토지 500	선수금 400
현금 400	400 + (500 − 400) = 500(상속재산)

4.

제 4 절 상속세의 과세표준 및 세액계산

Ⅱ. 총상속재산가액

■ 상속재산의 정의

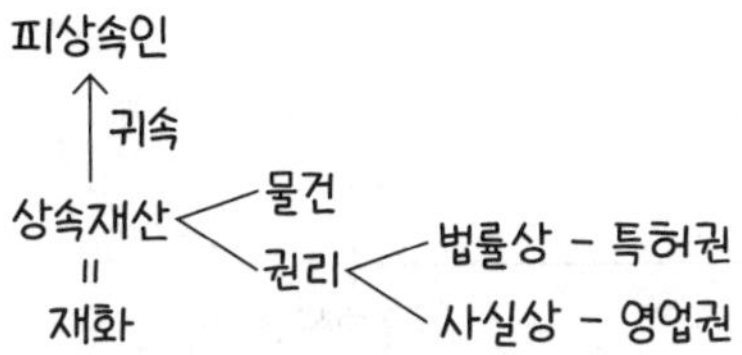

■ 간주(看做 = 의제)와 추정(推定)

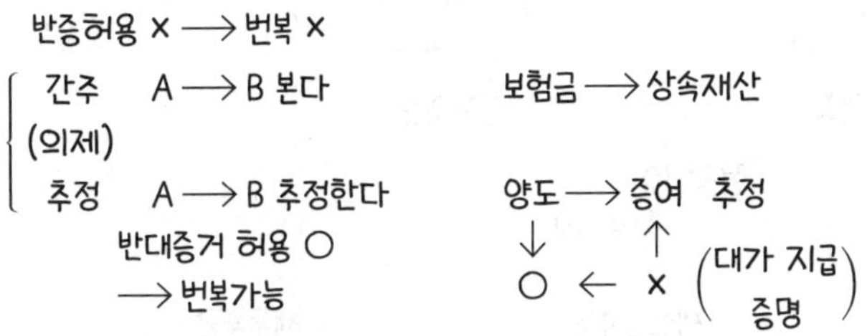

■ 상속재산으로 보는 보험금

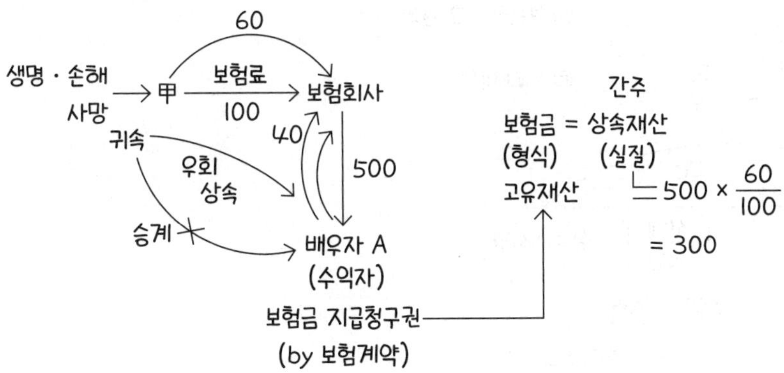

■ 상속재산으로 보는 신탁재산

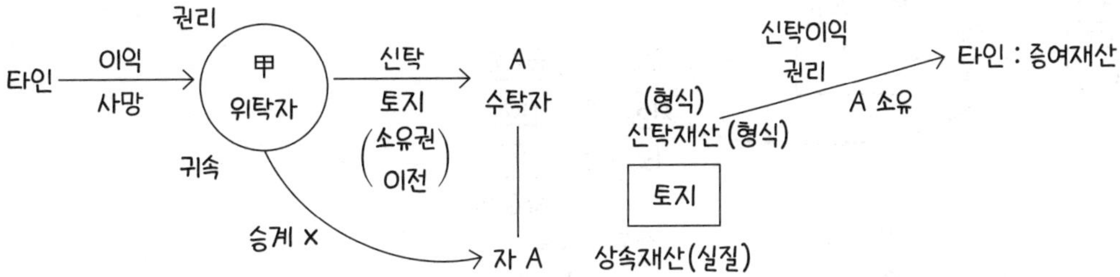

■ 상속재산으로 보는 퇴직금

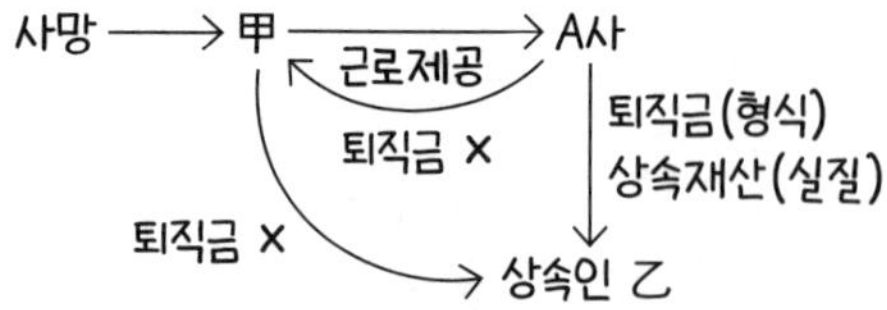

■ 상속개시 전 처분재산의 상속추정

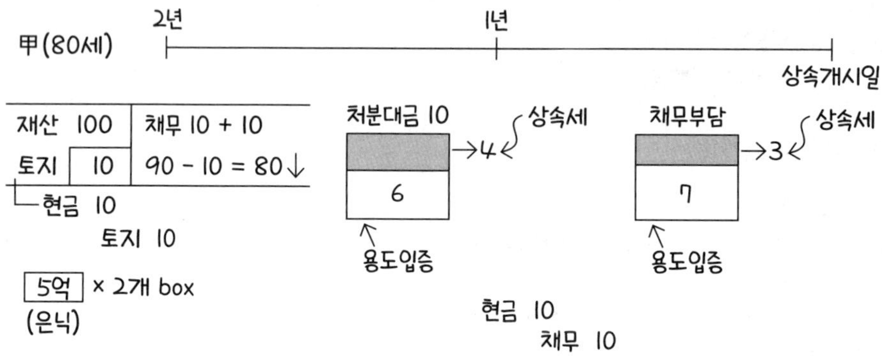

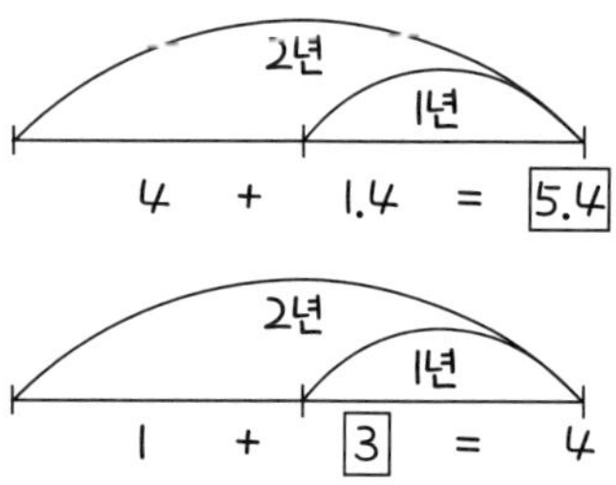

재산종류별	채무부담
㉠ 현금 · 예금 · 유가증권	∑채무
㉡ 부동산 · 그 권리	
㉢ 기타재산	

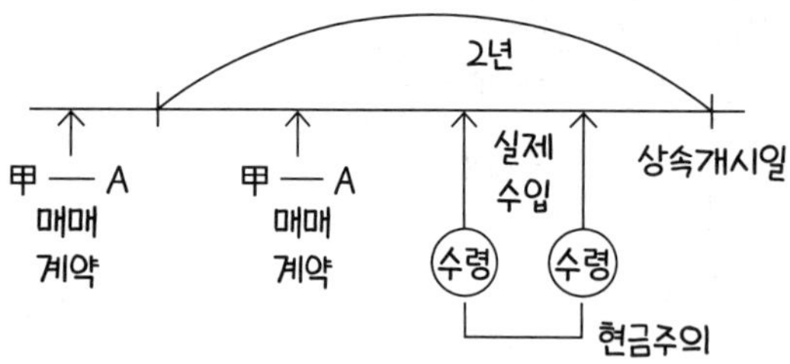

■ 순인출액 계산

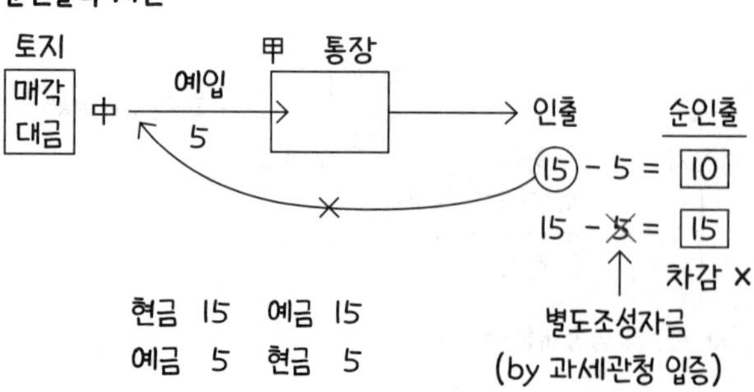

상증

■ 상속추정의 배제

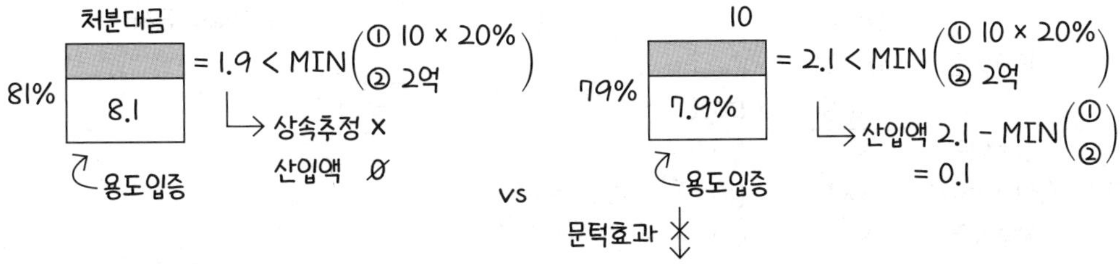

■ 상속개시 전 처분재산의 상속추정 사례문제

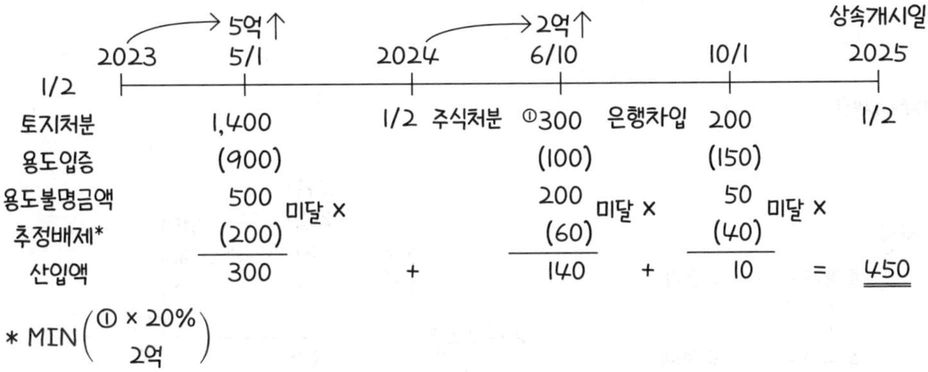

Ⅲ. 상속세 과세가액

■ 상속개시 전 증여재산의 합산

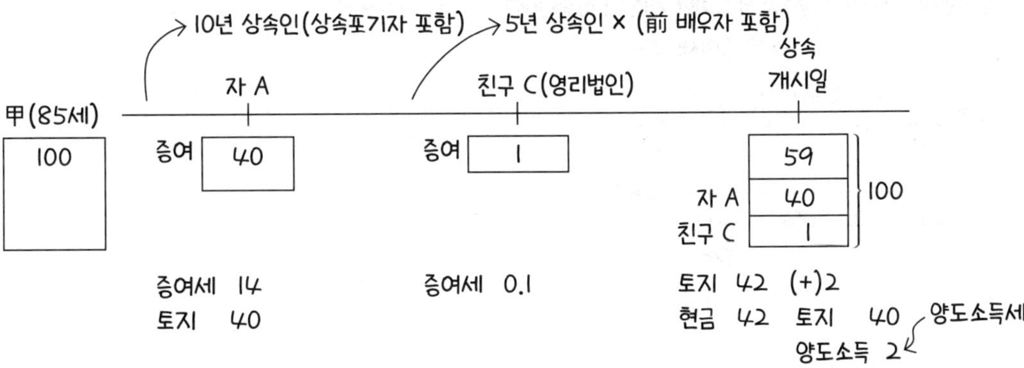

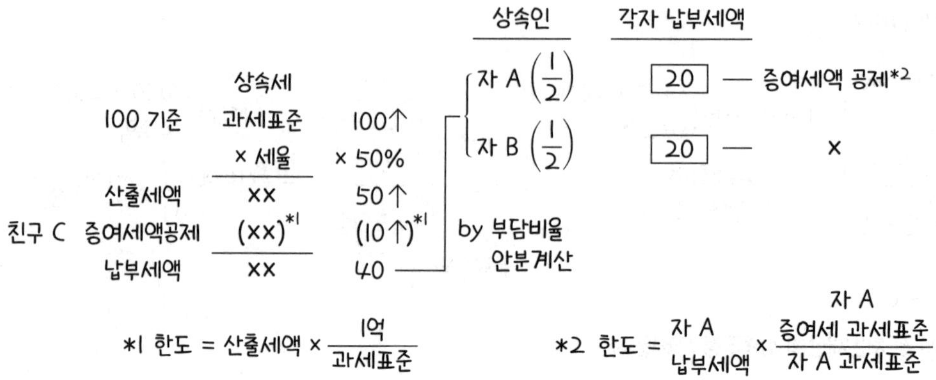

■ 합산배제증여재산

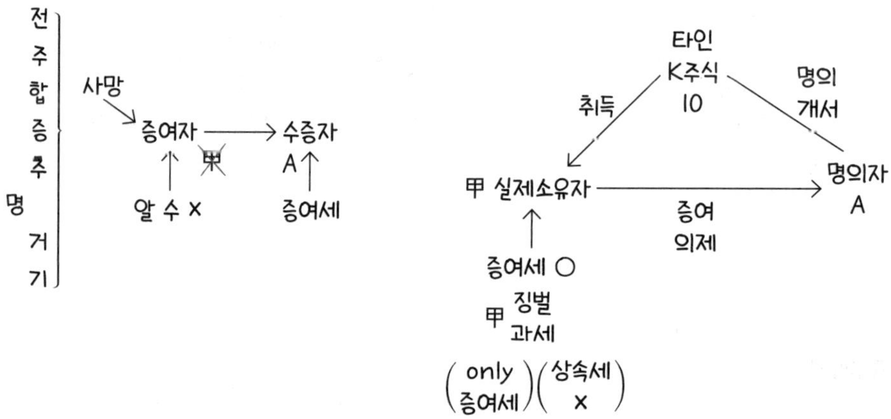

■ 상속인이 아닌 자(친구)에게 증여한 재산의 상속인에게 세부담 전가문제

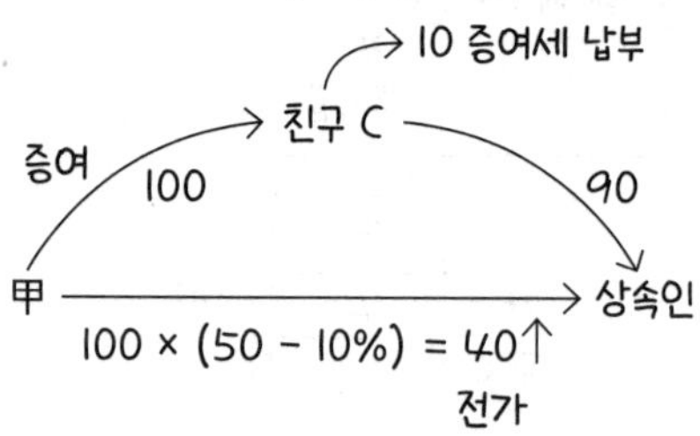

■ 이혼한 前 배우자에게 증여한 재산에 대한 상속세 과세상 취급

5년

증여 — 이혼 — 상속개시

甲 → C (1억) | 甲 — C | 甲 사망 | C 배우자 × → 상속인 ×

증여재산 1억
증여공제 (1억)
과표 Ø
증여세 Ø

① 합산기간 5년
② 증여재산가액 - 증여재산공제 × ⇒ 상속재산 가산
③ C 배우자 × → 배우자 상속공제 ×
④ 증여세액공제
실제 (100 - 100) × 10% = Ø
가정 (100 - Ø) × 10% = 10

100 × 50% = 50
(-)10
40

■ 상속재산가액에서 차감하는 채무의 범위 등 사례문제

상속개시 → 7년 by 판결
불확정채무 —승계→ 확정채무
⇓ ↓
채무 공제 × / 공제 ○
과표 ↑ ↓
세액 ↑ ↓

㊟ 경정청구

사유발생일 — 3개월

ex) 연대보증채무
주채무자 재력 有 → 무자력

■ 증여채무의 과세상 취급

토지
시가 10

×1 1/4
증여 계약
甲 → A
소유권 이전의무
(증여채무)

×2 1/4
甲 사망
甲 —상속(토지)→ 상속인's

㊟

×3 1/4
① 증여이행(후)
甲 → A
소유권 이전등기

㊜

×1 7/4
② 증여이행(전)
甲 → A
(소유권 이전등기) _ 증여채무 ×(소멸)
A
토지 10 → 증여세 ○

×2 1/4

상속재산 90 + 10 = 100
① 증여채무 (10)
과세가액 90
토지 10 상속세 ×

VS

×2 1/4

상속재산 90 + 0 = 90
② 증여재산 (+)10
과세가액 100
토지 10 ⟶ 상속세 ○
증여세액공제 (××)

= 같은 세부담

×2 1/4

상속재산 90 + 10 = 100
① 상속채무 ~~(10)~~
과세가액 100
토지 10 ⟶ 상속세 ○
증여세액공제 ×

×3 1/4

토지 10 → 증여세 ○
(낮은 세부담↓)

×3 1/4

甲 —증여 / 이행→ A

증여 —— A 수증자
↓ ↓
사인증여 A 사인증여 수증자 = A 수유자 {상속세 ○ / 증여세 ×}

■ 상속인이 아닌 자에 대한 증여채무 사례문제

甲 —증여 계약 / K주식→ A교회

합산기간(5년)

甲 상속개시
증여채무 공제 ×
K주식 상속세 과세

甲 —K주식→ A교회
증여이행 → 증여세 ×
↳ 사인증여 수증자 → 수유자

상속세 100		정당	
상속인	100	90	= (+)10 ← 위법
A교회	∅	10	

Ⅳ. 상속세 과세표준

■ 배우자상속공제

MAX "5억 30억"
- MIN
  - (1) 배우자 실제 상속받은 금액(분할신고)
  - (2) 한도액 MIN(①, ②)
    - ① 상속재산가액 × 배우자 법정상속분 − 배우자 증여세 과표
    - ② 30억
- 공제의 최저한 5억
  (실제 상속 < 5억)
  5억(최소) ~ 30억(최대)

		배우자	甲 자 A	자 B	
		1.5	1	1	⇒ 3.5
		1.5	1	1	
상속인's		3.5	3.5	3.5	
분배 재산 → □	×	$\frac{3}{7}$	$\frac{2}{7}$	$\frac{2}{7}$	if) 자 B 상속포기 ×
		1.5	1	Ø 2.5	
	×	$\frac{3}{5}$	$\frac{2}{5}$	Ø	

■ 배우자상속공제 사례문제

MAX 26
- MIN 26
  - (1) 분할신고 35 (증여세 과표)
  - (2) 한도액 MIN(①, ②) = 26
    - ① (60 + 10) × 3/7 − (10 − 6) = 26
    - ② 30(최고)
- 공제의 최저한 5(최저)

■ 인적공제의 적용

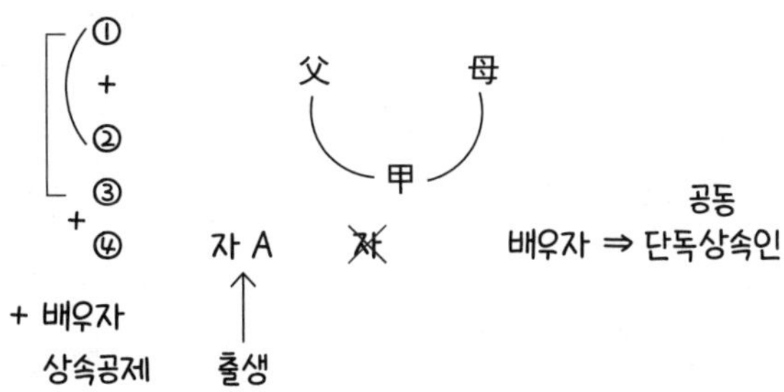

■ 금융재산상속공제

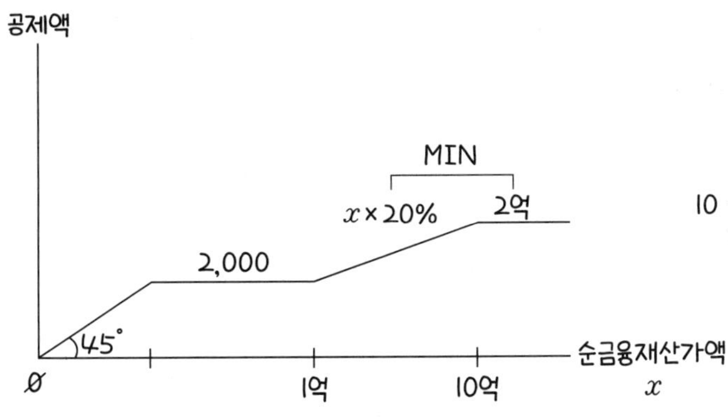

할증
10 + 10 × 20% = 12

$\frac{(2)}{10}$ 공제 ×

■ 금융재산에서 제외하는 최대주주의 타인 명의주식 취득

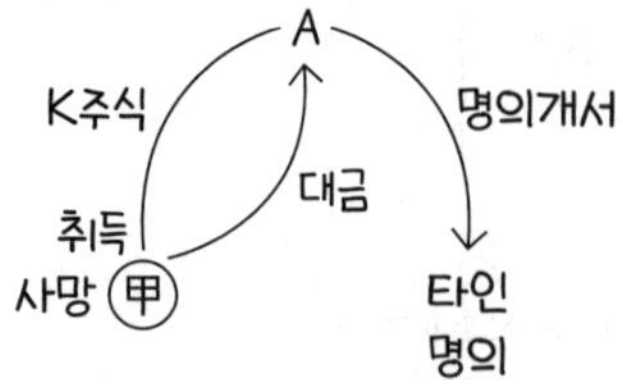

K주식 신고 × → 공제 ×

■ 동거주택상속공제

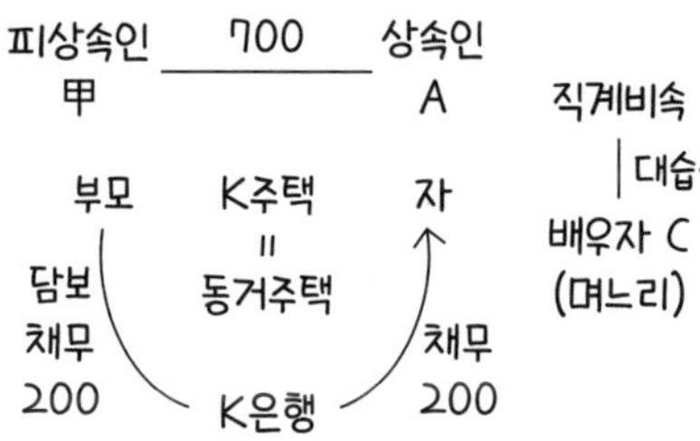

배우자 ×

상속재산가액	××	700
채무	××	(200)
과세가액	××	500
동거주택상속공제*		(500)
과표		200

* MIN
① (700 − 200) × 100%
② 600

■ 동거주택의 요건

K주택 {甲, A} 계속 동거

① 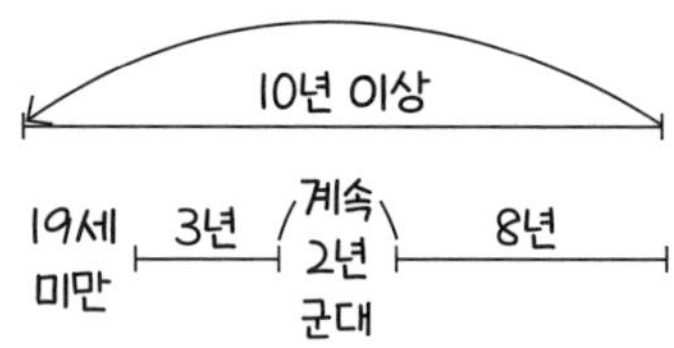

3 + ~~2~~ + 8 = 11년 ≥ 10년

② 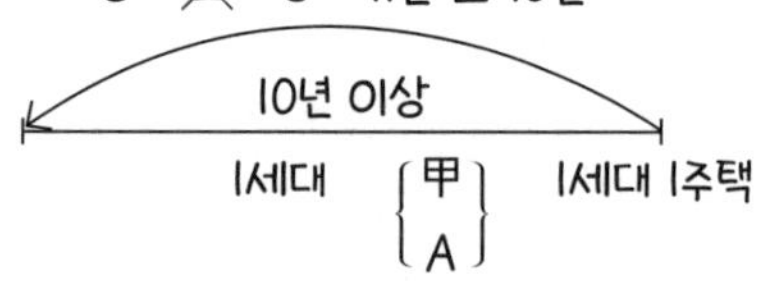

③ 甲 —K주택 상속→ A { ㉠ 무주택자, ㉡ 甲 · A 공유 }

가업상속공제

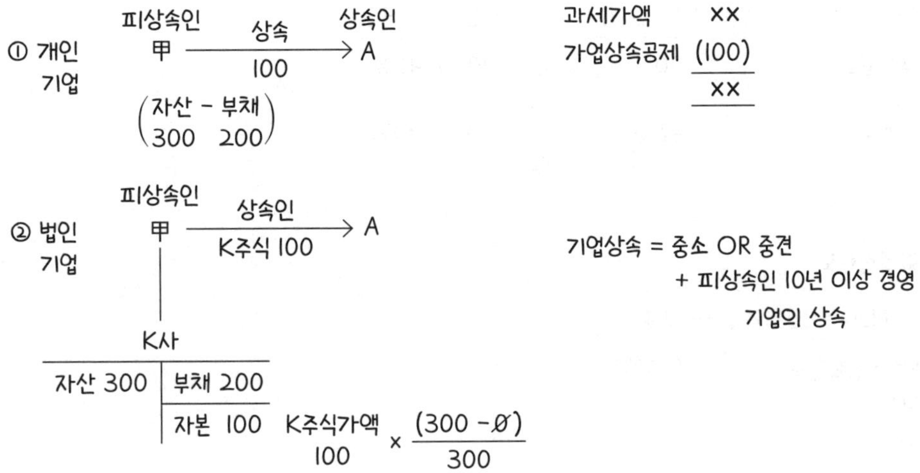

가업상속공제 : 피상속인이 갖추어야 할 요건

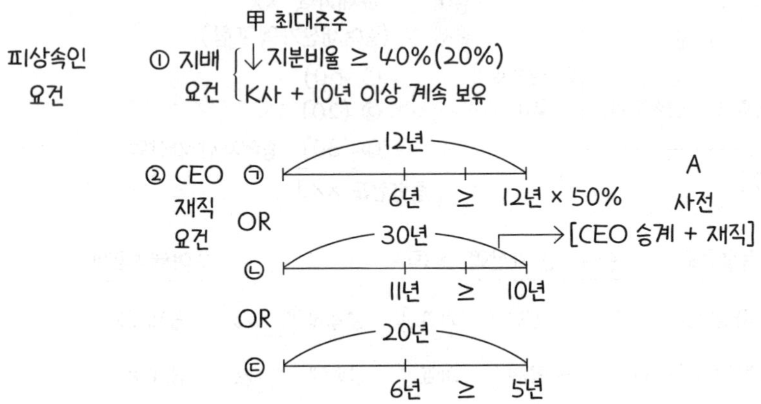

가업상속공제 : 상속인이 갖추어야 할 요건

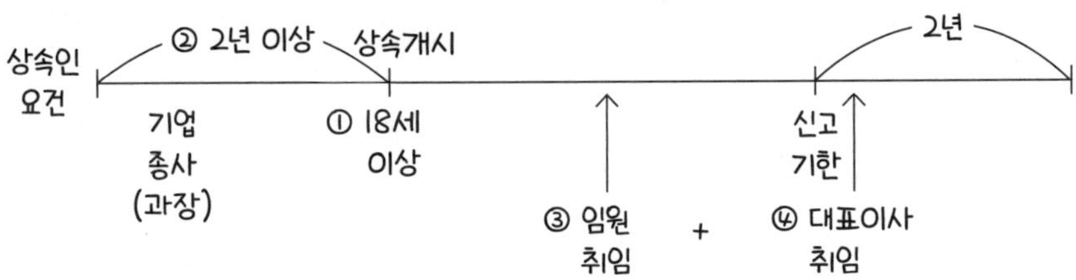

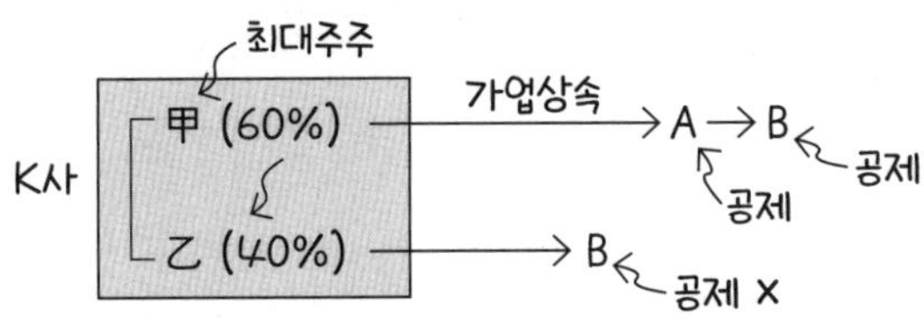

■ 가업상속공제의 사후관리 : 고용유지

④ 사후관리	상속 후 5년간 평균		직전 2년간 평균
㉠ 정규직 근로자수	70	<	100 × 90%
AND		미달	
㉡ 총급여액	8천만원	<	1억 × 90%
		미달	

■ 상속공제의 종합한도

MIN ⇒ 공제액↓ → 과표↑

∑ 공제액 > 종합한도 ↓ 상속세↑

(인적공제
물적공제)

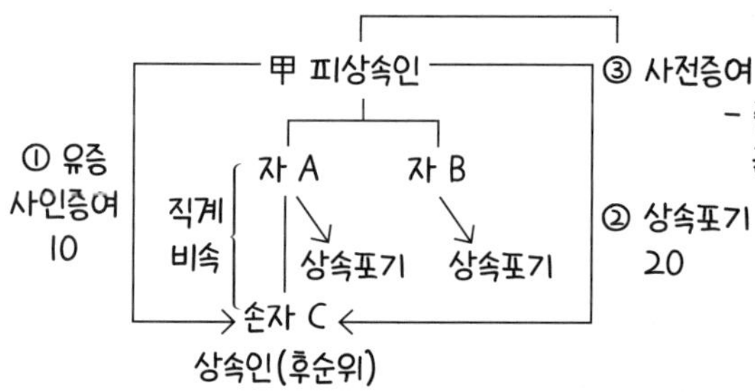

상속세
과세가액 xx
(증여재산가액 포함)
① (10)
② (20)
③ (30) 증여재산 가산액
종합한도 xx↓

	일괄공제	종합한도	증여재산 가산액 → ③				증여세액공제
상속세 과세가액	> 5억	③ 차감 ○ → 한도↓ → 공제↓		과표↑	상속세↑	vs	공제 ○
과세가액 ≤ 5억		③ 차감 × → 한도 ↑ → 공제↑		과표↓	상속세↓	vs	공제 ×

이중혜택 방지

■ 세대를 건너뛴 상속에 대한 할증과세

산출세액 [30]　　상속재산 [100] → [40]

skip
(1세대
1회
과세원칙
무력화)

40 > 20
\+ 미성년
→ 40%

甲(85세)
1회 ↑ 10%~50%　　[60]
자 A(60세)
1회 ↑ 10%~50%
손자 B (30세)
손자 B (4세) < 19세
증손자 C (2세) < 19세

甲 → 손자 B (대습상속 → 할증 X)
먼저 사망 → 자 A

손자 B (30세)		손자 B (4세)
산출세액 30		30
(+) 할증세액 3.6*1		(+) 4.8*2
33.6	vs	34.8

$$*1\ 30 \times \frac{40}{100} \times 30\% = 12 \times 30\% = 3.6$$

$$*2\ 30 \times \frac{40}{100} \times 40\% = 12 \times 40 = 4.8$$

■ 단기 재상속에 대한 세액공제

상속재산 甲 (85세)

前 [100]
토지 60
상속(증여)

재상속
×3 1/4

배우자 A (82세) —재상속 토지→ 자B

A 사망　재상속 산출세액　xx
단기재상속 세액공제 (16.2)

상속 ×1 1/4
前 { 과세가액 70
　 { 산출세액 30

$$30 \times \frac{\left(60 \times \frac{70}{100}\right)}{70} \times 90\%$$

$$= 30 \times \frac{42}{70} \times 90\%$$

$$= 18 \times 90\%$$

$$= 9 + 7.2$$

$$= 16.2$$

■ 상속세의 결정기한

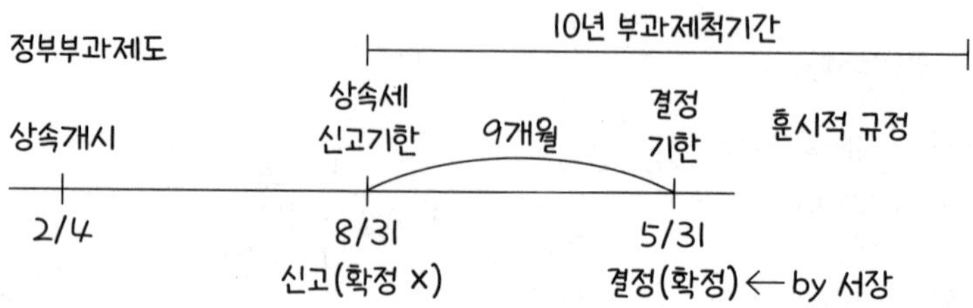

■ 고액상속인에 대한 사후관리

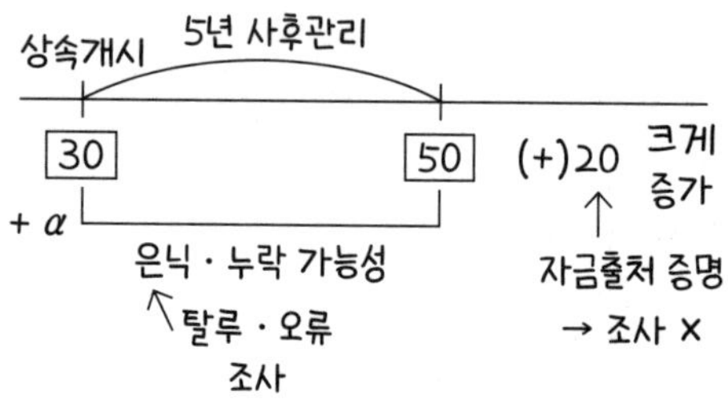

■ 경정 등 청구의 특례 : 유류분 반환청구

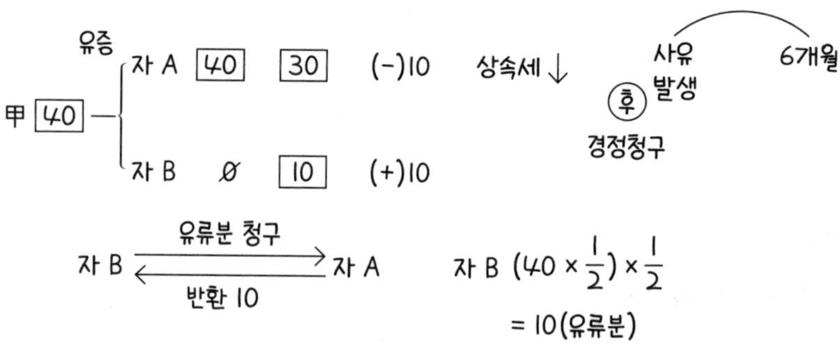

■ 신고기한까지 일시 금전납부에 대한 예외제도

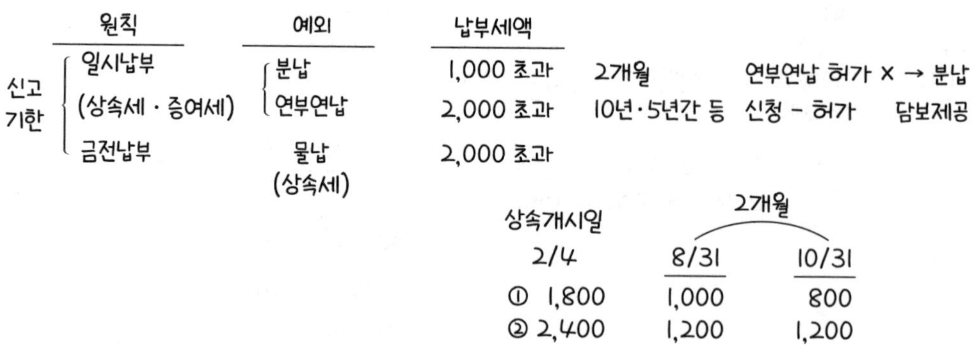

■ 연부연납 신청과 허가

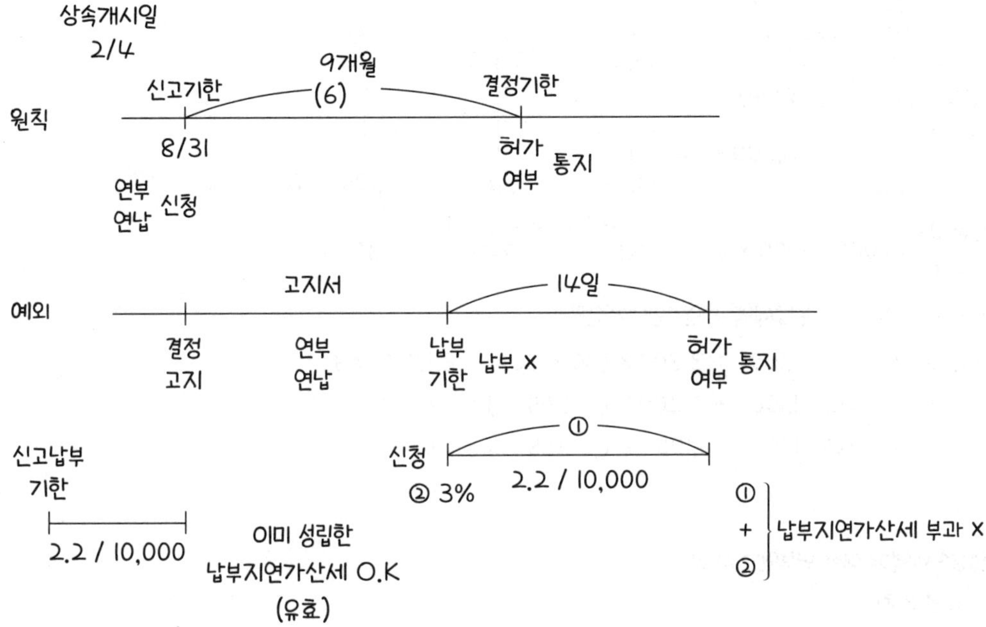

■ 연부연납기간

- 상속세
  - 일반 10년 ⊕ 10
  - 가업상속
    - 20년
    - 10년 + 10년 (거치)
- 증여세
  - 일반 5년 ⊕ 10
  - 가업승계 15년

■ 연부연납 사례의 개요

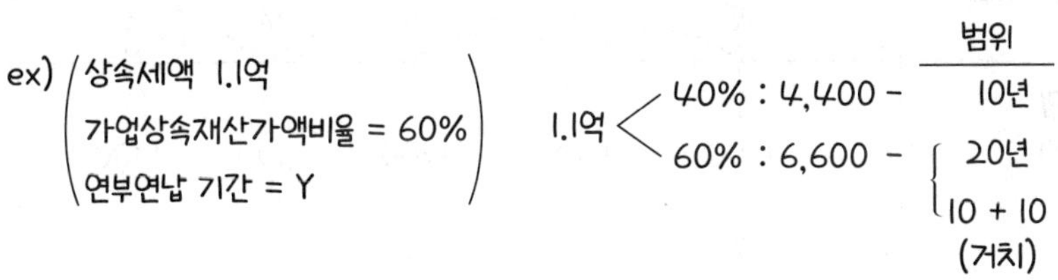

■ 일반상속세액에 대한 연부연납 사례

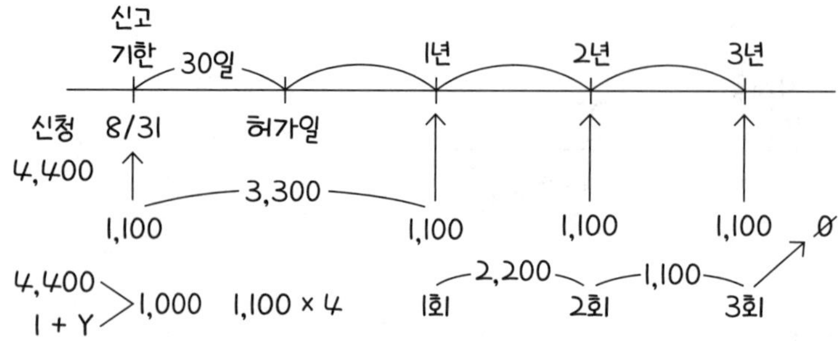

10 ~ 4 × 분납세액 + 연부연납가산금

(최장) 3 ○ 1회 1,100 + 3,300 × (30 + 365) × 3.1% / 365

2 ○ 2회 1,100 + 2,200 × (365) × 〃

1 ○ 3회 1,100 + 1,100 × (365) × 〃

■ 가업상속세액에 대한 연부연납 사례

10년 거치

10 ×

~

10 ~ 6 ×

(최장) 5 ○

4 ○

3 ○

2 ○

1 ○

$$\frac{6,600}{Y+1} > 1,000$$

$$\frac{6,600}{5+1} > 1,000$$

$$1,100 \times 6 = 6,600$$

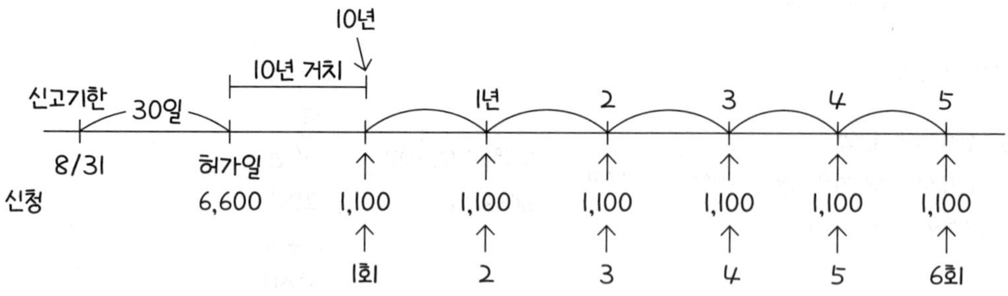

1회 $1,100 + 6,600 \times (30 + 365 \times 10) \times 3.1\%/365$

~

6회 $1,100 + 1,100 \times 365 \times 3.1\%/365$

물납의 요건

물납 요건: 상속세 ○ (증여세 ×)

- ① $\dfrac{\text{부동산 · 유가증권}}{\text{상속재산}} > \dfrac{1}{2}$
- ② 납부세액 > 2,000
- ③ 납부세액 > 금융재산가액
  4,000

물납신청세액의 범위

물납신청세액 : MIN(①, ②) = 3,000

- ① $4{,}000 \times \dfrac{8억}{10억} = 3{,}200$
- ② 4,000 − 1,000 = 3,000

물납재산의 범위와 물납의 충당순위

	물납가능			물납가능
부동산	국내 ○ ③		⑥ 주택 · 부수토지	
	국외 ×			
유가증권	국공채 · 회사채 등	상장 × (원칙)		처분제한 ○ (예외) ②
		비상장 ④		
	주식 · 출자지분	상장 × (원칙)		처분제한 ○ (예외) ②
		비상장 × (원칙)		다른재산 ○ (예외) 없음 ⑤ 부족

물납충당 순서 { ① ↓ ⑥

■ 물납의 신청과 허가

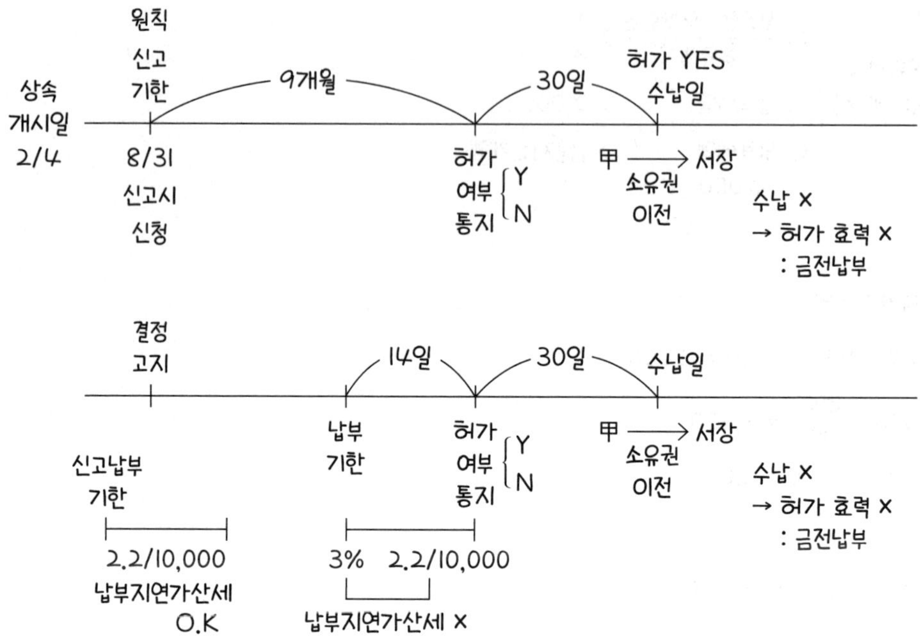
원칙
신고
기한
상속
개시일
2/4
9개월
30일
허가 YES
수납일
8/31
신고시
신청
허가
여부
통지
Y
N
甲 → 서장
소유권
이전
수납 ×
→ 허가 효력 ×
: 금전납부
결정
고지
14일
30일
수납일
납부
기한
허가
여부
통지
Y
N
甲 → 서장
소유권
이전
신고납부
기한
2.2/10,000
납부지연가산세
O.K
3% 2.2/10,000
납부지연가산세 ×
수납 ×
→ 허가 효력 ×
: 금전납부

제 2 장 증여세

■ 증여세의 과세체계

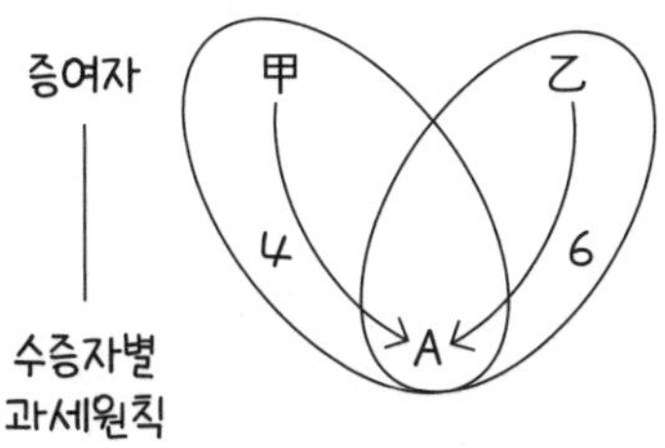

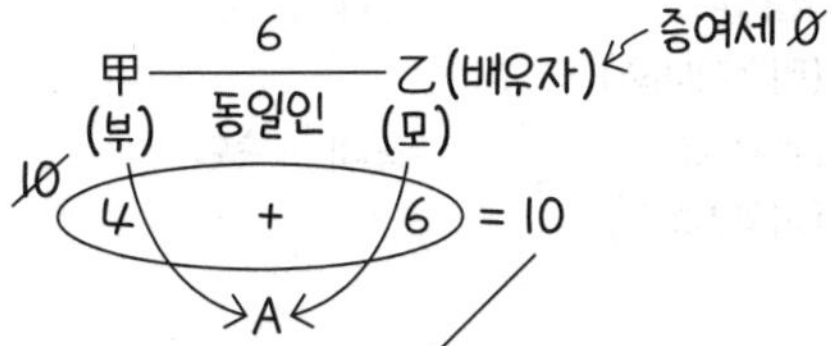

예외

甲→A 4 기준 과표 × 10%~50%
乙→A 6 기준 과표 × 10%~50%

< 10 기준 과표 × 10%~50%

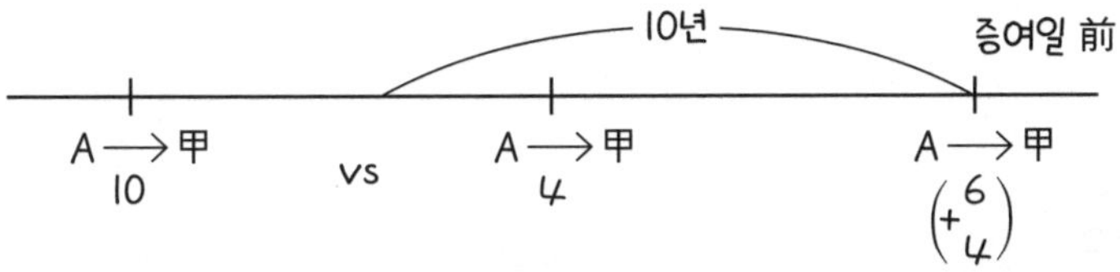

10 기준 과표	4 기준 과표	10 기준 과표 × 10%~50%	
× 10%~50%	× 10%~50%	증여세액	××
	증여세 ⟶	기납부세액	(××)

■ 증여의 개념(완전포괄주의)

$$\frac{\text{상증법}}{\text{증여}} = \frac{\text{민법}}{\text{증여}} + \alpha$$

= ① 무상이전 + ② 타인의 재산가치 증가
(낮은 대가 이전)

= 완전포괄주의 증여개념

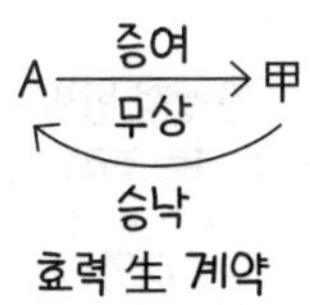

행위 · 거래

- 명칭 : 증여 매매 등
- 형식 : 채무변제, 상속재산 분할
- 목적 : 주택자금 사업자금
  목적 목적

관계없이

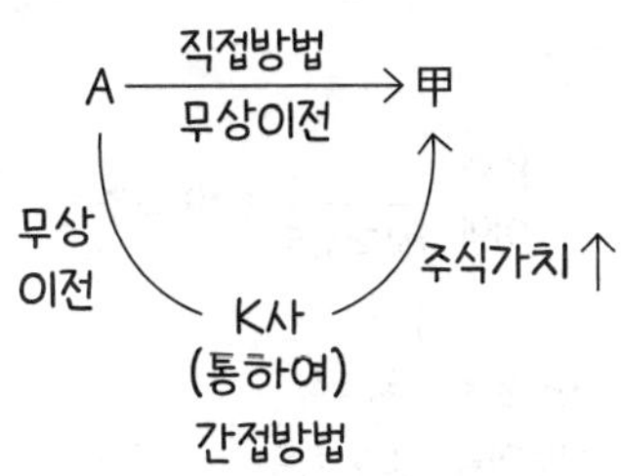

이전대상
- 재산
  - 물건(유 · 무형)
  - 권리(특허권 등)
- OR
- 이익 ex) 저가양수에 따른 이익

■ 증여세 과세대상재산의 범위

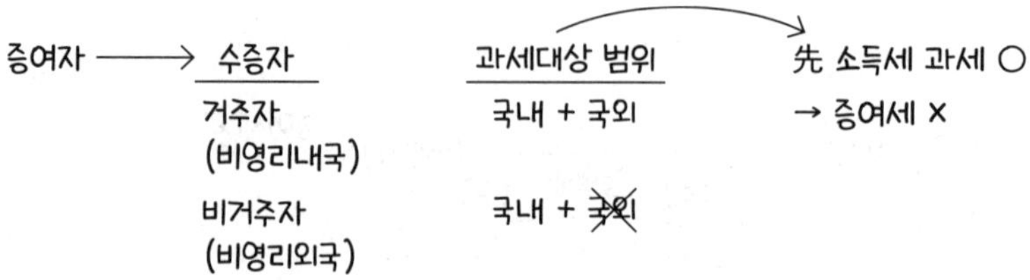

■ 명의신탁재산의 증여의제의 경우 증여세의 납세의무자

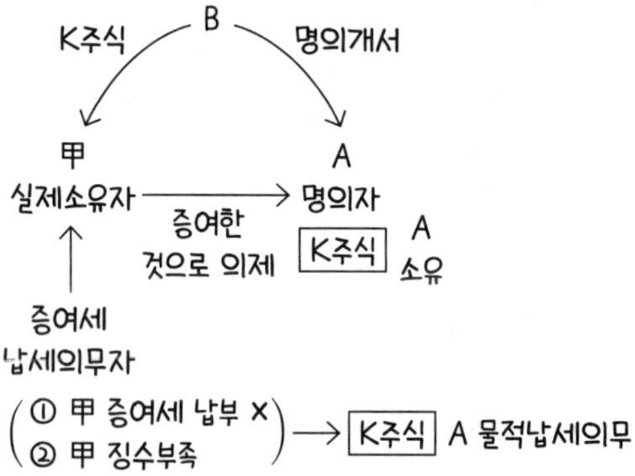

■ 간접적 방법에 의한 증여의 경우 영리법인의 주주에 대한 증여세 납세의무 배제

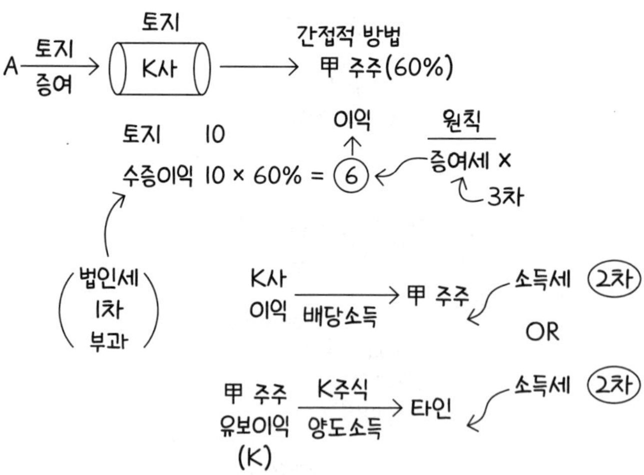

상증

3가지 증여의제의 경우 영리법인의 주주에 대한 증여세 납세의무

특수 A → 이익 → 특정 K사 ——— 甲 주주 이익

(예외) 증여세

이익 / 법인세

① 특수 ~ 거래 ~ 증여의제
\+
② 특수 ~ 사업기회 ~ 〃
\+
③ 특정 ~ 거래 ~ 〃

(증여의제이익 - 배당소득공제) ← 증여세

K주식 xx ↑ step-up 증여의제이익 (유보이익) xx ← 증여세 ○

현금 xx K주식 xx ↑ 양도세 x

양도소득 xx ↓

수증자에 대한 증여세 면제

성립일(종전 판례) 기준

양수인 채무 > 재산

A → 甲 납부능력 x → 증여세 면세

양도 vs 양수

$\begin{pmatrix} 시가\ 10 \\ 대가\ 6 \end{pmatrix} 4 - MIN \begin{pmatrix} ①\ 10 \times 30\% \\ ②\ 3억 \end{pmatrix}$

= 1억 ← 증여세

\+

부과 · 징수시점(개정) 기준

채무 > 재산 → 증여세 면제
\+ 강제징수 → 증여세 징수곤란 x
채무 < 재산 → 증여세 부과징수

증여자의 연대납세의무

A 증여자 ——— 甲 수증자 ← 증여세

원칙 : 연대 ○

A 거주자 ← 무조건 연대 ○ ——— ① 주소불명 ② 무자력 → 증여세 확보곤란 ③ 비거주자

예외 : 연대 x

① 변칙 ~~ 이익의 증여 (신탁 · 보험 x)
② ~ 자금의 증여추정
③ 특수 · 특정 ~ 증여의제

→ 증여자 → 수증자 (알수 x / 연대 x)

④ A —토지 출연→ 甲 공익법인 ← A 운영책임 x

3년 내 미사용 ← 증여세

■ 증여받은 재산이 주식·출자지분인 경우 증여재산의 취득시기(증여일)

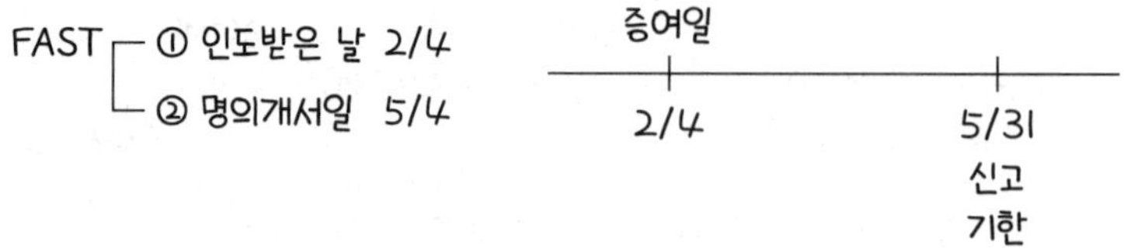

■ 증여재산의 개념

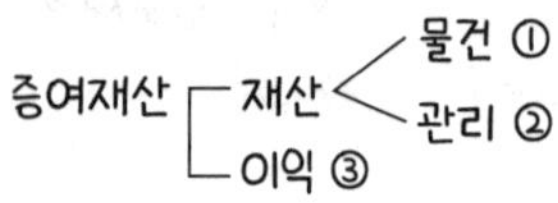

제 3 절 증여세의 과세표준과 세액의 계산

■ 상속재산의 분할(당초분할이 법정상속분을 초과하는 경우)

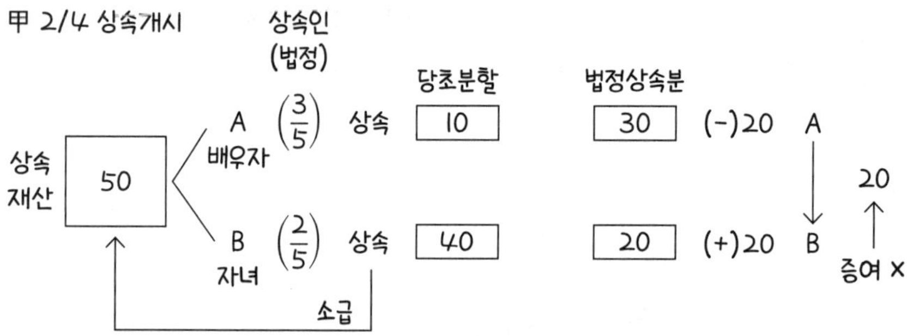

■ 상속재산의 분할(당초분할 후 재분할)의 경우

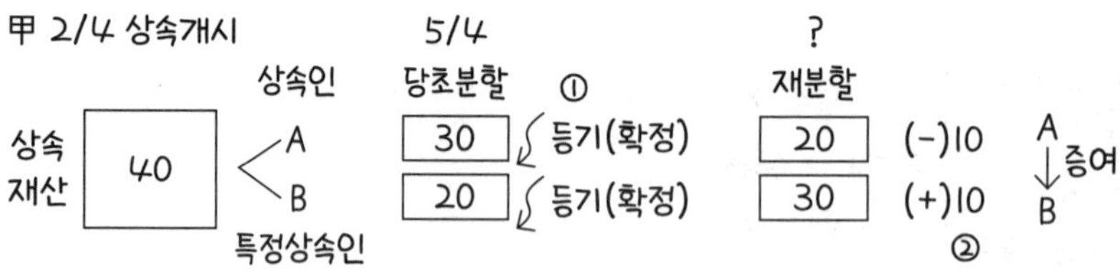

■ 당초분할 후 재분할한 경우 증여세 과세원칙과 예외

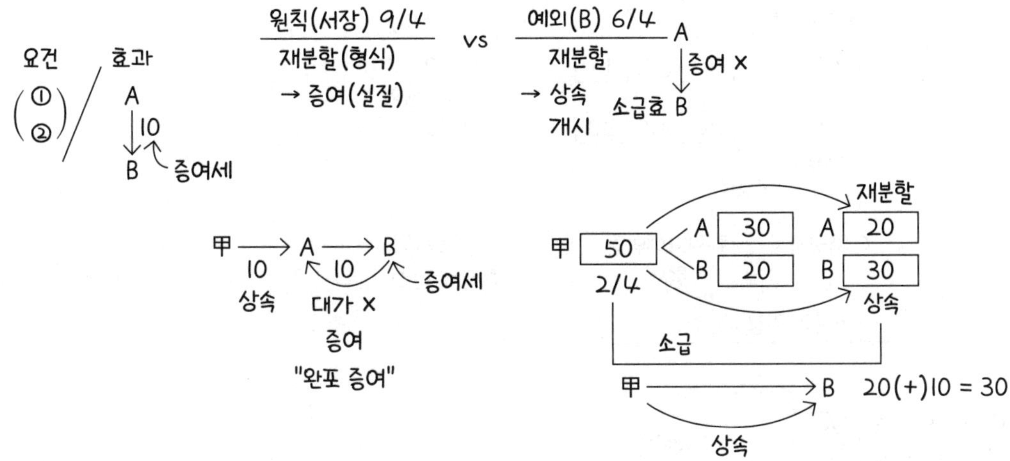

■ 재분할 시기에 따른 증여세 부과여부

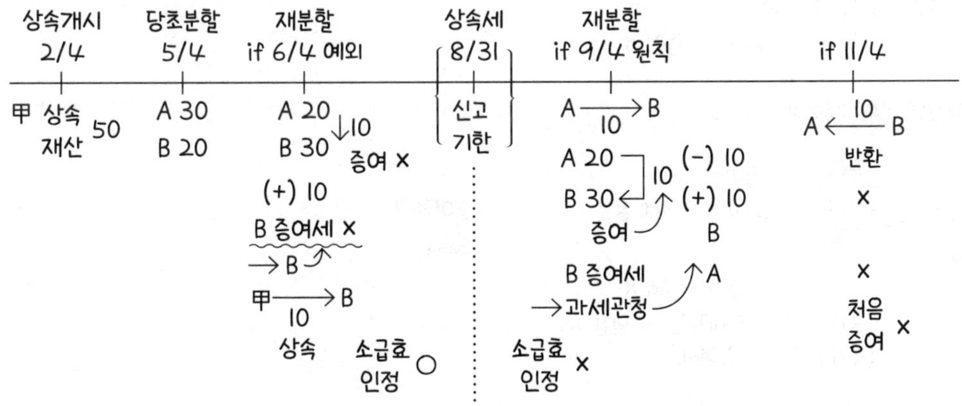

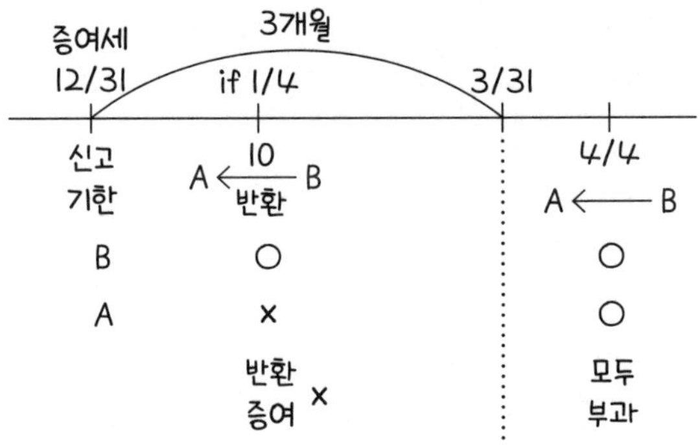

■ 재분할 시기에 관계없이 증여세를 부과하지 않는 경우

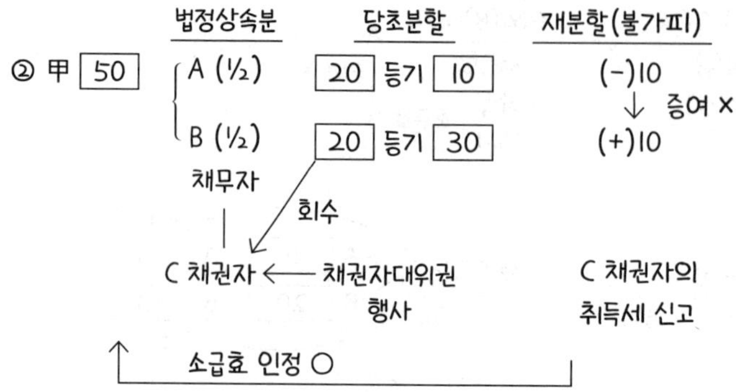

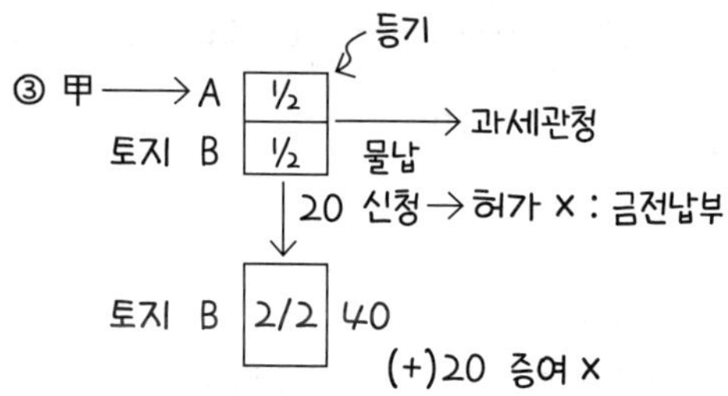

■ 증여재산의 반환·재증여

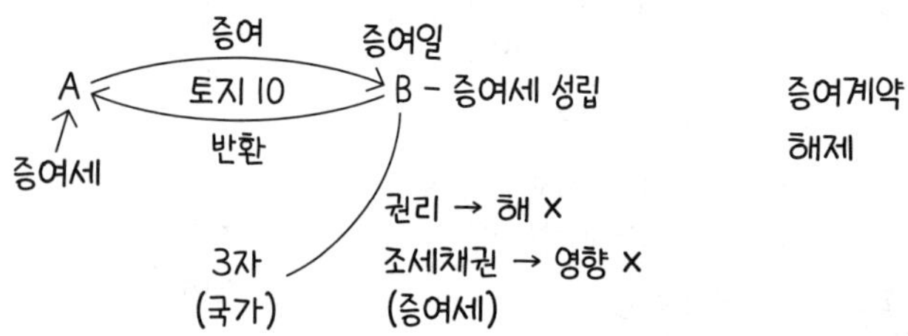

과세관청	이해 충돌	B
반환		(+) 10
→ 증여세(성립)	vs	(−) 10
영향 ×	↑	∅
B 증여세 과세 ○	by 법 조정	B 증여세 과세 ×

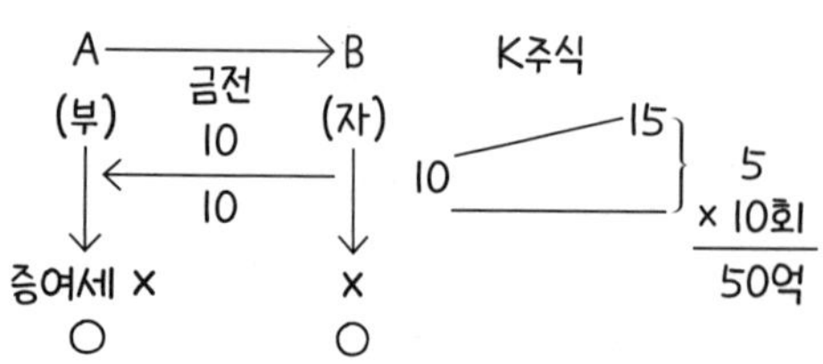

증여재산의 반환시기에 따른 증여세 과세여부

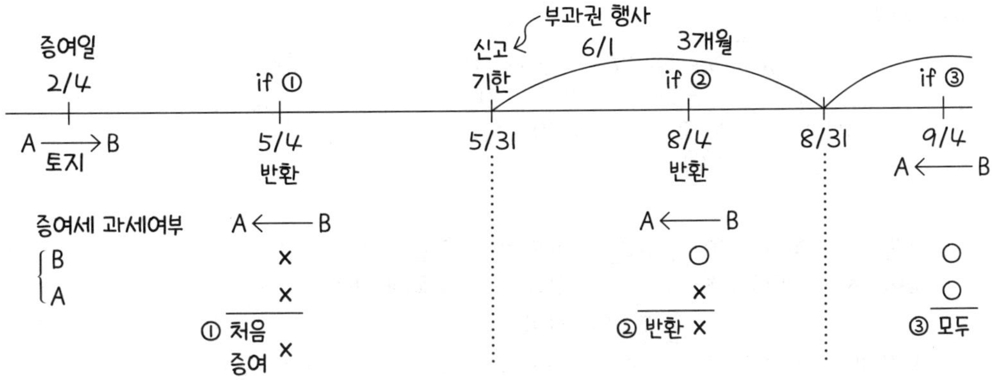

이혼시 재산분할청구에 따른 양도소득세와 증여세

① 재산분할청구

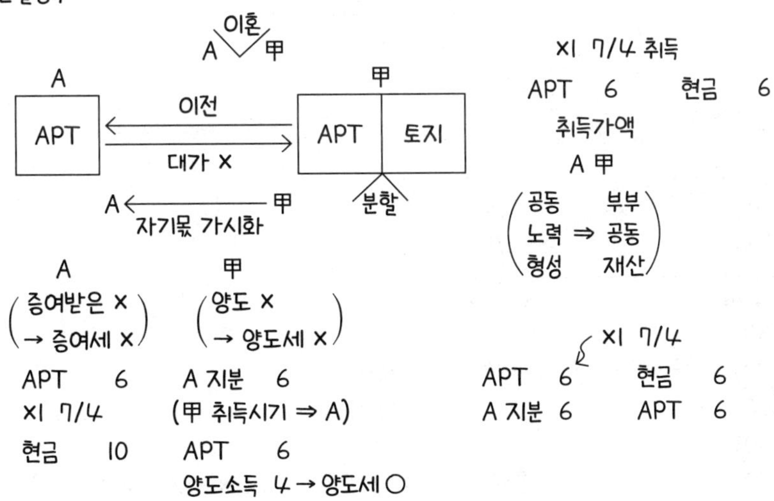

■ 이혼위자료 지급에 따른 양도소득세와 증여세

② 이혼 위자료

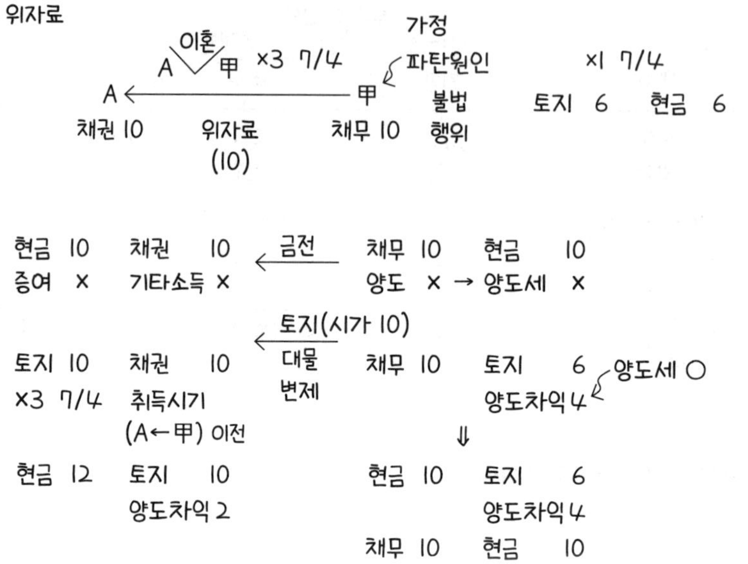

■ 종전 증여재산의 합산과세

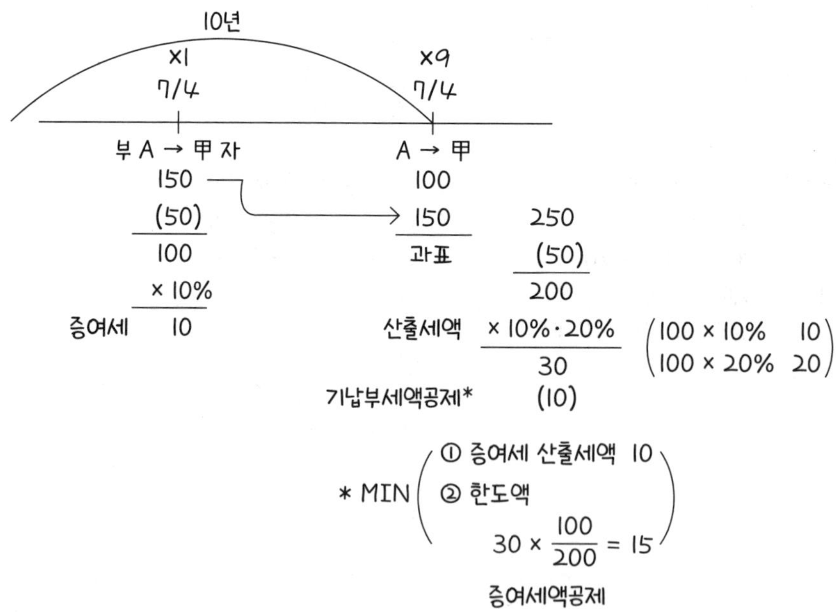

■ 교차증여시 종전 증여재산의 합산과세

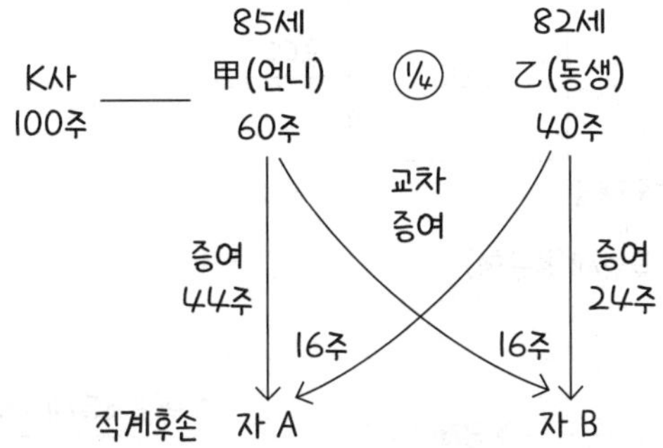

甲→A	44 과표 × 10%~50%
甲→乙→A (간접적)	16 과표 × 10%~50%
甲→A	60 과표 × 10%~50%

乙→B	24 과표 × 10%~50%
乙→甲→B (간접적)	16 과표 × 10%~50%
乙→B	40 과표 × 10%~50%

과세근거 (통해서)

① 완포증여 : 간접적 방법

② 3자 통한 간접적 방법 - 증여세 회피 ⟶ 당사자간 직접거래 (재구성)

by 경제적 실질 ↑

甲 ⟶(16) A

乙 ⟶(16) B

■ 부담부증여 증여세와 양도소득세 과세문제

양도 → 증여추정

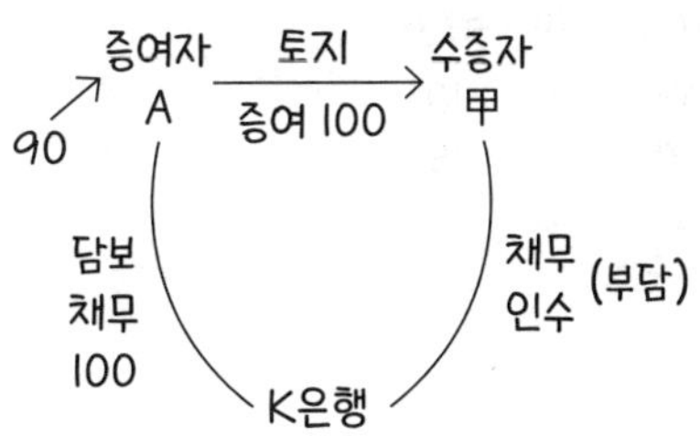

부담부증여	
토지	300
채무	100
과세가액	200

↑ 증여세

vs

단순증여	
토지	300
채무	×
과세가액	300

↑ 증여세

증여재산 관련채무 = 임대보증금 (증여자 → 수증자, APT 300, 세입자) 채무인수

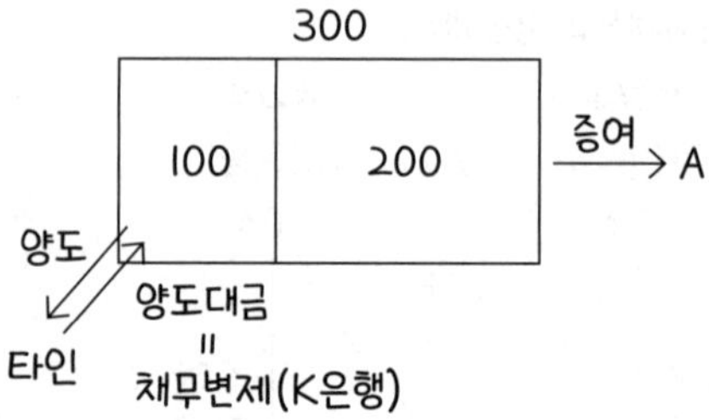

<甲 증여세 과세>

	공제 ○	공제 ×
증여재산가액	300	300
인수채무액	(200)	(200)
과세가액	100	300
	↑ 증여세	↑ 증여세

- 일반적인 경우 —— by 甲 ——→ 공제 ○ → 100/300
- 배우자간 직계존비속간 경우
  - 입증 ○ → 공제 ○ → 100/300
  - 입증 × → 공제 × ⇒ 유상이전 × (300 증여) — A 양도세 ×

A 양도소득세 과세: 유상이전, A 양도세 ○

↑ 甲 수증자가 채무인수 ○ → 인수 × 추정

단순증여 ——(위장, 증여세 회피)——→ 부담부증여

과세관청 단순증여 입증 어려움
→ 입증 책임 완화

<A 양도소득세 과세>

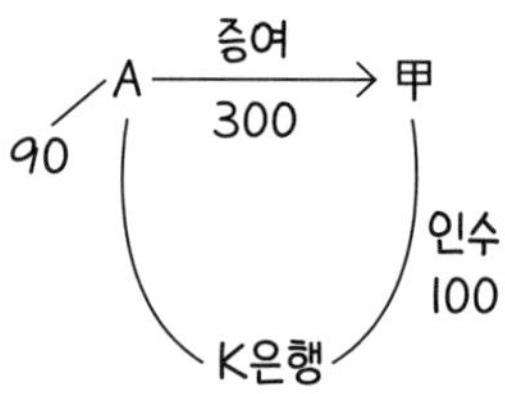

양도가액 $300 \times \frac{100}{300} = 100$

취득가액 $90 \times \frac{100}{300} = 30$

양도차익 70 ← 양도세

토지 300
- 채무 100 유상취득 4%
- 수증 200 무상승계 3.5%

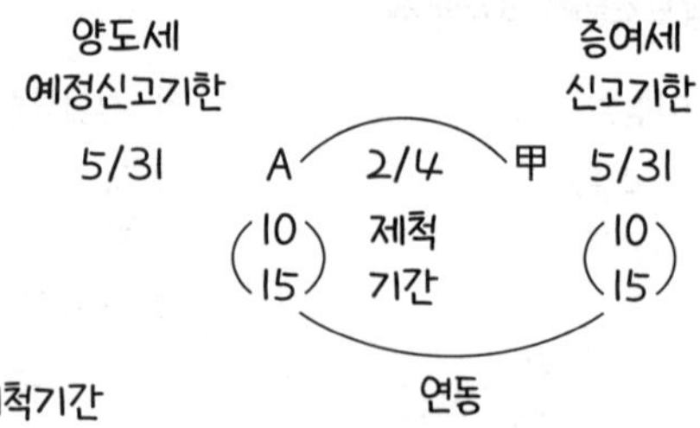

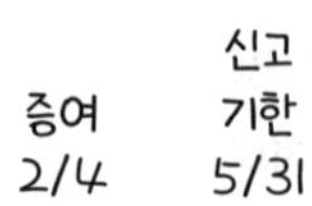

6/1 → 기산

신고 × → 10년 제척기간

■ 장애인이 증여받은 재산 : 과세가액불산입

(1) 자익신탁

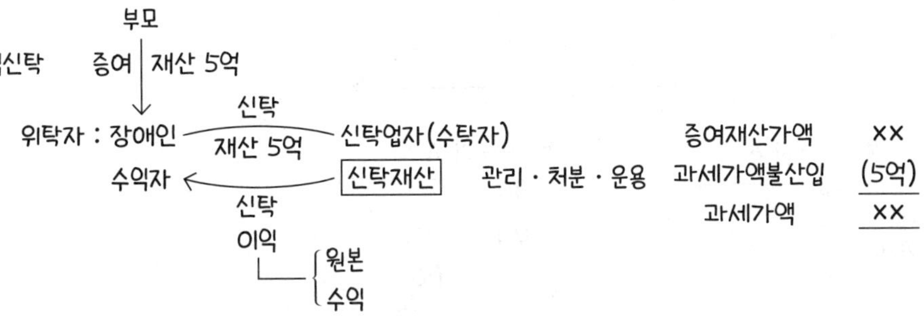

(2) 타익신탁

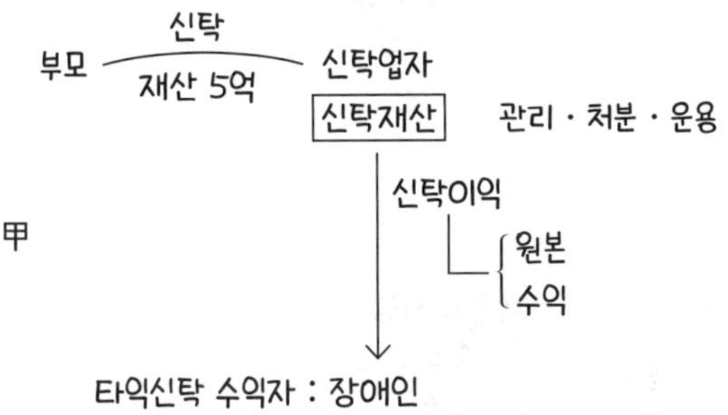

■ 증여재산공제 적용 사례문제

증여자's — 甲

	직계존속				기타친족	
직계존속	조부	부	동일인	모	형	삼촌
증여재산	80	100	→	150	12.5	12.5
증여공제	(50)			100	(5)	(5)
과세표준	30	100		250	7.5	7.5
	×10%	×10%		×세율	×10%	×10%
	×1.3					
	3.9	10		40*	0.75	0.75

증여세액공제(10)**

* 100 × 10 → 10
150 × 20 → 30
합계 40

** MIN (① 10, ② $40 \times \frac{100}{250} = 16$)

■ 혼인증여재산공제

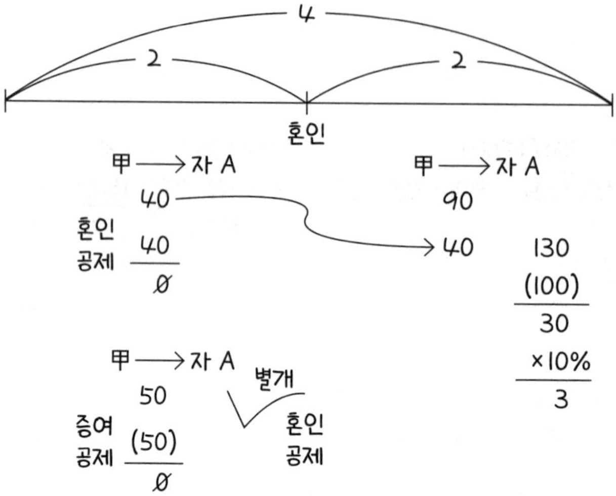

■ 혼인증여재산공제에 대한 사후관리

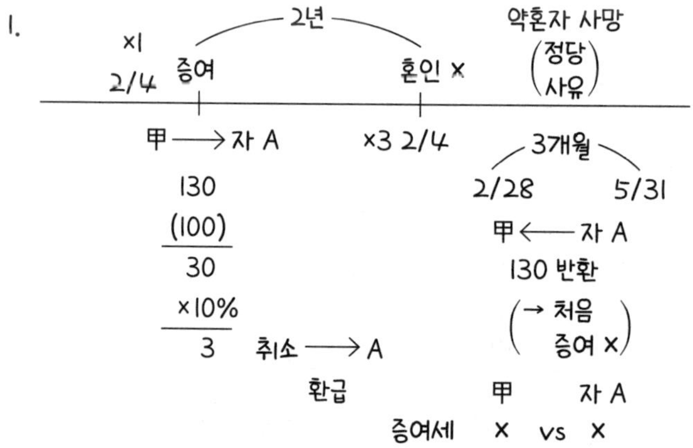

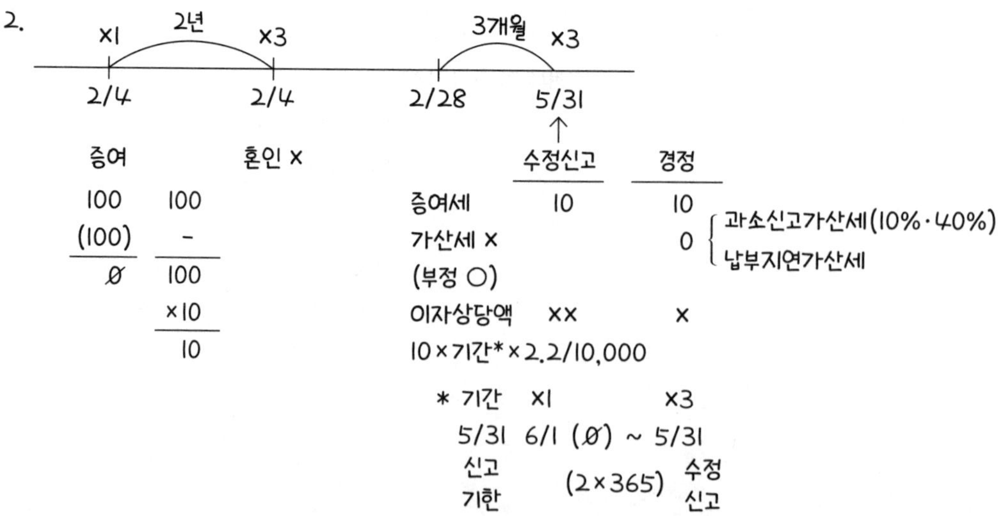

3.

×1 2/4 증여 — A−B 혼인신고 — ×4 2/4 혼인무효판결 — 2/28 —(3개월)— ×4 5/31

증여
100 (100) Ø

100 − 100 ×10% 10

	수정신고	경정
증여세	10	10
가산세 × (부정 ○)		0 { 과소신고가산세 납부지연가산세
이자상당액	××	×

10×기간*×2.2/10,000

* 기간 ×1 ×4
5/31 신고기한 6/1 (Ø) ~ 5/31
(3×365)

■ 출산증여재산공제

전 × — 출생 — 후 2년 — 甲 ⟶ 자 A

100
출산 공제 (100)
Ø

甲 ⟶ 자 A

증여 50
공제 (50)
Ø

별개 — 출산 공제

■ 혼인증여재산공제와 출산증여재산공제의 한도

甲 ⟶ 자 A —(2년)— 혼인 — 출산 —(2년)— 甲 ⟶ 자 A

혼인 100
공제 (100)
Ø

100
100 (← 혼인 100)

200 (100) 100 ×10% 10

200 (200) × Ø

$\sum$ (혼공 + 출공) ≤ 100

■ 세대를 건너뛴 증여에 대한 할증과세

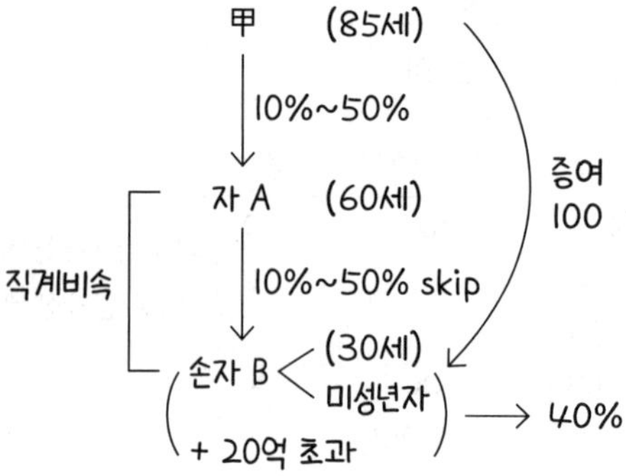

손자 B(30세)	손자 B(미성년자)
100	100
(50)	(50)
(50 × 10%) × 1.3	(50 × 10%) × 1.4
5 + 1.5 = 6.5	5 + 2 = 7

■ 변칙적 거래에 따른 이익의 증여요건과 효과

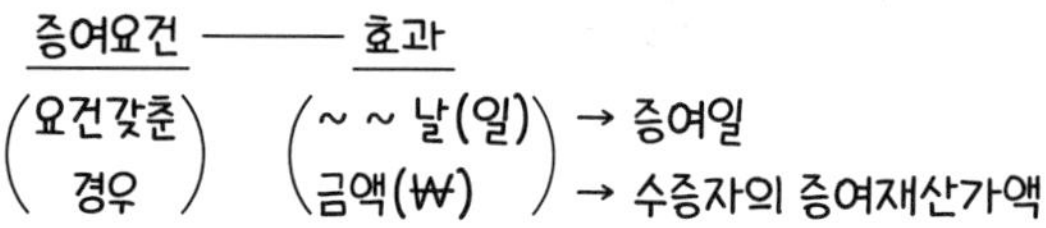

■ 신탁이익의 증여

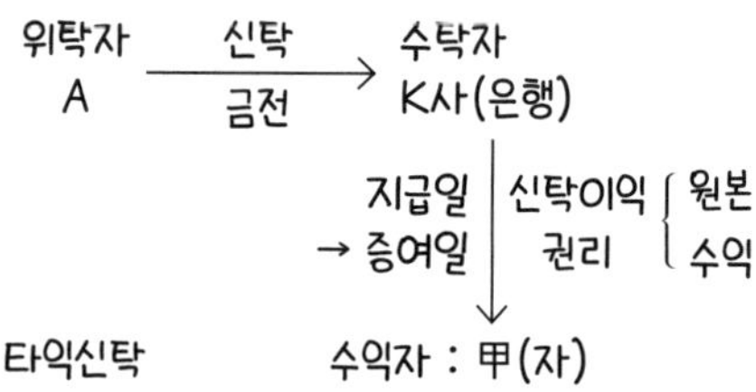

■ 보험금의 증여

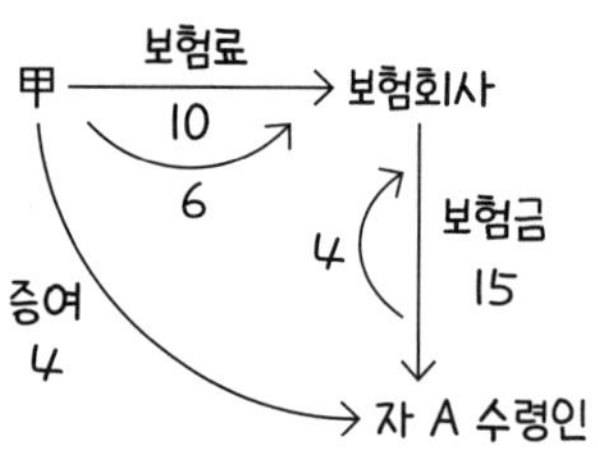

①	②	③	
$15 \times \frac{10}{10}$	$15 \times \frac{6}{10}$	현금	4
= 15(A) 증여재산	= 9(A) 증여재산	$15 \times \frac{6}{10}$	= 9
		$\underbrace{15 \times \frac{4}{10}}_{6} - 4 =$	2(보험차익)
			15(A) 증여재산

제 5 절 변칙적 거래에 따른 이익의 증여

Ⅱ. 일반거래에 따른 이익의 증여

■ 저가양수·고가양도에 따른 이익의 증여

개인 甲 —토지 / 저가→ 개인 A (이익 ↑ 증여세)

양도 vs 양수

\+ 甲 - A: 특수 O / 특수 X + 정당한 사유 X

요건	효과
①	증여일
②	수증자
③	증여재산가액

개인 甲 ←토지 / 고가— 개인 A (이익 ↑ 증여세)

양수 vs 양도

특수 O / 특수 X + 정당한 사유 X (입증책임 판례 참조)

양도세 ↘ 甲 ——→ A 160

양도 vs 양수

양도가액 = 시가 800, 대가 400 } 400 ≥ MIN (① 800 × 30% = 240, ② 300)

특수 O → 400 - MIN(①,②) = 160(A) ← 증여세

특수 X → 400 - 300 = 100(A)

특수 O → 400 - Ø = 400(A) ← 전환사채

TAX Step-up

토지 560↑ { 현금 400 / 증여재산 160 → 증여세 O

현금 XX { 토지 560↑ / 양도차익 XX↓ → 양도세 X

甲 ←—— A

고가

양수 vs 양도

대가 800, 시가 400 } 400 ≥ MIN (① 400 × 30%, ② 300)

특수 O → 400 - MIN(①,②) = 280(A)

특수 X → 400 - 300 = 100(A)

특수 O → 400 - Ø = 400(A) ← 전환사채

현금 800 증여재산 280↓ ← 증여세 ○
양도가액 520 ↓
취득가액 500 토지 500] 20 ← 양도세 ×

현금 800 증여재산 100 → 증여세 ○ ⇒ 800) 100 판례 참조
양도가액 700 700) 200
취득가액 500 토지 500] 200 → 양도세 ○ ⇒ 500

■ 법인과 임원 간 시가와 다르게 거래시 과세문제

부인
법인 甲 —토지 / 저가→ 개인 A 임원

양도 vs 양수
400 익금산입·상여 시가 800) 400
甲 | 대가 400
법인세

토지 800 현금 400 종합 소득세 先 소득세 ○ 과세원칙
근로소득 400

800×30%

400 − MIN(①, ②) = 160(A) ~ 증여세 ×

법인 甲 ← A 임원
양수 vs 양도

400 손금入 △유보 대가 800) 근로소득
400 손금不 상여 시가 400

현금 800 근로소득 400 → 종합소득세 ○
양도가액 400 (시가)

400×30%

400 − MIN(①, ②) = 280(A) → 증여세 ×

부인
법인 —상장주식 / 양도 vs 양수→ 임원 A

(상증) 시가 10 } 4 − 10 × 30%
부인 × 대가 = 시가 6 } 4 − 3 = 1(A)
익금산입(상여) ×

소득세 ×
↓
증여세 ×

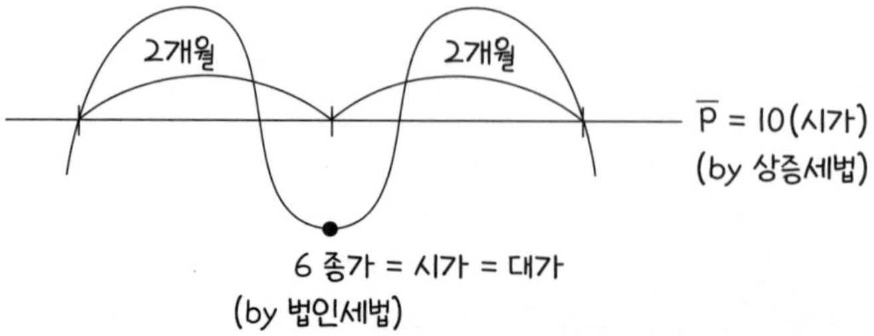

■ 채무면제 등 이익의 증여

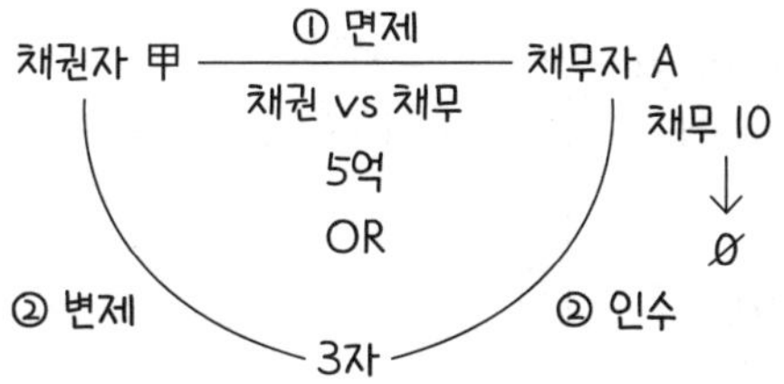

채무 5억　　A사 ⇒ 영리법인

채무면제이익 5억

└→ 증여재산가액

■ 영리법인이 채무면제이익을 얻은 경우 증여세액공제

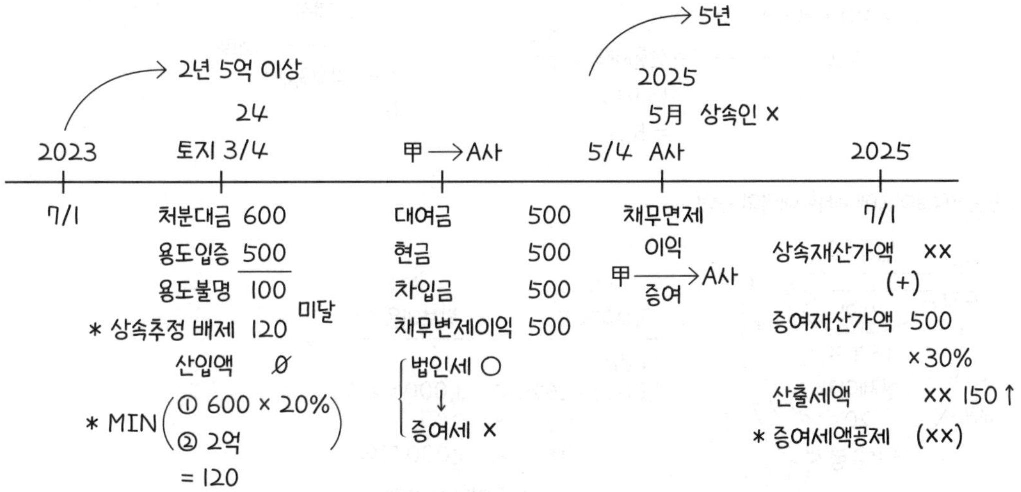

if) A사 증여세 부과

500 × 세율

100 × 10%　　10

400 × 20%　　80

　　　　　　　90

* 증여세액공제

MIN (① 90, ② 산출세액 × $\frac{500}{\text{과세표준}}$)

■ 부동산무상사용에 따른 이익의 증여

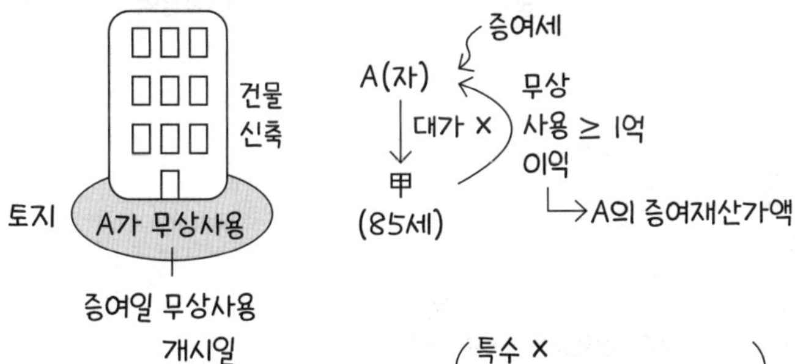

(특수 ×
→ 정당한 사유 × (요건))

토지가액 20억

× 2%(요율)

각 연도 이익 40

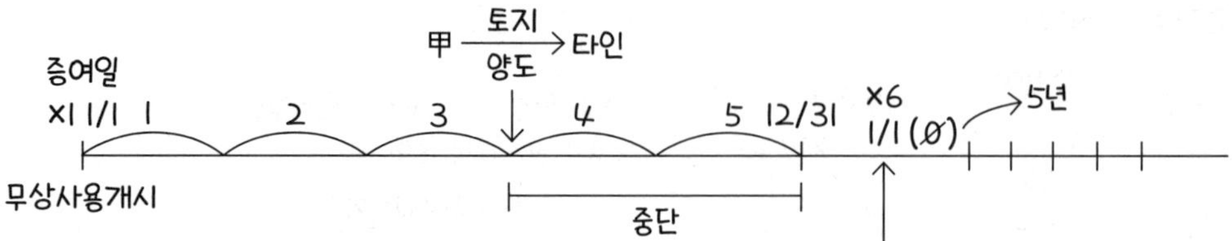

$$P_0 = \frac{40}{1.1} + \frac{40}{1.1^2} + \frac{40}{1.1^3} + \frac{40}{1.1^4} + \frac{40}{1.1^5}$$

= 40 × (10%, 5년) 연금현가계수

= 40 × 3.79

= 151.6 ⟶ 산출세액 × $\frac{24}{60}$

13.416

= 5.3

×4 1/1 경정청구 3개월

■ **부동산담보이용에 따른 이익의 증여**

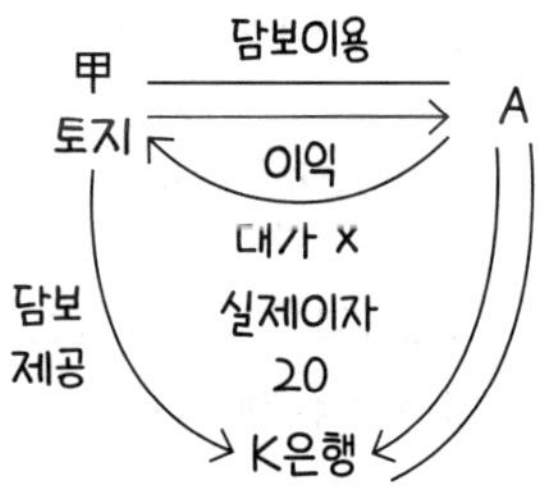

(특수 ×
→ 정당한 사유 ×)

A가 담보이용 ×	A가 담보이용 ○

차입금

1,000 × 4.6%/연 − 1,000 × 2%

46 − 20↓

= 26 ≥ 1,000 만원

└→ A 증여재산가액

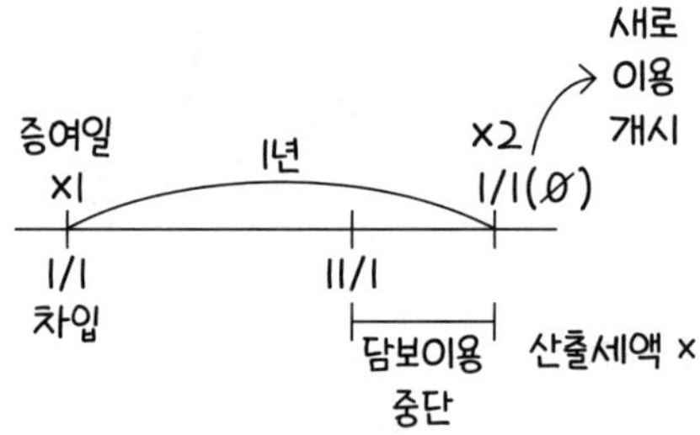

산출세액 × $\frac{2}{12}$ = 경정청구 대상금액

■ **금전 무상대출 등에 따른 이익의 증여**

甲법인 ⁀ 금전 대여 = 대출 ⁀ A임원 (특수)

1,000

(2% 이자) 수령

4.6% 이자수익 ↓ 26 익금 入 상여

1,000 × 4.6% − 20

46 − 20 = 26

26 근로소득 → 소득세 ○ (先)

⇓

이익 → 증여세 ×

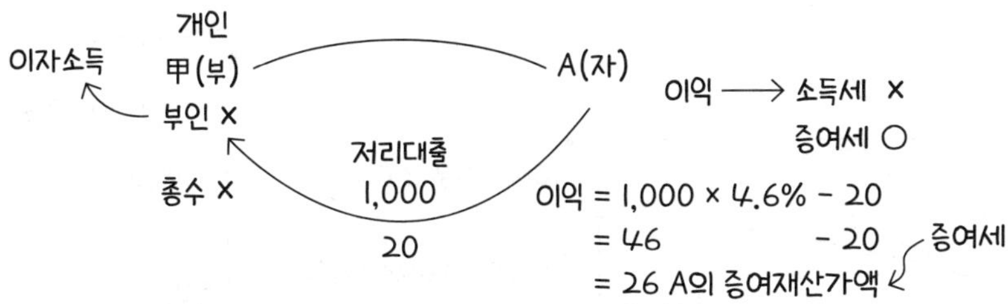

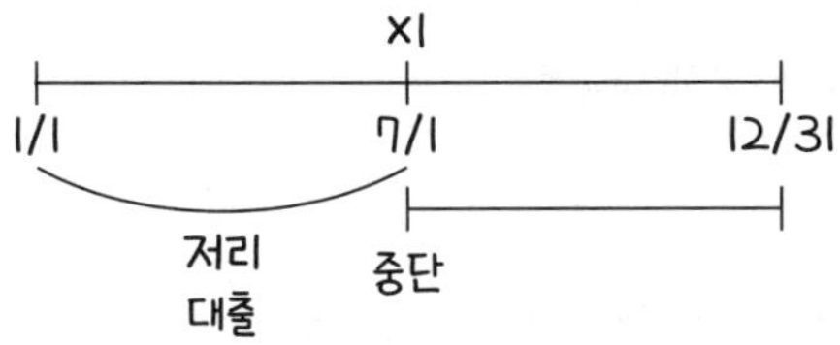

$$\text{산출세액} \times \left(\frac{6}{12}\right) = \text{경정청구 대상금액}$$

Ⅲ. 자본거래에 따른 이익의 증여

■ 전환사채 등의 취득·인수 및 주식전환에 따른 이익의 증여

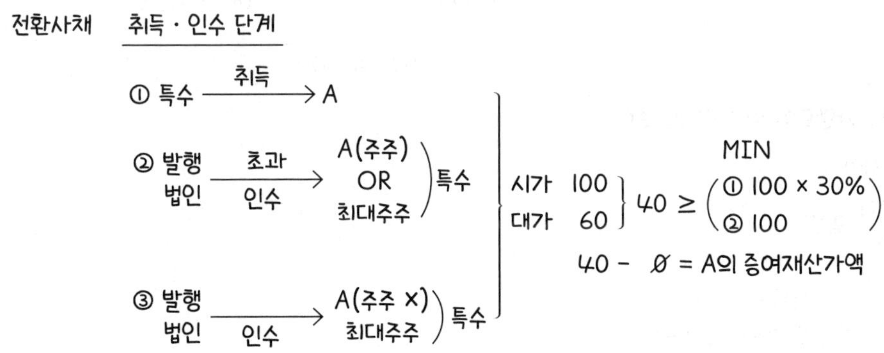

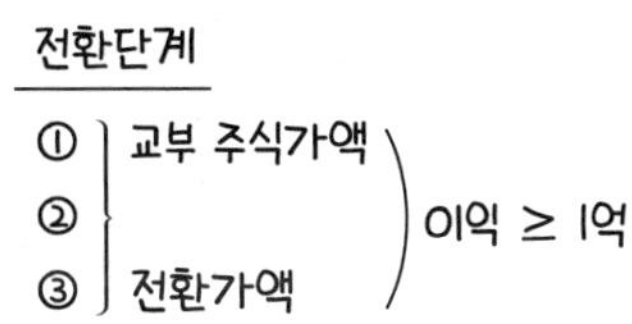

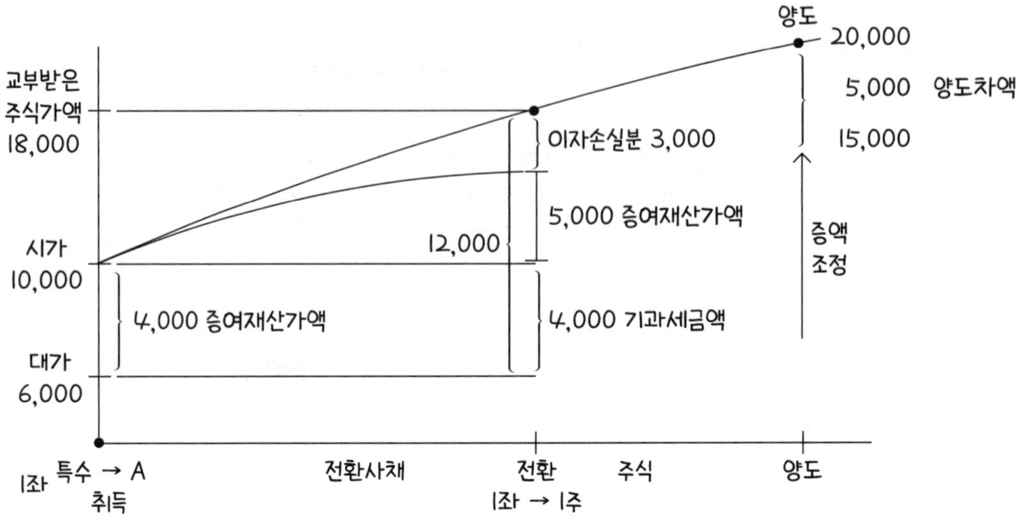

(18,000 - 6,000) × 1주 = 12,000
(-) 3,000
(-) 4,000
= 5,000

전환 × → 양도
실제대가
14,000 - (6,000 + 4,000) (Tax)
= 4,000(실현이익)

MIN 4,000

■ 전환사채 등의 고가양도에 따른 이익의 증여

특수 ←(전환사채)— A
양수 (고가 vs) 양도

대가 140, 시가 100 → 40 ≥ MIN(① 100 × 30%, ② 1억)

40 - Ø = 40 A 증여재산가액

■ 초과배당에 따른 이익의 증여 : 초과배당금액 계산사례

K사 —배당→ 주주

	주주	지분비율	실제배당	균등배당	차이	
최대주주	부 甲	50	5	45	40	과소
	乙	10	5	9	4	과소
특수	자 A	30	60	27	33	초과
	B	10	20	9	11	초과
		100	90	90	Ø	

과소 합계 44 (甲, 乙) → A: $33 \times \frac{40}{44}$

초과배당금액 = 30

증여재산가액 = 30 - 12.846
= 17.154

■ **배당받은 후 정상적인 증여**

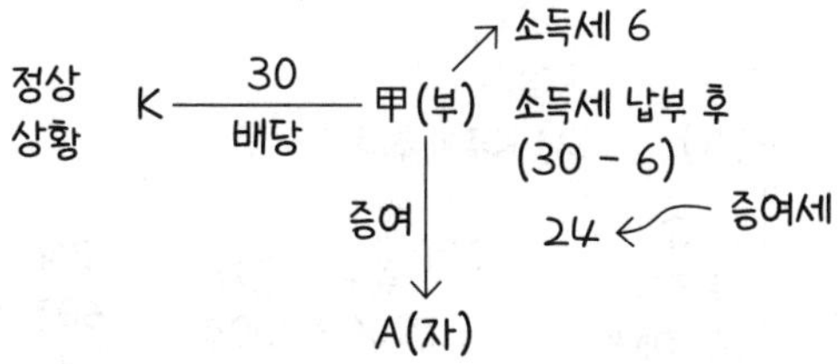

■ **증여받은 후에 소득세가 확정되는 경우(증여세 정산신고납부 필요)**

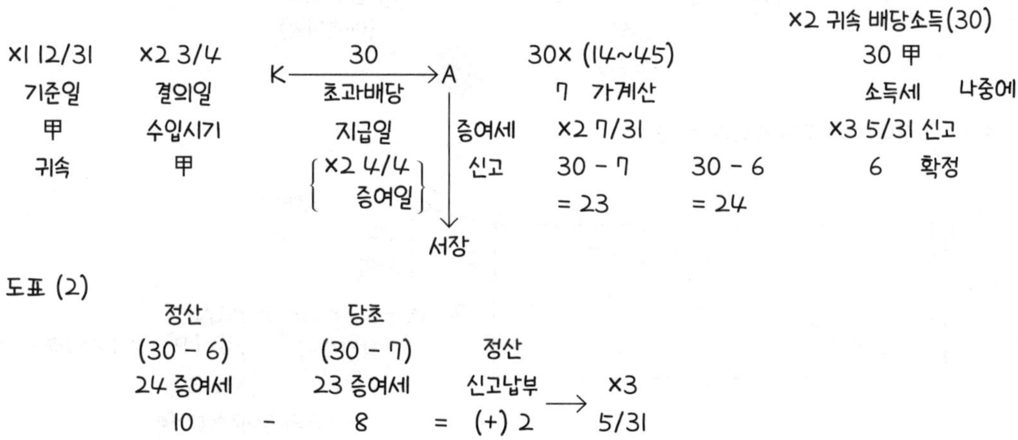

■ **소득세 신고 후에 증여일이 도래하는 경우(증여세 정산신고납부 불필요)**

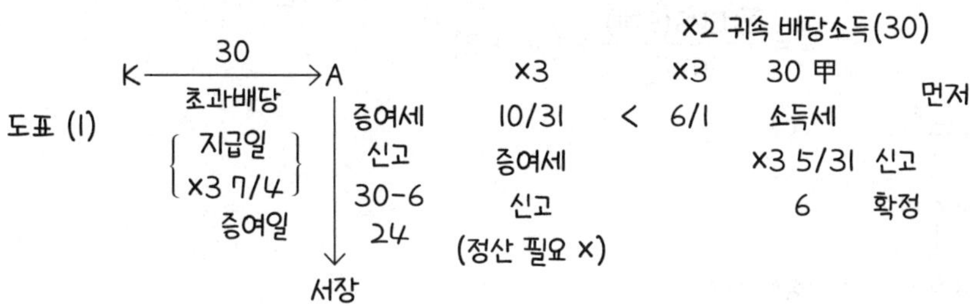

■ 주식의 상장에 따른 이익의 증여의 요건

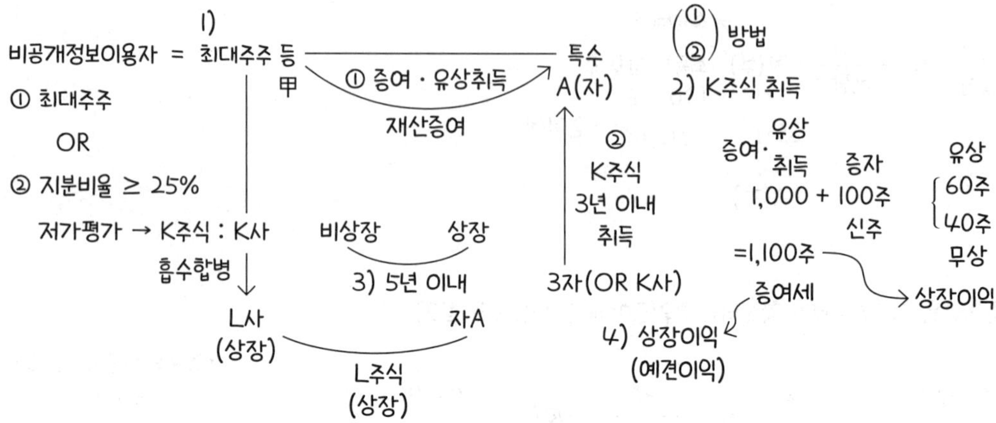

■ 주식의 상장에 따른 이익의 증여 정산신고

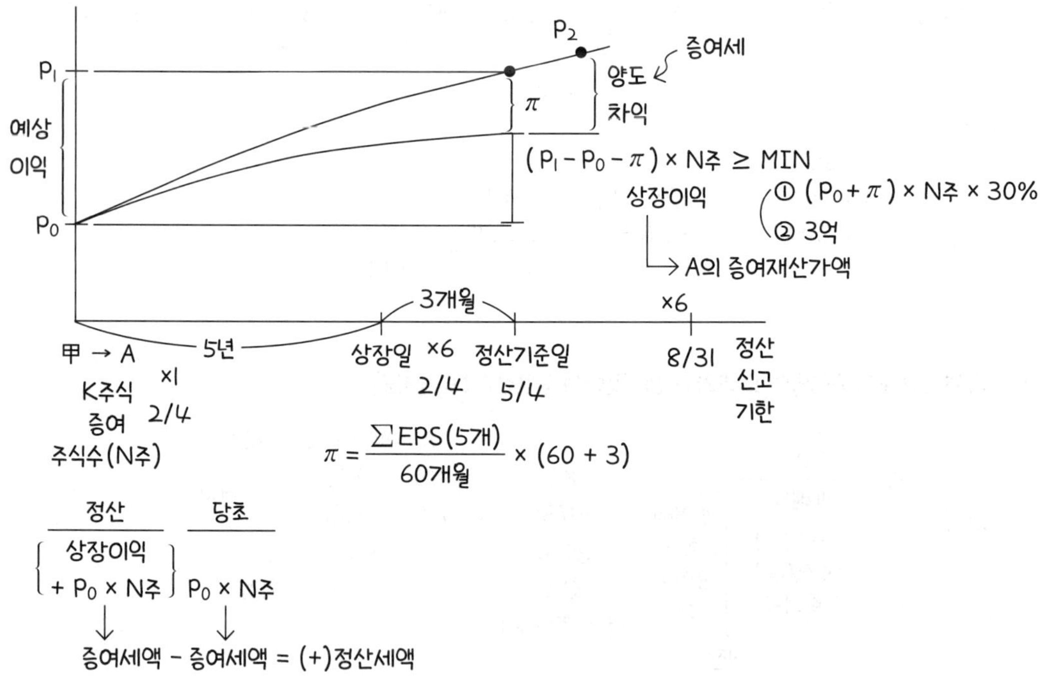

■ 합병에 따른 상장이익의 증여

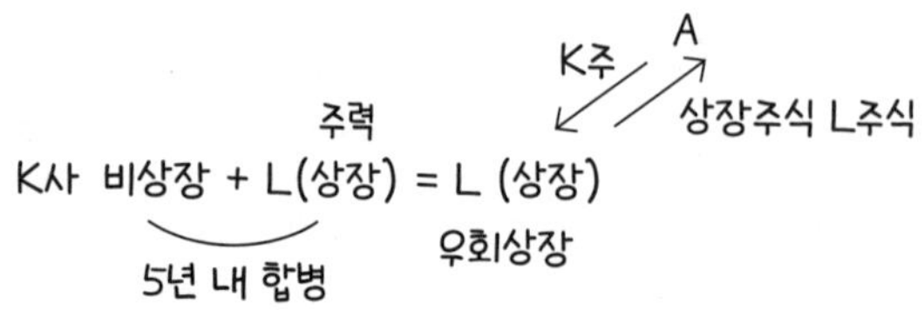

■ 재산 취득 후 재산가치 증가에 따른 이익의 증여

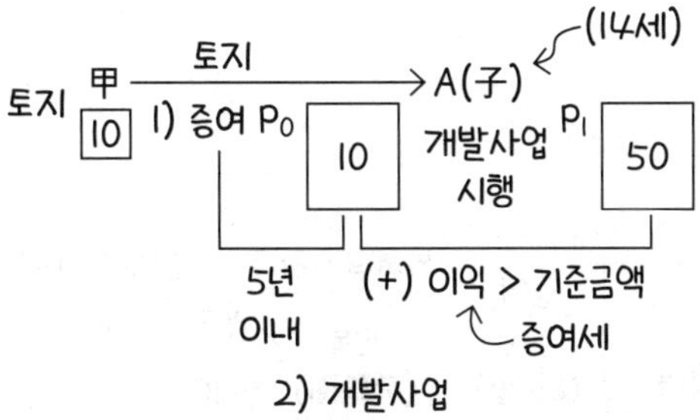

P_1	50	
P_0	(−) 10	
π	(−) 6	
자본적 지출(α)	(−) 4	MIN
이익	30	≥ ① (10 + 6 + 4) × 30% ② 3억

■ 합산배제증여재산(전·주·합·증)과 증여세 과세표준 계산

전 ~, 주 ~, 합 ~, 증 ~ } 합산배제증여재산

증여재산가액	××
	(30)
	(감평)
과세표준	××

■ 증여일부터 소급하여 1년 이내에 동일한 거래가 있는 경우 이익 계산

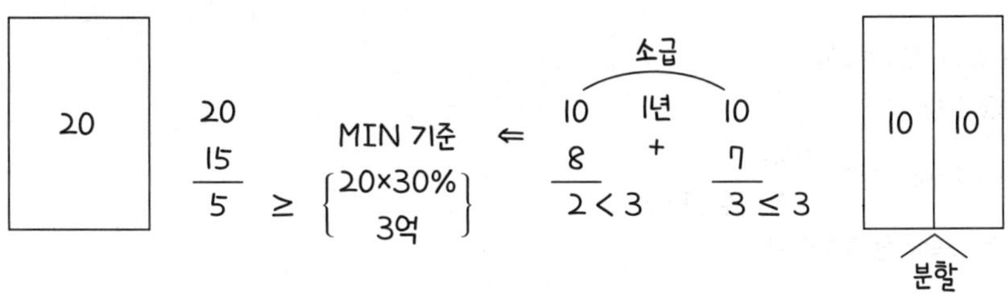

제 6 절 증여추정

■ 증여추정의 개요

증여세 과세요건 입증 → 과세관청 (원칙)

대단히 입증어려운경우 : → (과세관청 입증책임 완화) 증여추정

- ① 증여 → 양도 (실제) (위장)
- ② 금전 증여 (은폐) → 재산취득 / 채무상환

→ 증여 추정 (by 법) (증여 혐의가 있다고 의심)

납세의무자 번복 (깨뜨려)
- YES → 증여세 과세 ×
- NO → 증여세 과세 ○

요건	효과
~ 경우 (① ②)	×× 때에 ××이(가) 증여받은 것으로 추정 ××의 증여재산가액

■ 직접양도에 대한 증여추정

양도자 甲 —② 양도시→ A 배우자 직계존비속

① 양도 재산 10억 → A가 증여추정 ⇒ A의 증여재산가액 10

甲 —양도→ A, A —대가지급 사실→ 甲

입증 (by A 입증)
- ○ → ~~증여~~ 양도 : 甲 양도세
- × → ~~양도~~ 증여 (확정) : A 증여세

for 증여추정 번복(증여 혐의에서 벗어나)

대가지급 사실 입증 =
- ㉠ 교환
- ㉡ 과세 · 신고 { 소득 / 상속 · 수증재산 }
- ㉢ 소유재산 처분대가

甲 —양도 vs 양수→ A

시가 10, 대가 6 } 4 ≥ MIN (① 10 × 30% / ② 3)

(일부 입증) 4 − MIN (①, ②) = 1(A) ← 증여세

■ 우회양도에 대한 증여추정

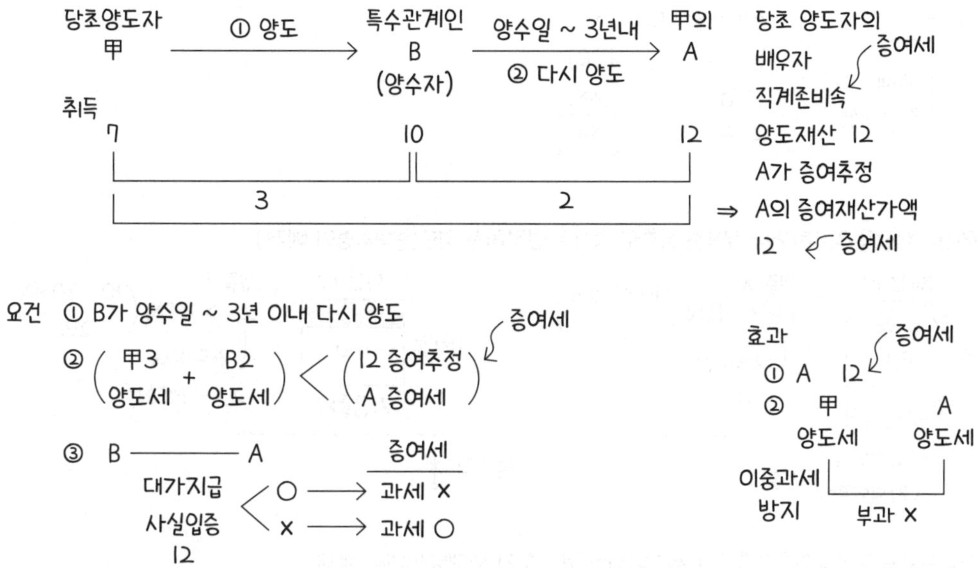

■ 재산취득자금의 증여추정

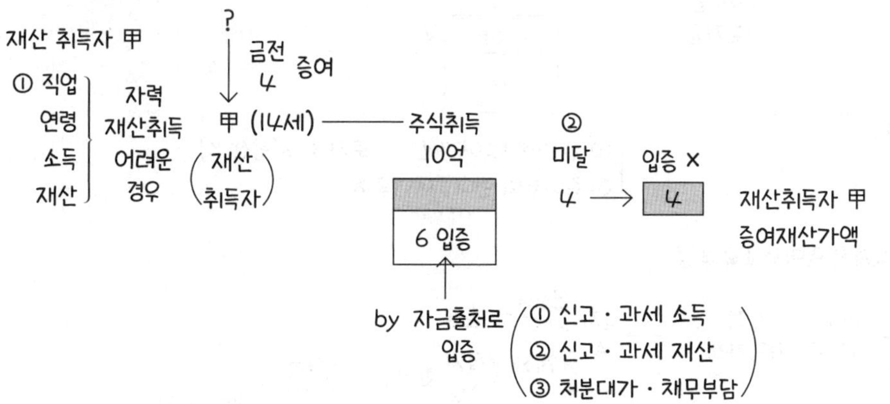

■ 채무상환자금의 증여추정

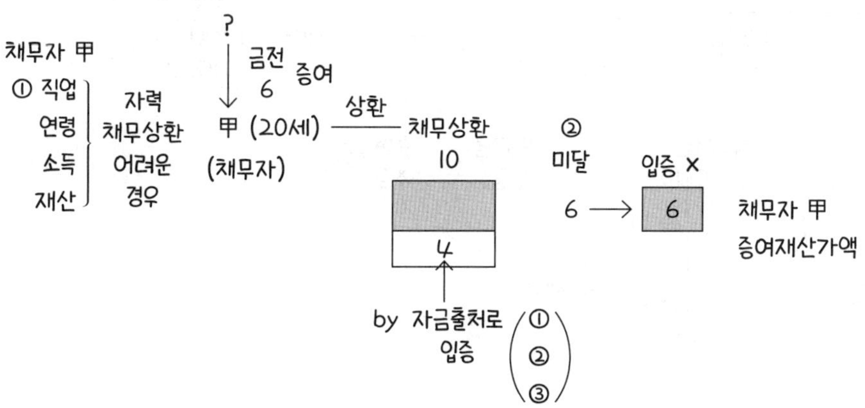

합산배제증여재산(추)과 증여세 과세표준

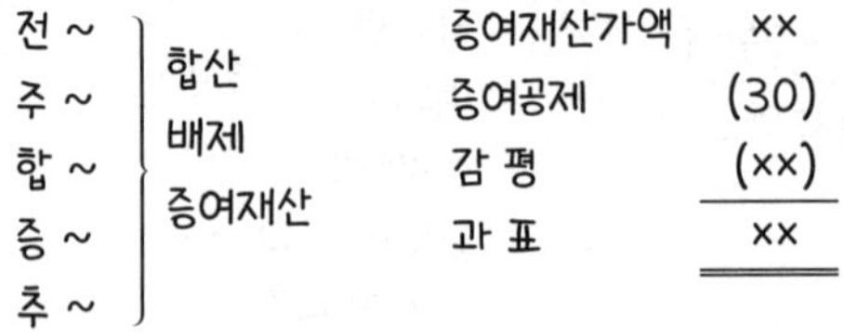

자력으로 재산을 취득하거나 채무를 상환한 것으로 인정하는 경우(증여추정의 배제)

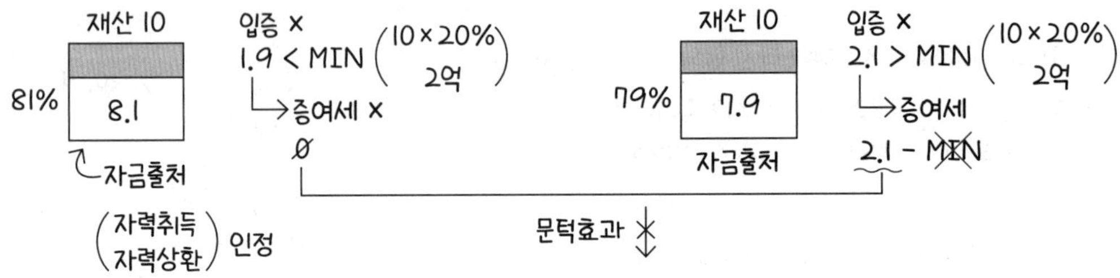

재산취득자금 등의 증여추정 합산배제증여재산 및 증여자 연대납세의무 배제

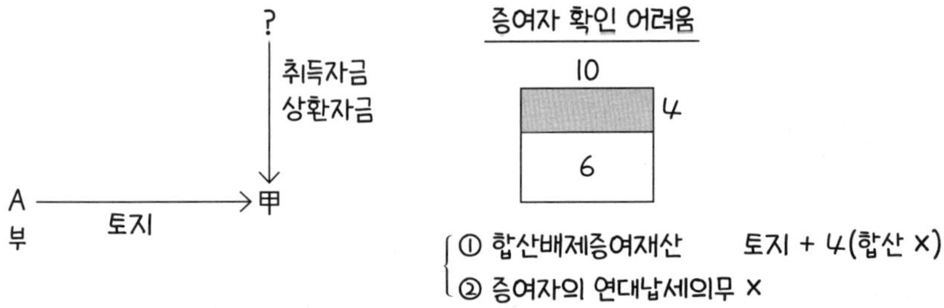

차명계좌 금융자산 명의자 소유 추정

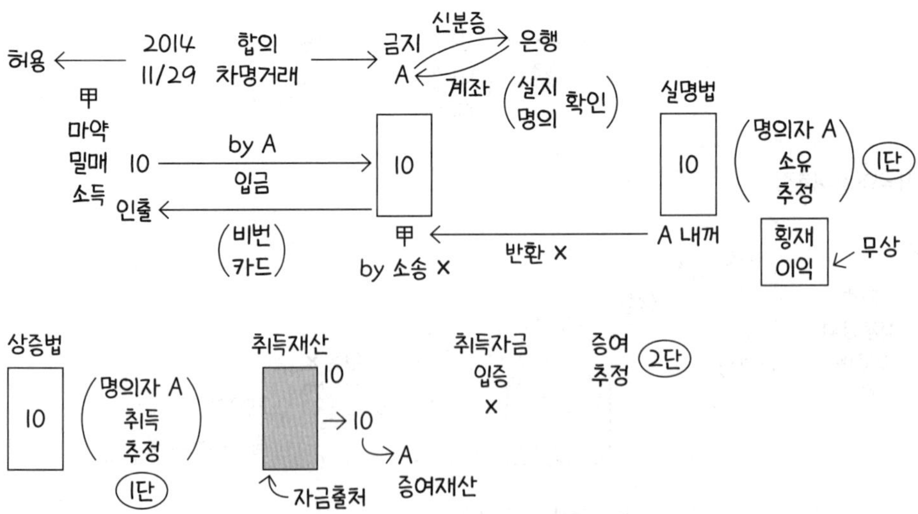

제 7 절 증여의제

■ 명의신탁재산의 증여의제 개요

甲 ——→ A ← 증여세

무상이전 ×

→ 증여의제(증여의 실질이 없음에도 증여로 간주)
(by 법)

유형 Ⅰ : 명의신탁 증여의제

K주식 (10%)

B 취득대금 2/4

명의개서 2/4 <요건>

K사 —49%— 甲 실제소유자 ≒ A 명의자

명의신탁자 — 명의신탁(조세회피목적) — 명의수탁자

소유: K주식 10억 {대내적 甲 / 대외적 A} 유효

甲·A ← 처벌 ×

甲 회피되는 조세

- 배당소득, 양도소득 } 소득세
- 상속세 · 증여세(ex : 최대주주 관련)
- 과점주주 < 간주취득세 / 2차납세의무

<효과> 명의개서일(증여시기)

甲 —2/4→ A

증여한 것으로

K주식 10억 — 의제 {실질과세원칙 예외}

증여세 {10억 × 세율 = 2.4억} 甲 징벌적 과세

1 × 10
4 × 20 } 90
5 × 30 150
2.4억

	취득일	증여시기		증여세
	1/4 ≠	2/4		5/31
	10	9	2.4억	신고
평가	○	×	증여세 甲	납부

유형 Ⅱ : 명의개서 미이행(해태) 증여의제

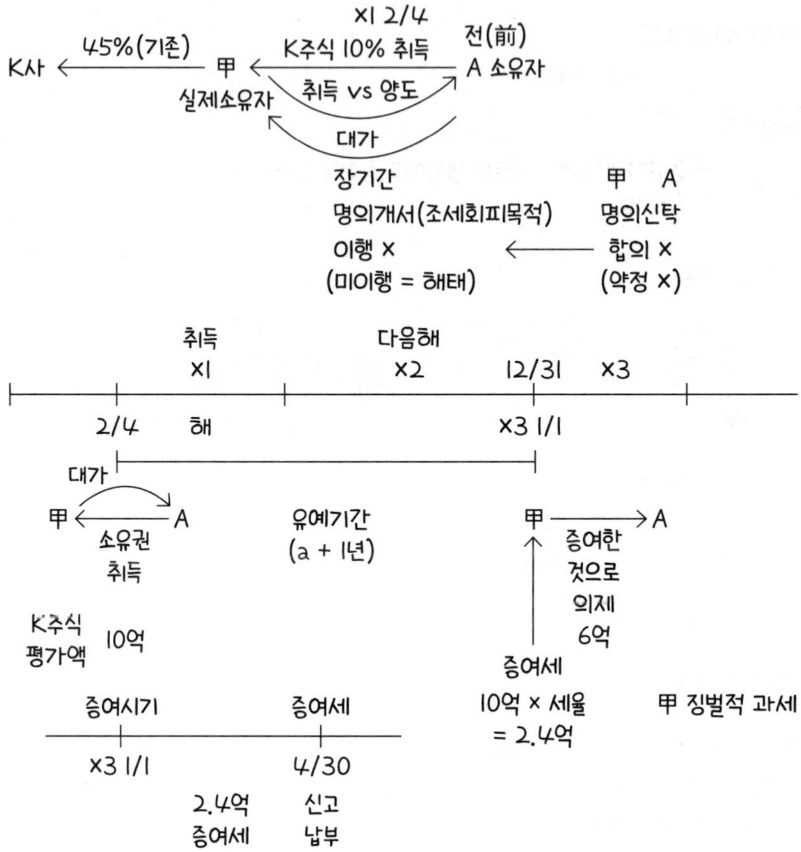

■ 증여의제의 요건

요건 1) 등기, 등록, 명의개서 필요재산(주로 주식)
(토지, 건물 포함 ×)

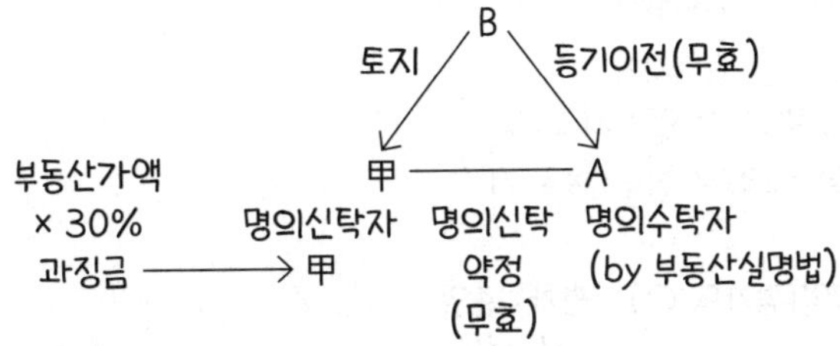

2) 실제소유자 ≠ 명의자
명의신탁 관계 존재
(by 과세관청 입증)
① 주주명부
② 주식 등 변동사항 명세서
↓ 적용순위

3) 조세 회피목적 有

[국세 / 관세 / 지방세] if) 조세회피목적 ×
→ 증여의제 ×

①② 조세회피목적 有 추정(원칙)

①

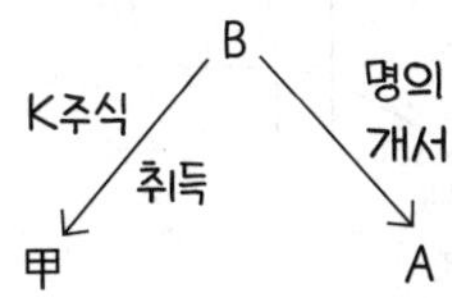

② 甲 ←(×1 2/4 K주식 취득)— A
×3 1/1
명의개서 ×

㉠㉡ 조세회피목적 有 추정 ×(예외)

㉠ (B or A) —양도→ 甲(by 매매로소유권취득)
종전 소유자 양도세 신고 + 소유권 변경신고

㉡ 甲 사망 K주식 → 상속세 과세가액 포함
신고 · 수정신고 · 기한후신고 (甲이 실수요자임이 확인되는 경우) → 조세회피 추정 ×

■ 증여의제의 효과

효과 / 甲 토지 + K주식(합산 x) A과세 x

1) 甲 → A (증여한 것으로 의제)

실제소유자 / 명의자 {개인 · 비영리법인, 영리법인}

↑

증여세 납세의무

K주식 : 합산배제대상

증여시기

(① 명의개서일 : x1 2/4
② x1 2/4 취득 : x3 1/1)

2) 甲 ← A (x1 2/4 취득) K주식 10억(평가액 ○) 평가기준일 x1 2/4

증여시기

x3 1/1 K주식 6억(평가액 x)

甲 → A 배우자

실제소유자 명의자

↑ 6억

증여세 (6억) 6억

x1 1/4	→	x1 2/4 (← 증여시기)
취득		명의개서
10		9 x
x1 2/4		x3 1/1 (← 증여시기)
10		6 x

3) 명의자 물적납세의무

요건 (① 甲 증여세 체납
② 甲 다른 재산으로 징수 x)

서장 → A (납부고지) 물적납세의무 납부 x

K주식 대외적 A 소유

압류 - 매각 - 징수

체납

甲 2.4

(2)

0.4

부족

4) K주식 실질소유자 → 甲 사망

K주식 → 상속재산

■ 명의개서 미이행 중 명의신탁 합의하는 경우 증여시기

甲 ← A (취득 23 2/4)

명의개서 x

24 1/1 (증여시기 x)

甲 — A (24 2/4)

명의신탁 약정 = 합의

24 2/4 (증여시기 ○)

Ⅲ. 특수관계법인과의 거래를 통한 이익의 증여의제

■ 개요

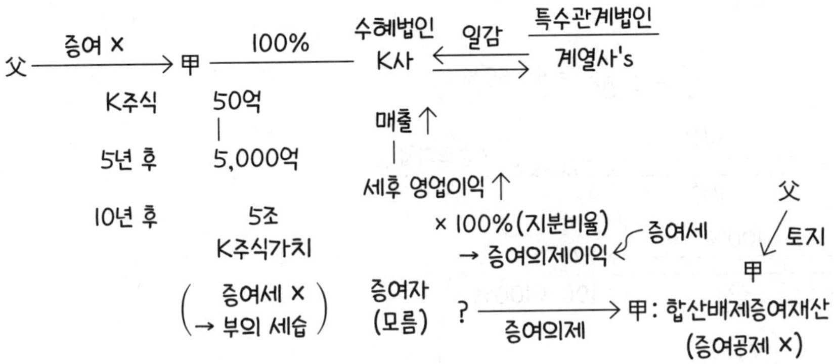

■ 증여의제 사례

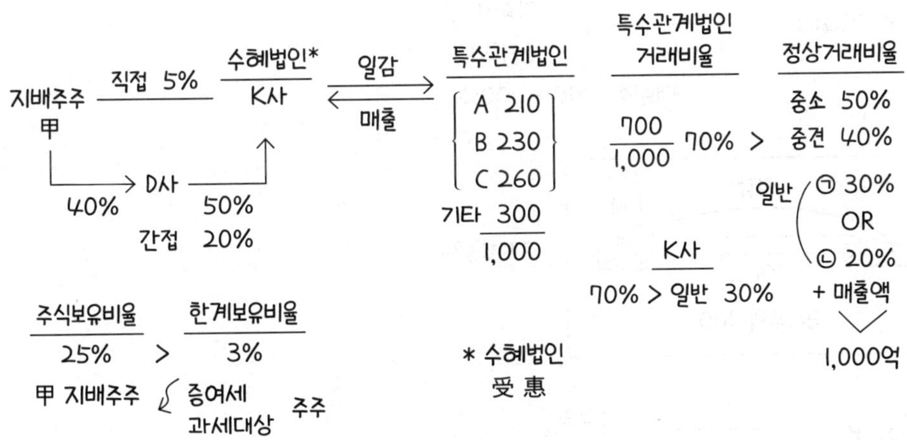

■ 교차거래

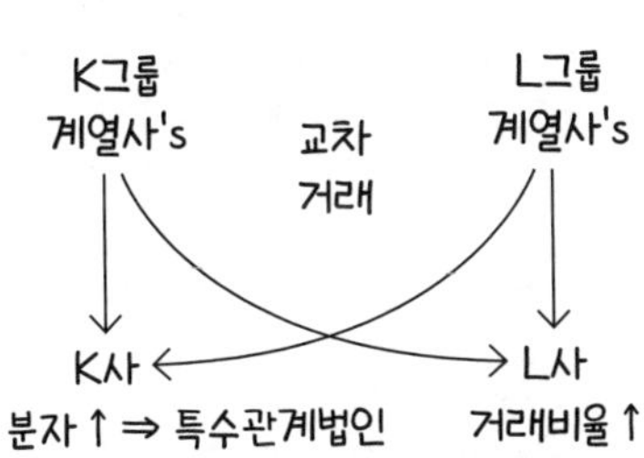

■ 과세제외매출액

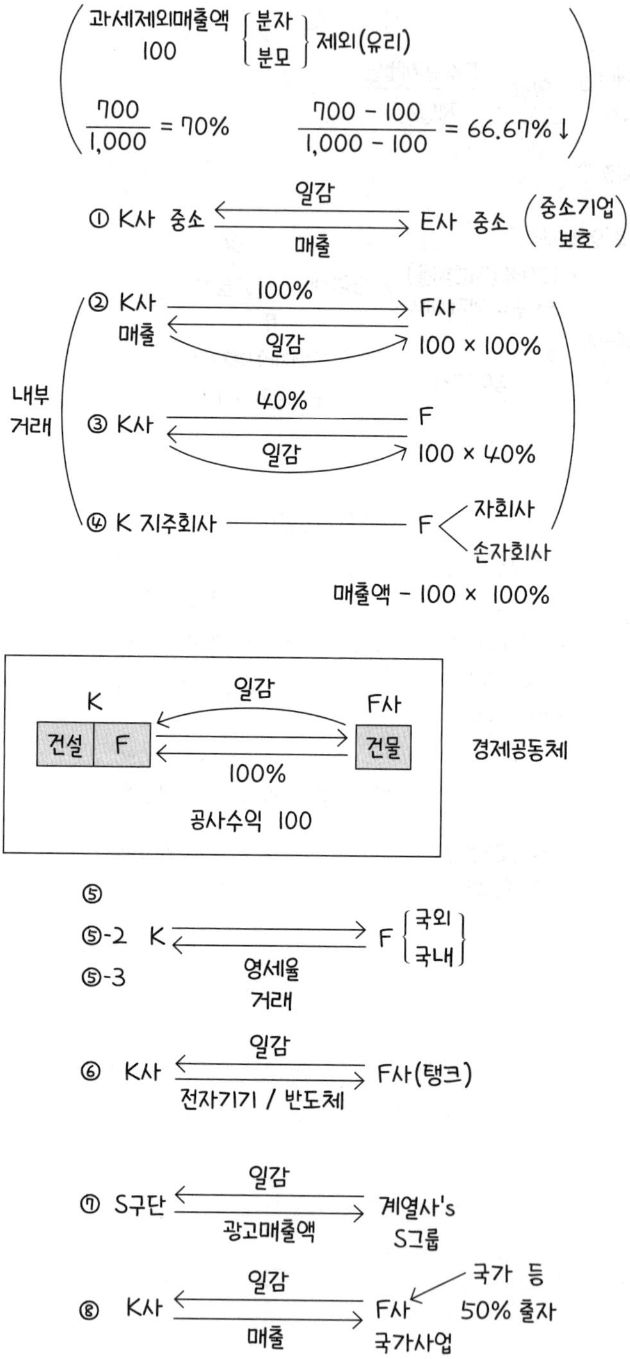
과세제외매출액
100
분자
분모
제외(유리)
700 / 1,000 = 70%
700 - 100 / 1,000 - 100 = 66.67% ↓
일감
① K사 중소
E사 중소
매출
중소기업 보호
100%
② K사 매출
F사
일감
100 × 100%
내부 거래
40%
③ K사
F
일감
100 × 40%
④ K 지주회사
F
자회사
손자회사
매출액 - 100 × 100%
일감
K
F사
건설
F
건물
100%
공사수익 100
경제공동체
⑤
⑤-2 K
F
국외
국내
⑤-3
영세율 거래
일감
⑥ K사
F사(탱크)
전자기기 / 반도체
일감
⑦ S구단
계열사's S그룹
광고매출액
일감
⑧ K사
F사 국가사업
국가 등 50% 출자
매출

■ 지배주주의 범위

(1) K사 　주주 　최대주주 中 보유비율↑ 　증여세 과세대상 주주

특수 (甲 30 / 乙 20 / 丙 10) → 甲(30) 개인

① 甲 지배주주 30 > 10(3)

② 乙 친족 20 > 10(3)

(2) K사 　최대주주 　직접 간접 　증여세 과세대상 주주

특수 (甲 20 / 乙 30 / 丙 10)
- 甲 20 → 20 + 15 = 35
- 乙 30 — 법인(NO !)

기타 40

甲 지배주주 35 > 10(3)

丙 친족 10 > 3

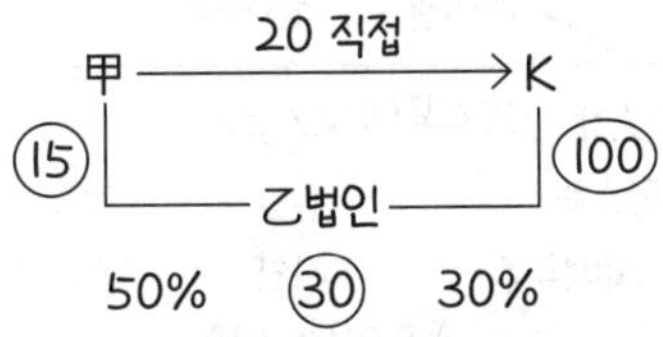

50 × 30% = 15 간접

■ 증여세 과세대상 주주

직 간

지배주주 甲 30 > 한계보유비율

친족 乙 20 > 한계보유비율

(중소 · 중견 10% / 일반 3%)

			초과거래비율	甲		초과보유비율
중소	70 − 50	=	20	30 − 10	=	20
중견	70 − 40 × 1/2	=	50	30 − 10 × 1/2	=	25
일반	70 − 5	=	65	30 − Ø	=	30

한계

ex) 24 {직 20↑ / 간 4} {−6 / −4} −10 　↑ 차감 순서

= 14

■ 특수관계법인과의 거래를 통한 이익의 증여의제 계산사례

증여의제이익 : ① + ② = 4,121.5

① 직접 $255 \times (70\% - 5\%) \times (5\% - \emptyset) = \begin{pmatrix} 828.75 \\ - \text{배당소득공제} \end{pmatrix}$ ← 증여세

K 중소 50% 10%

중견 $40\% \times \frac{1}{2}$ $10 \times \frac{1}{2}$ 22.1 = 806,650

② 간접 $255 \times (70\% - 5\%) \times (20\% - \emptyset) = 3.315$ ← 증여세

K 중소 50% 먼저 차감 (10%)

중견 $40\% \times \frac{1}{2}$ ($10\% \times \frac{1}{2}$)

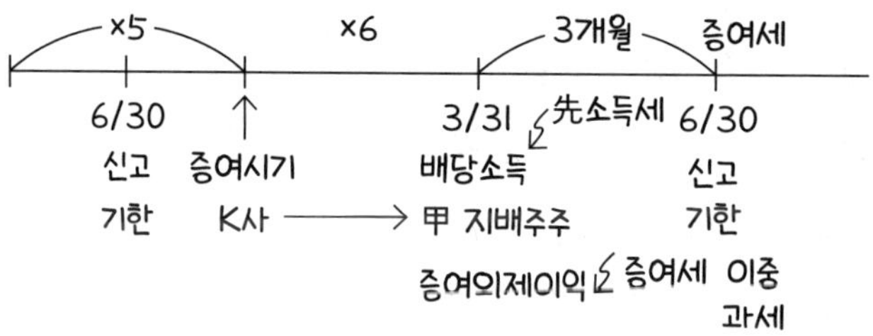

■ 배당소득 공제액

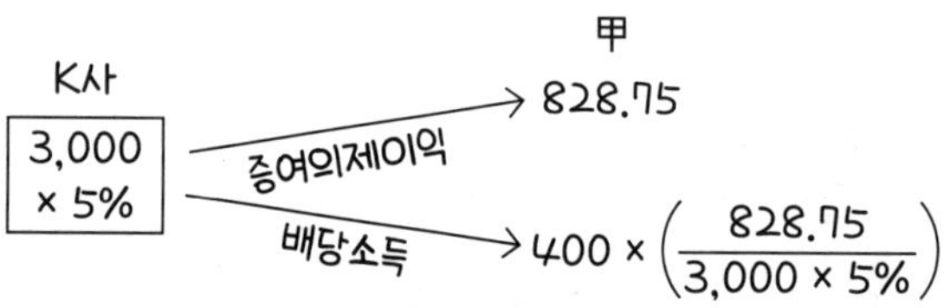

= 22.1 (배당소득 공제액)

K주식	100	현금	100	
	+			증여세↑
K주식	40↑	증여의제이익	40	
현금	200	K주식	140↑	↓
		양도소득	60↓	양도세↓

Ⅳ. 특수관계법인으로부터 제공받은 사업기회로 발생한 이익의 증여의제

■ 개요

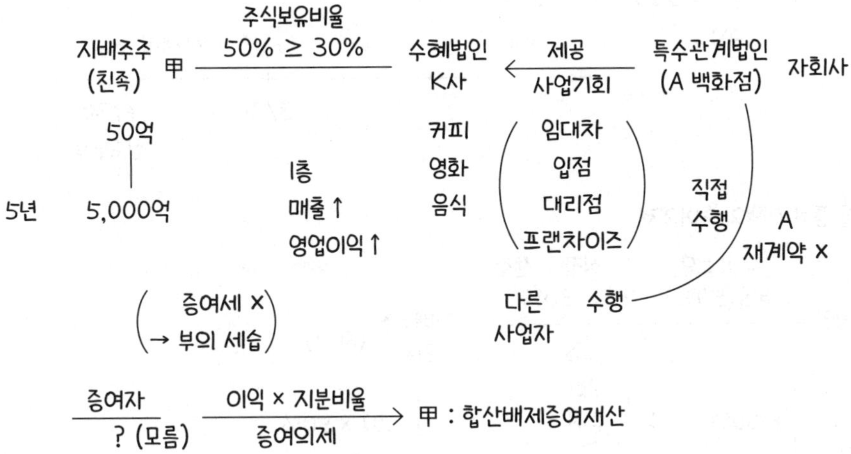

■ 제외대상(중소기업과 수혜법인의 주식보유비율이 50% 이상인 법인)

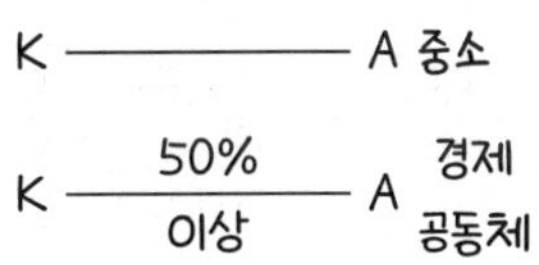

■ 증여의제 사례

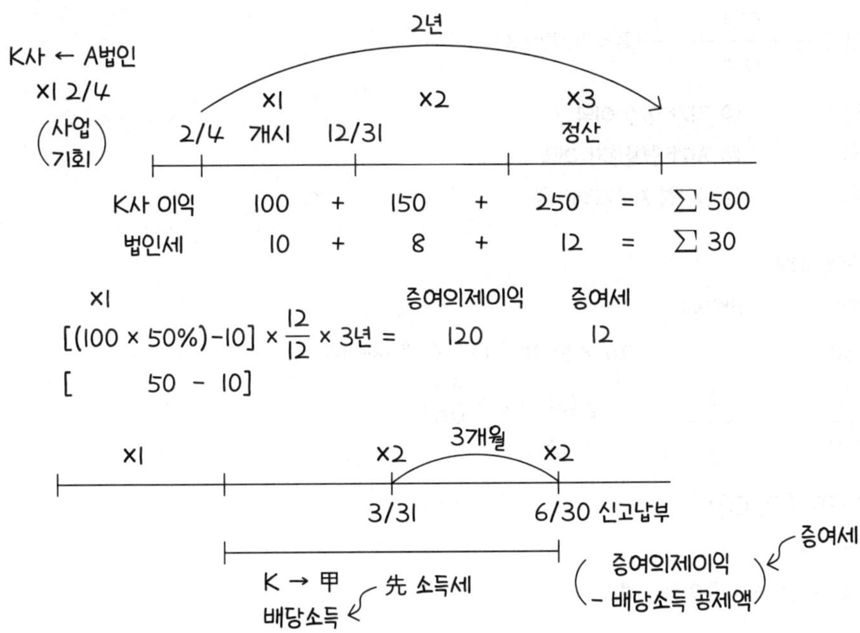

	증여의제이익		증여세	
$[100 \times 50\% - 10] \times \frac{12}{12}$	= 3년 = 120	-	12	정산세액
$\sum$ 500 × 50% - 30 = 220 (3년) (3년)		-	25	(+)13

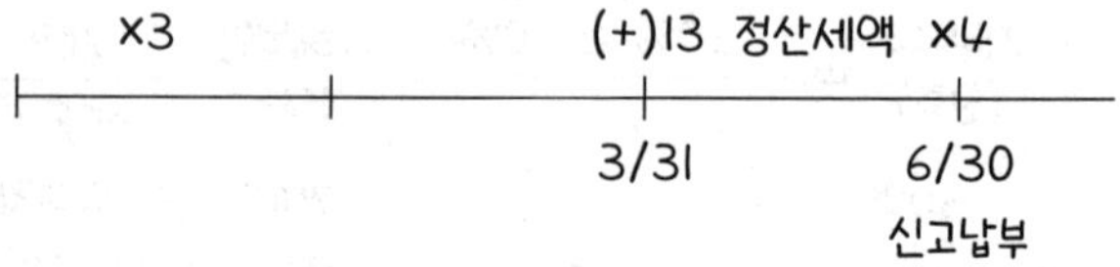

■ 특정법인과 거래를 통한 이익의 증여의제

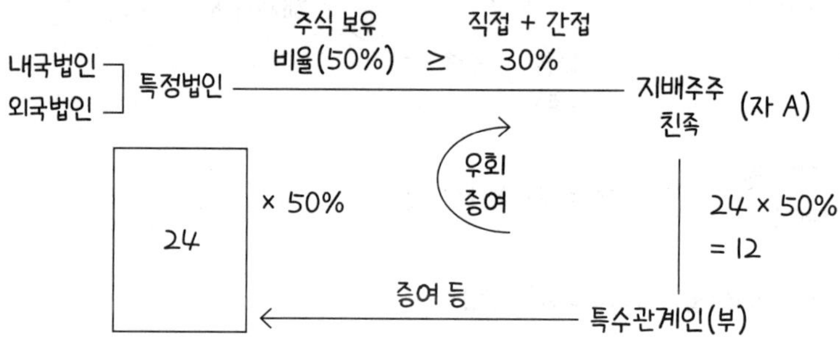

토지	30	수증	30
법인세 비용 (20%)	6	현금	6

■ 특정법인이 이익을 받는 거래

특정법인 ← 이전 / 이익 — 특수관계인(부)

① 자산 수증 이익	② 저가 양수 이익
③ 고가 양도 이익	④ 저가 현물출자 이익
⑤ 채무 면제 이익	⑥ 불공정 자본거래이익

■ 증여의제이익의 계산사례

	이익	법인세
이전이익	30	6
기타소득	10	2
각사소	40	8

자 A

24 × 50% = 12 증여의제이익

↳ $(30 - 8 \times \frac{30}{40})$ = 24

납부할 증여세 : MIN(①, ②)*

① 12 → 증여세

② 증여세의 한도 = 직접 증여 증여세 - 법인세

■ 증여의제이익에 대한 증여세액의 한도

지배주주(50%)

자 A ← 간접 (24 × 50%) ← 부 → 증여 30 → 특정법인

12 ↓ 증여세 4

법인세 (6)
세후이익 24

자 A ↑ 직접 증여 ← 부

증여재산
30 × 50% = 15

㉠ 증여세 6.4 기납부세액
㉡ 법인세 (3) = 6 × 50%
3.4 한도

MIN 3.4

㉡ $(8 \times \frac{30}{40}) \times 50\% = 6 \times 50\%$

* MIN(①, ②)

① (24 × 50%) 12 → 증여세 4 (㉠)

② (30 × 50%) 15 → 증여세 6.4 − (6 × 50%) 3 법인세

증여세
① 간접 4
② 직접 3.4
MIN 3.4

■ 증여세 과세표준 신고기한

x1 ↑ 이전된 이익 — x2: 3/31 (3개월) 6/30 (신고기한)

■ 특정법인과의 거래를 통한 이익의 증여의제 사례문제

특정법인 A ← $\frac{7}{8} \geq 30\%$ ← 지배주주(친족) {甲, 乙, 丙}

이전이익	800	− 80	= 720
기타소득	200	20	
각사소	1,000	100	법인세

① 부동산 500 수증이익 500
② 유가증권 400 현금 100
이익(익금) 300

← 이익 이전 ← 특수관계인(父 : 甲)

최대주주(甲 · 乙 · 丙)

甲	20
乙	20
丙	30
기타	10
	80

甲, 乙 친족
丙 지배주주
→ 지배주주 등

甲 $720 \times \frac{2}{8} = 180$ × (자기증여)

乙 $720 \times \frac{2}{8} = 180 \geq 100$

丙 $720 \times \frac{3}{8} = 270 \geq 100$

제 3 장 과세가액불산입 및 재산의 평가

■ 주식 출연시 증여세 과세가액불산입 배제

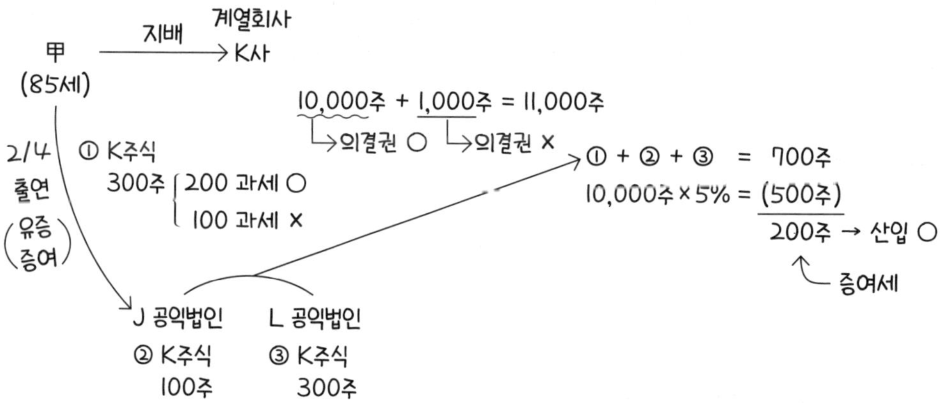

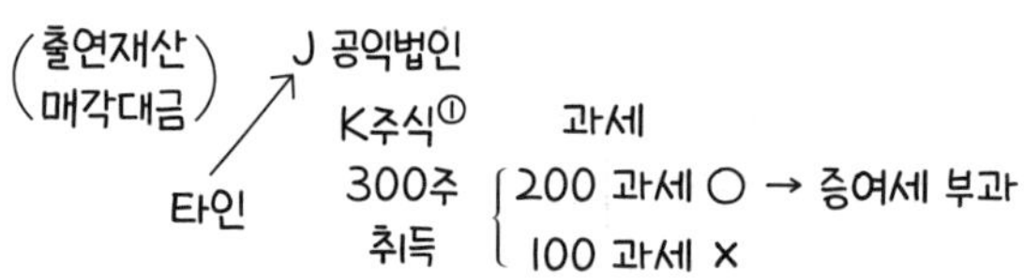

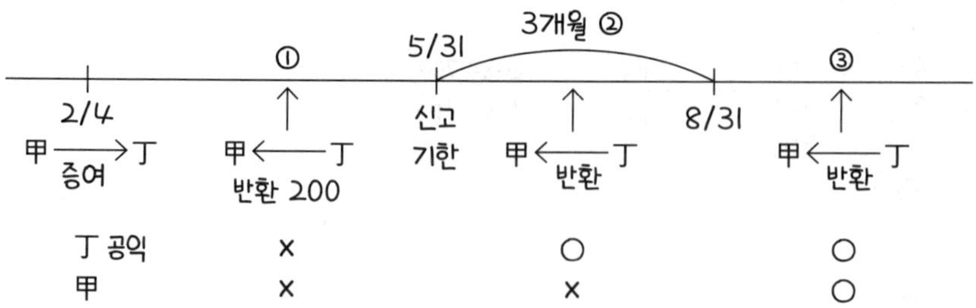

특수관계에 있는 타법인의 주식보유에 대한 가산세

J 공익

K주식 400↓	
총재산 1,000	

(400 - 1,000 × 30%)
⇒ 100 × 5% : 가산세

인정시가

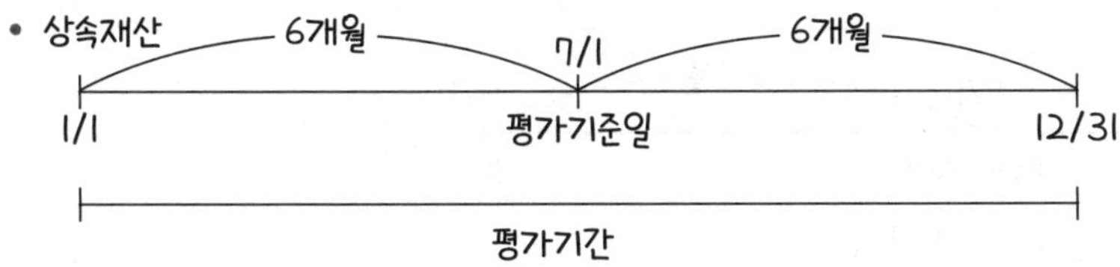

① 거래가
② 감정가
③ 보상가 등
} 인정시가

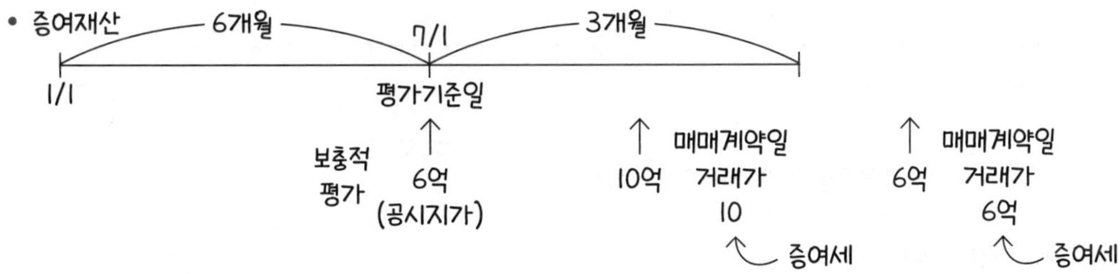

평가심의위원회의 자문을 거쳐 평가하는 기간

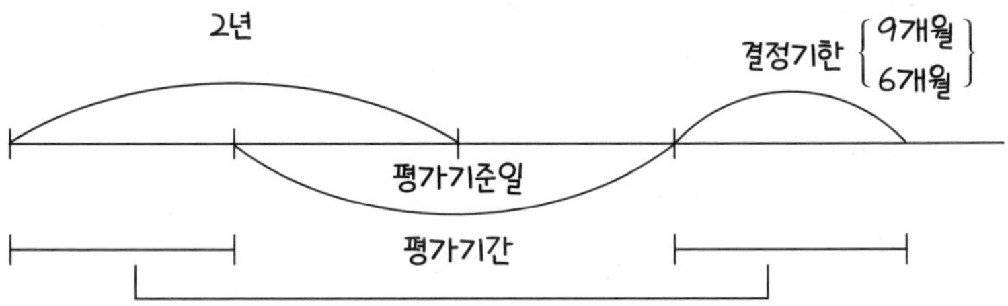

매매 등(평심의 by 자문)
→ 매매 등 가액
: 인정시가

담보물권이 설정된 재산의 평가

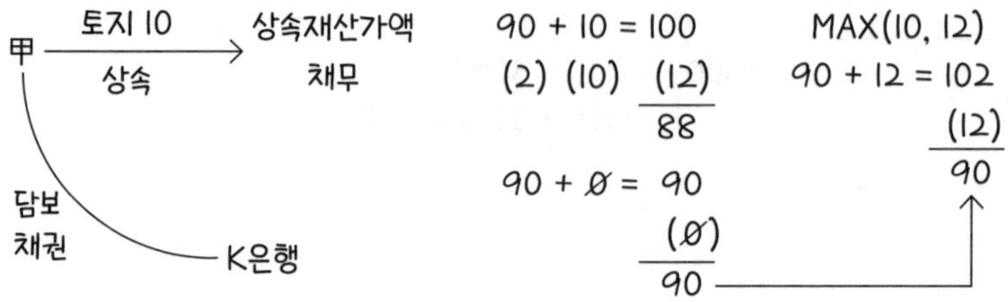

주권상장법인 주식평가

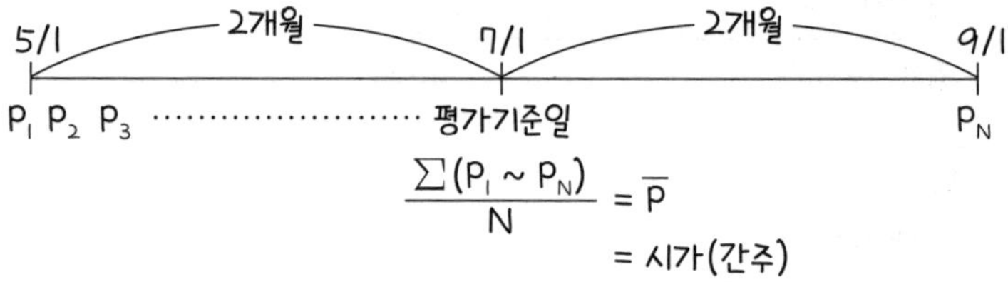

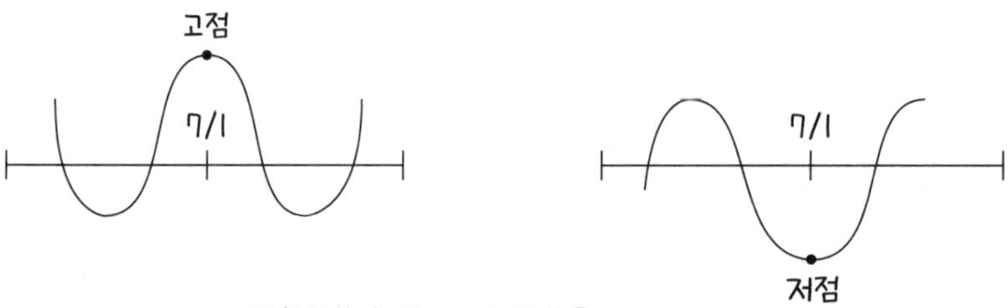

가격 변동성 ↑ 평가의 객관성 확보

평가대상기간의 예외

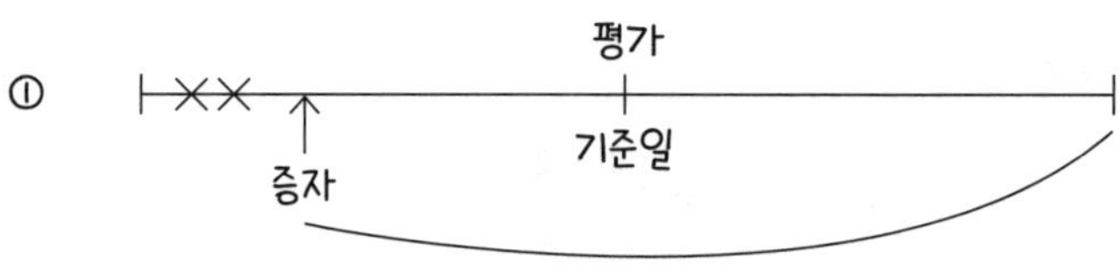

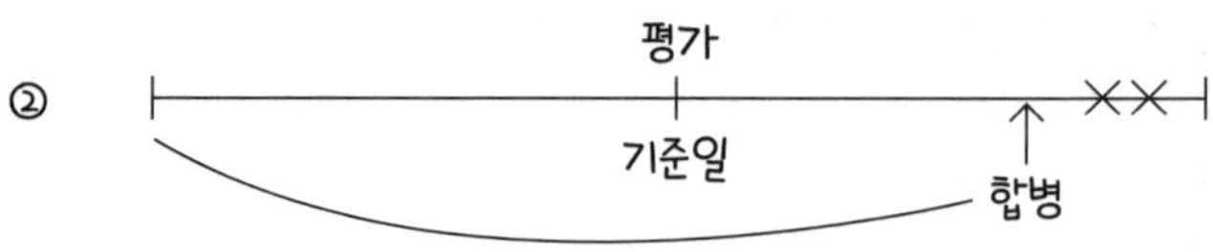

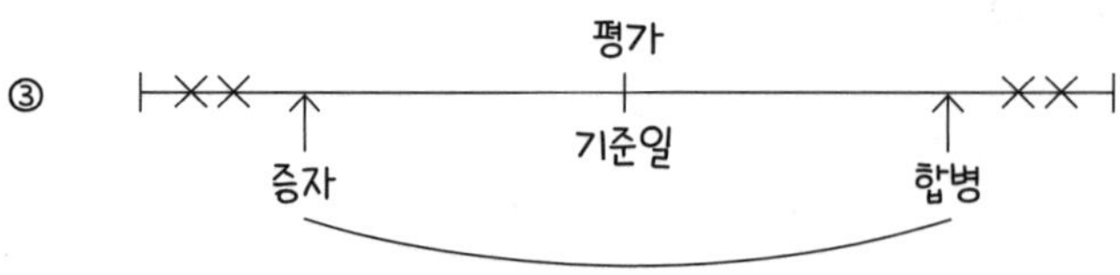

비상장주식의 평가구조

	비상장주식
원칙	시가(인정시가)
	↓
예외	보충적 평가방법 평가액 (가중평균)

비상장주식의 평가(보충적 평가방법)

1주당: 순손익가치, 순자산가치

원칙(일반): $(10{,}000 \times 3 + 20{,}000 \times 2) \times \frac{1}{5} = 14$ = MAX 16, $20{,}000 \times 80\%$

부동산보유비율 ≥ 50%: $(10{,}000 \times 2 + 20{,}000 \times 3) \times \frac{1}{5} = 16$ MAX $20{,}000 \times 80\%$

부동산보유비율 ≥ 80%: $(10{,}000 \times \emptyset + 20{,}000 \times 5) \times \frac{1}{5} = 20$

MIX

1주당
① 순손익가치 $= \frac{\overline{EPS}}{10\%}$

계속 기업가치 $= \frac{1{,}000}{10\%}$

$= 10{,}000$/주

1주당
② 순자산가치 $= \frac{3억 - 1억}{10{,}000주}$

청산가치 = 20,000주

$\overline{EPS} = (\underset{\times 1}{1{,}600} + \underset{\times 2}{1{,}000} + \underset{\times 3}{800}) \times \frac{1}{6}$ (EPS_3, EPS_2, EPS_1)

$1{,}600 + 2{,}000 + 2{,}400$

$= 1{,}000$

$\frac{1{,}600{,}000}{10{,}000주}$ $\frac{10{,}000{,}000}{10{,}000주}$ $\frac{8{,}000{,}000}{10{,}000주}$

1,600 1,000 800

영업권 평가

초과이익금액 = 1억 − 3억 × 10% × 50%
= 20

5년

$$P_0 = \frac{20}{1.1} + \frac{20}{1.1^2} + \frac{20}{1.1^3} + \frac{20}{1.1^4} + \frac{20}{1.1^5}$$

= 20 × (10%, 5년) 연금 현가 계수
= 20 × 3.79

최대주주 등의 보유주식 등에 대한 할증평가의 특례

최대주주	일반	중소 · 중견
(지분율 관계 x)	20%	x · x

100
× 50%
세액 50

100 × (1 + 20%)
× 50%
60 = 100 × 60%(실효세율)

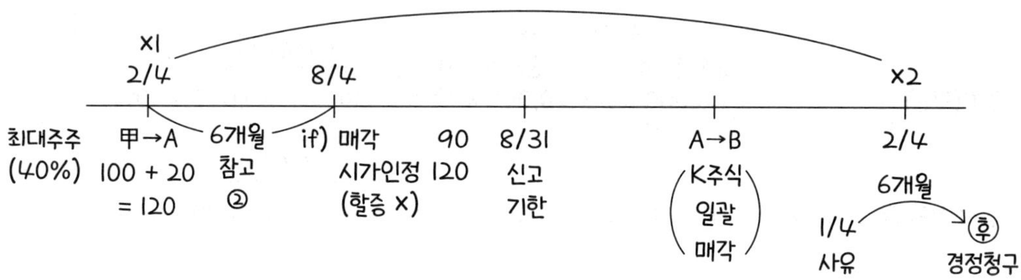

과세가액 120 ┐
∨ 100 ┘ 20↓ → 상속세↓
할증평가된 가액
매각가액 90

[국세기본법]

제 1 장 국세기본법 총칙

제 1 절 국세기본법 통칙

■ 용어의 뜻(국세와 세법), 세법과 관계

조세 ┌ 국세 ┌ 내국세 ⟶ 국세 (국기법) / 세법 (국기법)
│ └ 관세(관세법) (국기법)
└ 지방세(지방세법)

원칙 : 국기법 > 세법 (우선)
예외 : 국기법 < 세법　A = D　효력 ○
(특례) A = B　특례규정

■ 국세징수절차

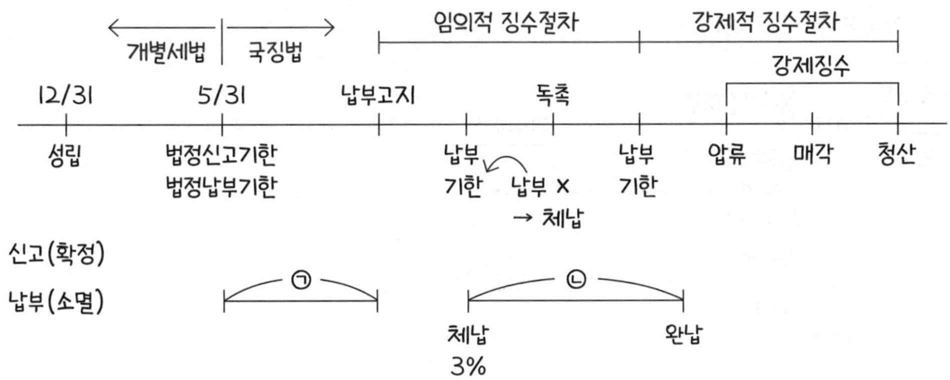

납부지연가산세 = ① + ②

① 미납세액 × 지연일수 × $\frac{2.2}{10,000}$
(㉠ + ㉡)
　　　　　　　　　　㉡ + ② → 종전 가산금
② 미납세액 × 3%

법정신고납부기한	서장	VS	납세의무자
신고 × + 납부 × →	결정 · 고지		기한후신고 · 납부
과소신고 + 과소납부 →	경정 · 고지		수정신고 · 납부
신고 ○ + 납부 × →	(무납부)고지		기한후납부

가산세의 의의와 성격

	가산세
• 의의	산출세액에 가산
• 성격	행정벌
• 국세	포함 ○
• 근거규정	국기법(4가지) / 세법

국기법(4가지):
- 무신고가산세
- 과소신고가산세
- 납부지연가산세
- 원천징수 등 납부지연가산세

납부고지·독촉

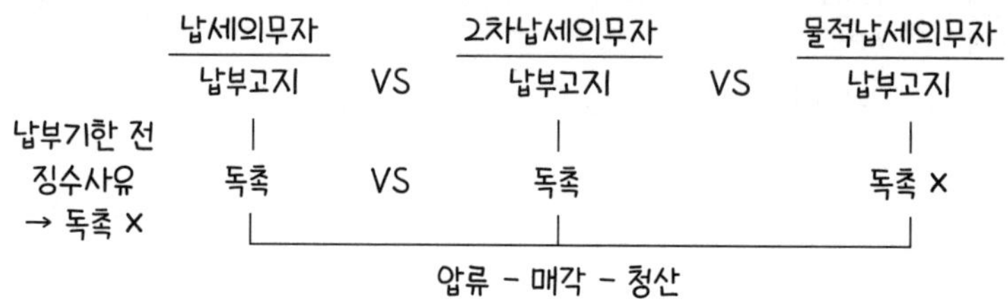

납세자와 제2차납세의무

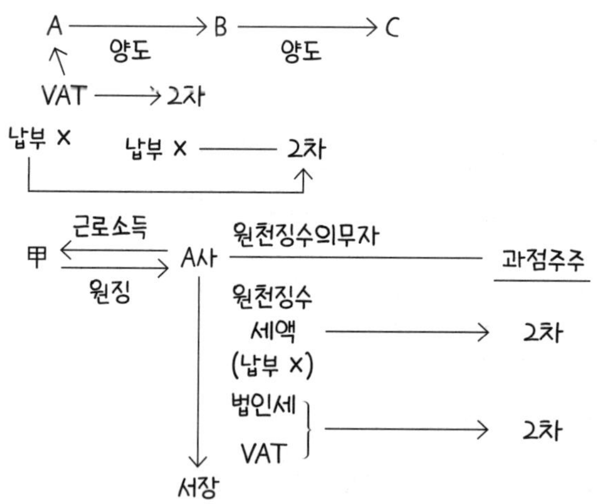

서류제출의 효력발생시기

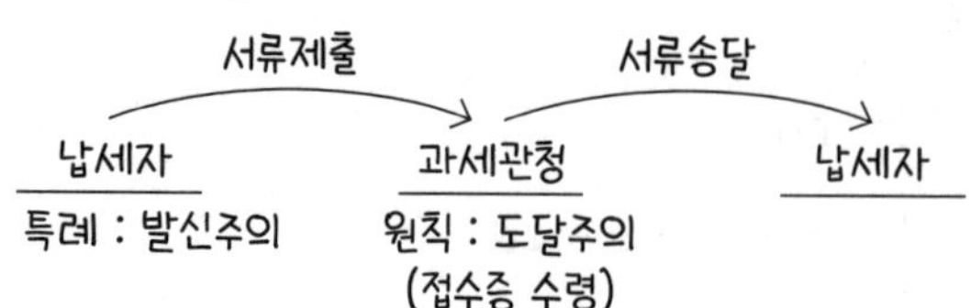

1) 도장 찍힌 날

2) 입력 · 저장 "전송"

3) 만료일 HTS

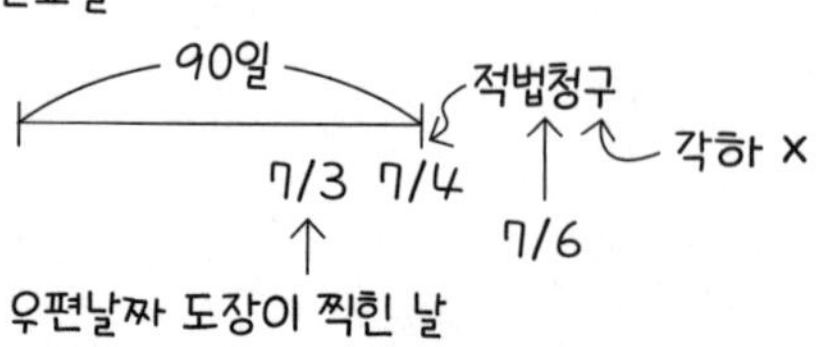

제 3 절 서류의 송달

■ 송달받아야 할 자와 송달장소

◎ 송달받아야 할 자

- 원칙 : 명의인(수신인), 수임인(受任人)
- 예외 : 보충수령인

◎ 송달장소

- 원칙 : 주소, 영업소(전자우편주소, HTS 이용자계정)
- 예외 : 신고된 장소

■ 연대납세의무자에 대한 서류송달

VAT 4

공동사업 모두 V/A 이의신청

고지 · 독촉 → A (대표자) → 서장

← 결정통지서(기각)

각각 ↓ 효력 有 3/10

고지 · 독촉 → B

9/4 각하

↑

3/10 6/8 심판청구 심판청구

90일

■ 송달방법

		① 송달 장소	② 송달받아야 할 자
원칙	교부송달	○	+ ○ 원칙
	예외 ①	다른 장소	+ ○
	예외 ②	○	+ 보충수령인
↓ ×	우편송달 일반	○	
	우편송달 등기	고지 · 독촉 · 강제징수 · 명령	
	전자송달(신청)		
예외 : 공시송달		공고(公告)	

■ 유치송달

부과 제척기간 만료 → 임박

|———————| 2일 ↑ 송달 ⇒ 무효 ↑ ×

- 송달받아야 할 자 OR 보충수령인 } 수령거부(by 고의) / 유치송달(유효)

■ 3회 연속 미열람시 전자송달 자동철회

24 VAT — 1기, 2기 / 3회 / 24 소득세

	1기	2기		소득세	
	고지	독촉		고지	독촉 { 교부 OR 등기우편 ─ if 전자송달 → 위법
납부기한	10/4	11/3		7/4	
HTS 열람	×	×		× 세번째	다음날 7/5 자동 철회

if (열람 × + 납부 ○)
→ 납부(유효) : 철회 ×

■ 공시송달 사유

예외 : 공시송달 공고(公告)

사유 ① 국외 + 송달 ×
② 주소불명
③ ④] 부재중(不在中)* + 송달 곤란
* 장기간 주소지 이탈 과세권 행사에 장애가 있는 경우 : 외출 · 출장 일시적 부재 해당 ×

■ 법인에 대한 공시송달의 요건

법인 소재 < ○ { 교부 / 우편
법인 소재 < ×
↓
대표자 주소지 { ○ { 교부 / 우편
대표자 주소지 { ×
↓
공시송달

■ 인격(법인격)과 법인이 아닌 단체

인격(법인격) : 권리 · 의무의 주체 → 자격
└ { 자연인(사람) / 법 인(法人)
↑
사단 / 재단] + 등기

사단 / 재단] 단체 + 등기 × → 법인이 아닌 단체 ← 과세대상 / 귀속
(비법인 사단 · 재단)

ex) (종중 / 동창회 / 신도회)

■ 법인이 아닌 단체의 구분

- 법인이 아닌 단체
  - 법인으로 보는 단체 (by 국기법) / 대표자 의무이행
    - 당연~~단체 (수익분배 x)
      - ① 허가 · 인가/등록 (사단 / 재단)
      - ② 공익목적 출연재단
    - 승인~~단체 요건 신청 → 승인
  - 그 외의 단체
    - ① 규정 + 대표자 선임
    - ② 수익재산 독립 소유 · 관리
    - ③수익분배 x

α	3년		
x0	x1	x2	x3

7/1
승인 → 개인 변경 x
개인 → 법인 의무적 법인 의제

(x3 시점 ↑) if) 수익분배(요건 x)
승인취소 → 개인변경

■ 법인이 아닌 단체에 대한 납세의무

법인이 아닌 단체	소득과세*1	상증법	VAT*2
법인으로 보는 단체 (당연 / 승인)	비영리법인 (내국 / 외국)	비영리법인	법인
그 외 단체	이익분배 x 1거주자*3 → 단체 소득세 납세의무 이익분배 ○ 공동사업 영위 → 구성원별 과세	개인	개인

사무소
개인
- 국내 : 거주자
- 국외 : 비거주자

*1 수익사업소득(①~⑦) / 토지 등 양도소득

*2 간이과세 / 전자 T/I 발급 / 예정신고의무

*3 ① 인적공제 x
② 금융회사 금융소득 → 무조건 분리과세(14%)

■ 법인이 아닌 단체 사례문제

【사례 2】

Ⅰ. 문제의 제기

Ⅱ. 법인으로 보는 단체

1. 당연~
2. 승인~

Ⅲ. 과세방법

1. 승인

(1) 원칙적인 과세방법

양도소득 · 이자소득 → 각사소

(2) 특례적인 과세방법

① 양도소득 : 양도소득세 법인세 납부

② 이자소득 : 분리과세 특례

2. 거주자 ~

① 양도소득 : 분류과세

② 이자소득 : 무조건 분리과세(14%)

제 2 장 조세법의 기본원칙

제 1 절 조세법률주의

■ 조세법률주의 입법상의 원칙과 집행상의 원칙

입법상 원칙

형식적 의미

(1) 과세요건 법정주의

문제 (위임입법 / 행정규칙(훈령, 예규, 통첩)

(2) 과세요건 명확주의

문제 (불확정 개념 / 차용 개념

(3) 소급과세금지 원칙

집행상 원칙

(1) 합법성 원칙

(2) 절차적 보장원칙

실질적 의미

조세법률주의

조세법 내용 - (헌법 이념 + 하부 원칙)

합치

부부단위 자산소득 합산과세 : 위헌

~~ 1997년

조세법 내용

어떤것 O.K

→ 조세법률주의 형해화

과세요건 법정주의

과세요건

by 법률 {
- 납세의무자
- 과세대상
- 과표
- 세율

납세절차 <
- 신고납부
- 부과징수

과세요건 법정주의(위임입법의 문제)

법률 (by 국회) — 세부 시행 / 위임 사항 — 명령 (by 행정부) <
- 대통령령(시행령)
- 부령(시행규칙)

위임목적 · 내용 · 범위 } 구체적 명시 — 개별위임(허용)

포괄적 · 추상적 → "포괄위임" : "포괄위임금지원칙"
: 위헌(무효)

과세요건 법정주의 위반 여부(소득처분 규정)

귀속자에 따라 ……
귀속 불분명 ~ "대표자상여"

개선방안

{
- ① 손금 入, 익금 不(△유보, 기타)
- ② 법률 ⟵ 시행령

승격 규정 (
- 사외유출 — 배당 / 상여 / 기사 기타소득
- 유보(△유보)

■ 과세요건 법정주의 위반 여부(채무의 출자전환 주발초)

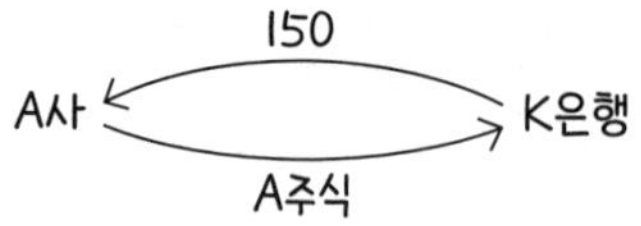

채무 → 출자전환
법률
100

익금 ○ → 과세소득 포함

주발초 = 익금 ×

- 발행가액 150 ┐ 80 채무면제이익 "과세소득의 범위↑"
- 시가 70 ┤ 주발초 20 익금 ×
- 액면 50 ┘

시행령 → (승격) 법률

■ 과세요건 법정주의(행정규칙의 문제)

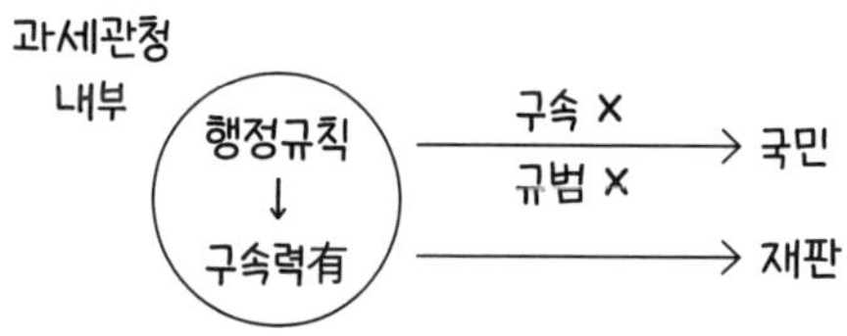

by 기본통칙 ↓

비영업용 승용차

구입, 임차, 유지 → 매공 × (판례 임차 → 매공 ○)

구입, 임차, 유지 → 매공 ×

by 법률 ↑ 2008부터

■ 과세요건 명확주의와 불확정개념의 문제

VAT → 부인규정
부당하게
낮은대가
〃 ←

법인세법, 소득세법 ↗ 부인
구체적
수치 기준 → 시가, 대가 } 차액 ≥ 시가 × 5% OR 3억

■ 과세요건 명확주의(차용개념의 문제)

고유개념 : 증여, 취득, 양도, 공급(세법 → 정의규정 ○)
차용개념 : 이익배당, 자본, 미수금, 미지급금 (세법 → 정의규정 ×)

민법 · 회계학
상법
용어 —빌려씀→ 세법(정의규정 ×)
특별규정 × 동일 의미 해석(조세법률주의에 부합)

대도시 5년
설립 (휴면법인 인수 포함) 특별규정
by 설립등기 부동산 취득
↑
중과세

특별규정
상속인(상속포기자 포함)

5년
휴면법인 주식 인수 = 설립 부동산 취득
↑
중과세 ×

■ 실질적 조세법률주의(재산권을 침해한다는 사례)

면세 사업자
부동산 거래
토지 · 건물 공급 × →
계산서 발급 → 합계표 지급
× ×
→ 공급가액 × 1%
1,000억 × 1% 과잉규제
10억 → 위헌

부동산 거래신고 → 등기신청
: 과세자료 확보

제 2 절 조세평등주의

■ 조세경감행위

조세 경감 행위
- 조세회피(tax avoidance)
- 절 세(tax saving)
- 조세포탈(tax evasion)

제 3 장 국세부과의 원칙

제 1 절 실질과세의 원칙

■ 실질과세 원칙의 의의

형식 · 외관 ≠ 실질 — by 실질
관계없이
- 세법 해석
- 과세요건 사실 인정

(납세의무자, 과세대상) 파악
(과표) 계산

■ 실질의 개념(법적 실질론과 경제적 실질론)

(1) 법적 실질론

법 형식 (가장된 외형적 형식) vs 법 진실 (진실한 법률사실)

· 모든 법역 인정
· 조세법 고유법리 X

甲 —(소유권 이전, 토지)→ A ← 증여세
매매 (가장) vs 증여 (진실) 숨기고

가장행위 – 무효
甲 —(토지 이전)→ A
대가 X

(2) 경제적 실질론

법형식 (법률요건 충족 법률사실) vs 경제적 실질 (경제적 성과 가지고 있는 사실)

(국기법 판례) (조세평등주의 구현, 조세법 – 고유법리)

매매 (저가 양도) (시가양도, 시가 – 대가 = 상여) A사 – 甲임원 소득 40↑ 40 상여(근로소득)

A사 ——→ 甲 (이전), 대가
현금 60 토지 60

A사 —(토지 양도)→ 甲임원
시가 100
대가 60

현금 100	토지 60
	수익 40
이익잉 40	현금 40(상여)

실질귀속자 과세원칙

(1) 실질귀속자 과세원칙

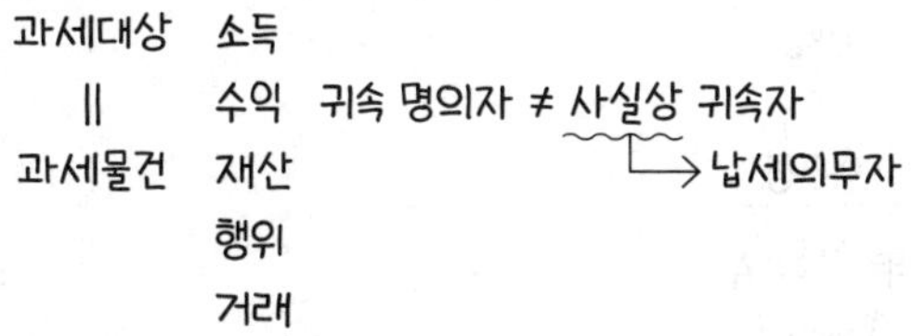

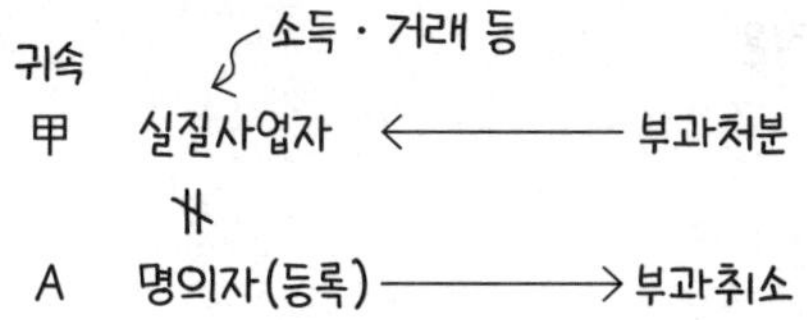

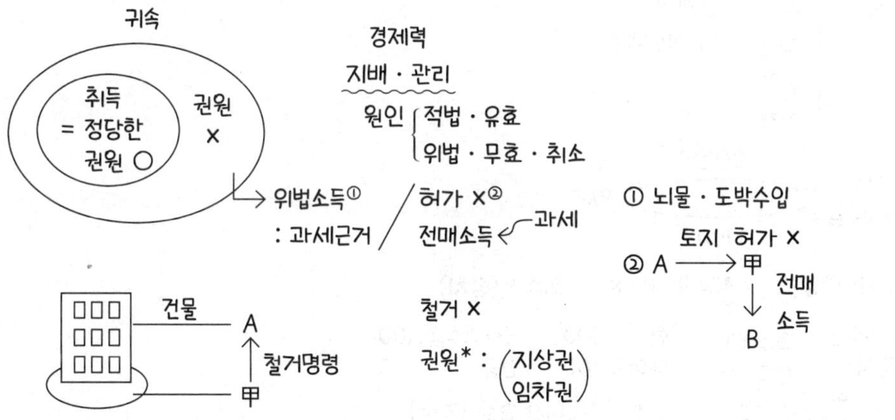

* 어떤 행위를 법률적으로 정당하게 하는 원인 · 근거를 말한다.

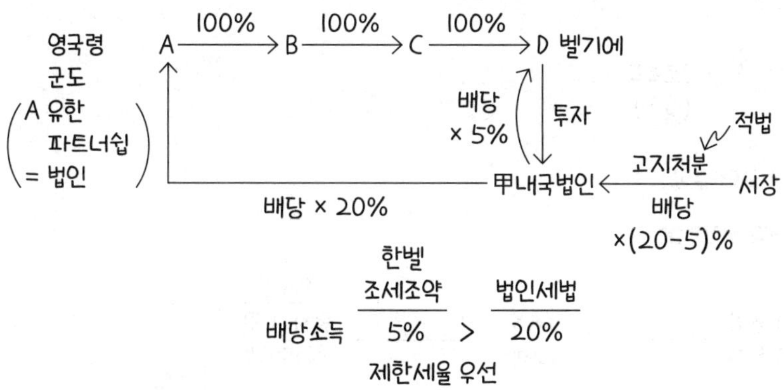

1) 실질귀속자 과세원칙

요건 ① 甲주식 실질 지배관리자(A) ≠ 명의자'S(BCD)

② 명의 ≠ 실질 → for 조세회피

효과 : 배당소득 →(귀속) A 배당 × 20%

2) 우회거래 부인

명의자'S 통한 간접적 방법 – 20% 대신 5% 낮은세율↑ – by 경제적 실질

재구성: 甲 →(직접) A, A →(배당) 甲, 20% 적용

■ **내용상 실질과세 원칙**

(2) 내용 실질과세

과세표준 계산 { 소득, 수익, 재산, 행위, 거래 } 명칭, 형식 ≠ 실질 내용 관계 × by 실질내용

A사 공사미수금 → (건설용역) 특수 B사, B사 → A사 (100)

7/1 회수약정일 정당한 사유 × → 회수 ×(방치)

공사미수금(명칭) 특수 ○ + 업무 × ≠ (가지급금(실질))

현금	100	공사미수금	100
대여금	100	현금	100

* 지급이자 손不 (기사)
인정이자 익금入 (기사)
대손충 × + 대손금 ×

甲 → A사 (근로제공), A사 → 甲 (대가) — 근로소득(실질)

명칭, 형식: 봉급, 급여 임금 상여 수당

■ **조세회피방지를 위한 경제적 실질주의**

① 우회거래 부인 : 제3자 통한 간접적 방법 —— for TAX 혜택 부당하게 받기 위한 by 경제적 실질 → 재구성: 당사자 간 직접거래

② 다단계 거래 부인 : 둘 이상 행위·거래 거치는 방법 —— → 연속된 하나 행위·거래

} TAX 적용

우회거래 부인 사례

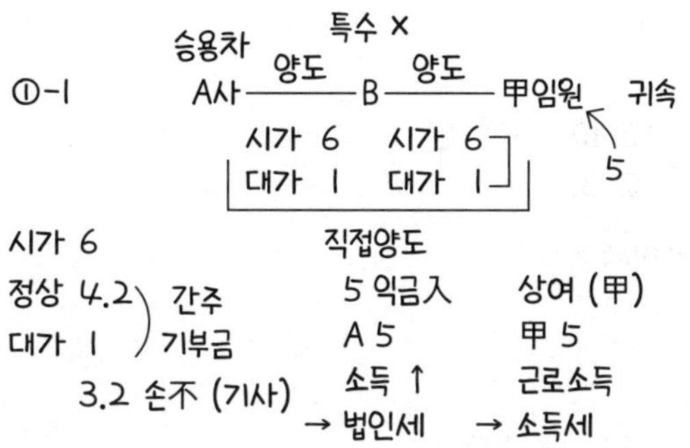

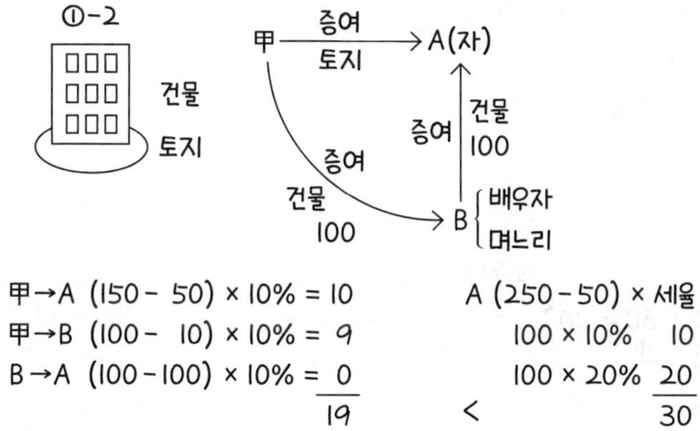

다단계거래 부인 사례

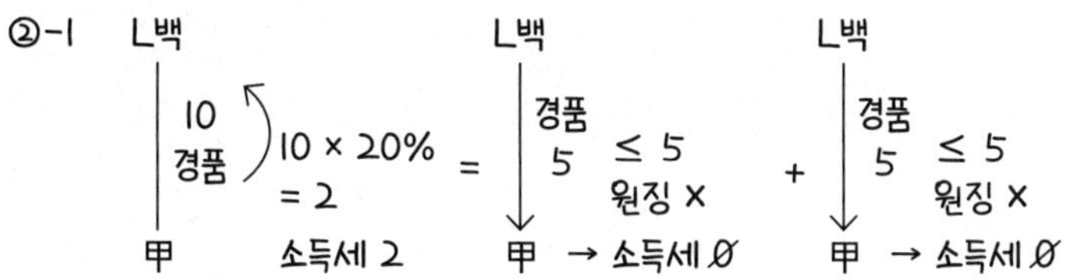

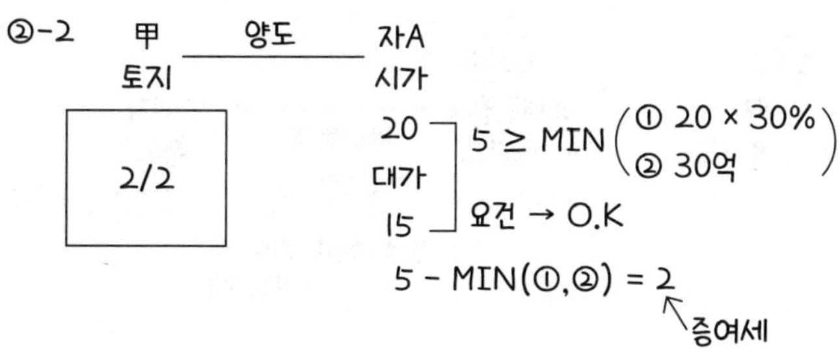

1년 내 양도

① ②

½	½

분필

甲 ⟶ 자A

① 시가 10, 대가 8

½

2 < MIN(① 10 × 30%, ② 3)

요건 × → 증여세 ×

甲 ⟶ 자A

② 시가 10, 대가 7

½

3 ≥ MIN(① 10 × 30%, ② 3억)

3 − MIN(①,②) = ∅

증여세 ∅

■ 실질과세원칙의 예외 : 공동사업합산과세

• 공동사업

100		실제	② 거짓	
	A	50%	10%	50 + 30 = 80 ← 소득세
	B	30%	70%	30 ⟶
① 특수	C	20%	20%	20

• 의제배당 — 실질과세원칙 예외 ×

⟶ "구현" ○

제 2 절 신의성실의 원칙

■ 신의성실의 원칙

과세관청 행위 ⟶ (신뢰) 납세자 for 신뢰보호

배신행위 (부과)

신의성실의 원칙 (신의칙)

처분: 적법 but 취소

합법성의 원칙 ⇒ 예외

(법대로 원칙 ⇒ 타협)

(신뢰) 과세관청 for 신뢰보호 ⟵ 납세자 행위

배신행위 (주장)

정당 but 거부 × (인정 ×)

신의성실의 원칙

과세관청의 행위에 대한 신의성실의 원칙 사례

A공급 { 과세 / 면세 }

甲 → 서장

甲 ← 서장 (질의)

(원인) for 신뢰 보호

신뢰 (기초) ← 면세대상 (회신)

5년

면세처리 ← 과세처분

{ 신고 × / 납부 × }

적법 but 취소

선행행위 vs 후행행위 → 모순행위

과세관청의 행위에 대한 신의성실의 원칙의 적용요건과 효과

요건

1) 공적견해 표명(납세자 증명)
2) 납세자 귀책사유 ×
3) 신뢰 → 세무처리 : 상당한 인과관계
   (원인) (결과)
4) 공적견해표명 반(反)하는 처분 → (납세자 불이익)(납세자 증명)
   ↑ 반드시 적법

효과 과세처분

적법 but 취소(무효 ×)

"신의칙 한계"

합법성 원칙 희생 (상실공익)	<	신뢰보호	→ 취소 ○
	>	가치	→ 취소 ×

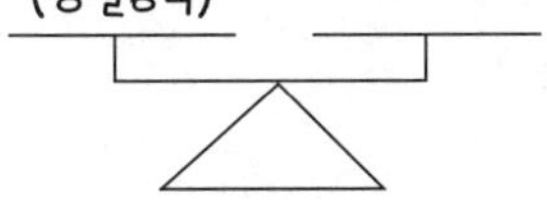

비교형량

연체료 관련 부가가치세 부과처분에 대한 신의성실의 원칙 적용

연체료 이론상: 공급가액 포함 × ↓ VAT × T/I ×

(연체료 (질의회신 / 기본통칙) 공급가액 포함 ○)

피고 : 서장

D사 → A(원고) : 용역

D사 ← A(원고) : 연체료

D사 ↓ 서장 (10 VAT)

100 × 10% = 10 → T/I

10 VAT 거래징수

T/I 매입세액 10 Ø

납부세액 10↓ 10↑

→ 부과처분

적법 but 취소

납세자의 행위에 대한 신의성실의 원칙의 적용요건과 효과

신뢰 ← 납세자 행위

배신행위 (주장)

과세관청 for 신뢰 보호

정당 but 인정 x (거부)

신의성실 원칙

요건
① 선행행위 vs 후행행위) 객관적 모순형태
② 납세자 심한 배신행위 → 배신의 정도 ↑ 제한적 적용
이유 (① 과세관청 우월적 지위
② 합법성 희생 < 신뢰보호의 필요성
③ 과세관청 신뢰 보호가치

효과 납세자 주장
적법 but 인정 x
(거부)

분식회계 과다납부세액 경정청구에 대한 신의성실의 원칙 적용례

적발 11기 법인세 → 분식회계

과표 ↑ → 과다신고납부 vs 감액

A사 → 11기 법인세 경정청구

{ 서장 신의성실 원칙 위반 : 감액 거부
vs
A사 실질과세원칙 배제하면서 과세관청 신뢰 보호가치 x : 감액 요구 } 대법원 "감액허용"

임대차계약 통정허위표시 주장에 대한 신의성실의 원칙 적용례

강제집행 면탈

甲사 → 명의신탁 → 개인 乙

건물(이전) ←

임대업 사업자등록
T/I 매입세액 → 환급 VAT ↓

(• 임대차 계약
vs
• 통정허위표시(주장)
→ 무효 → 인정 x
(거부)

폐업

乙 공급의제 VAT ← 부과처분(적법) x

비용 지출에 대한 입증책임

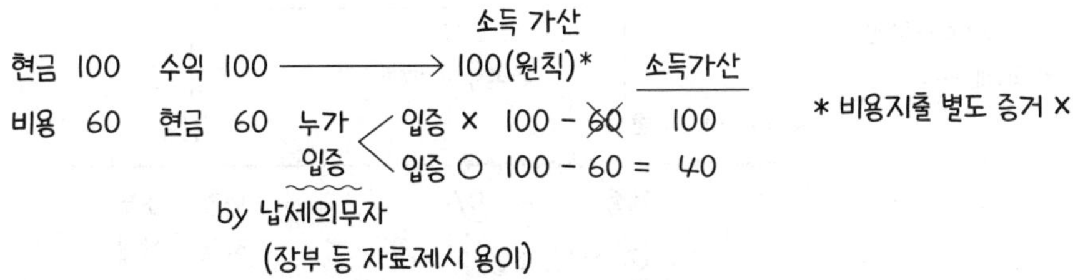

세법적용의 원칙의 의의

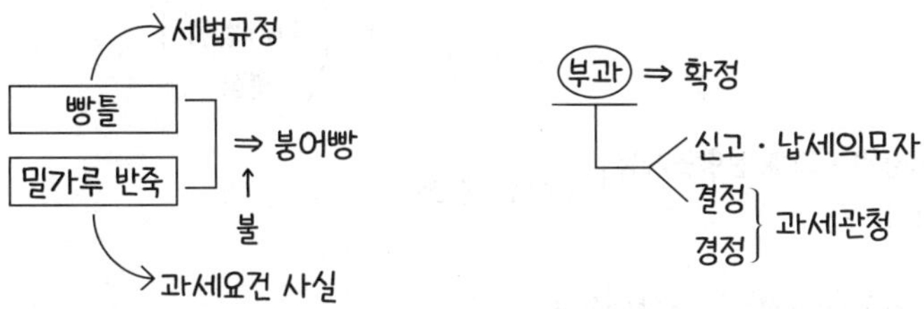

소급과세원칙의 의의

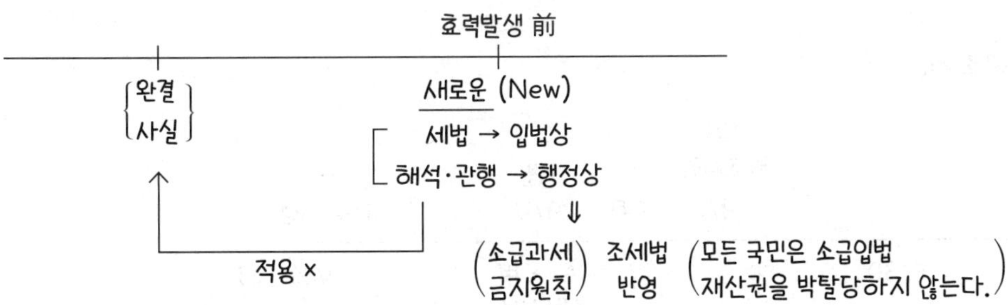

입법상 소급과세 원칙

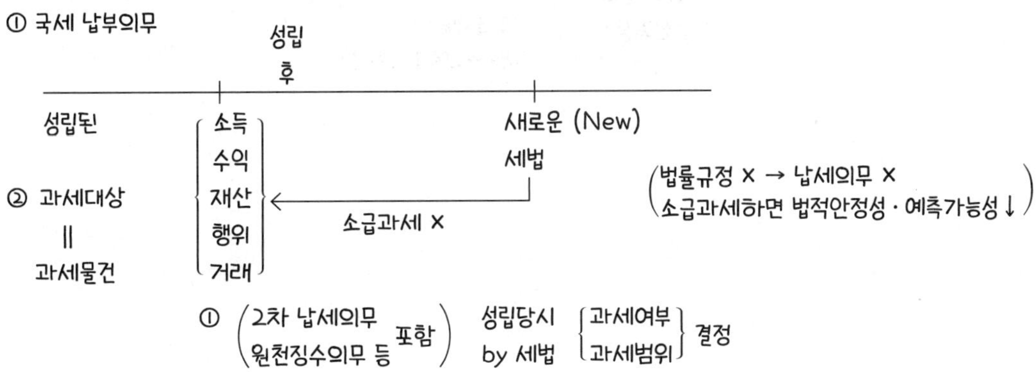

■ 진정소급과 부진정소급

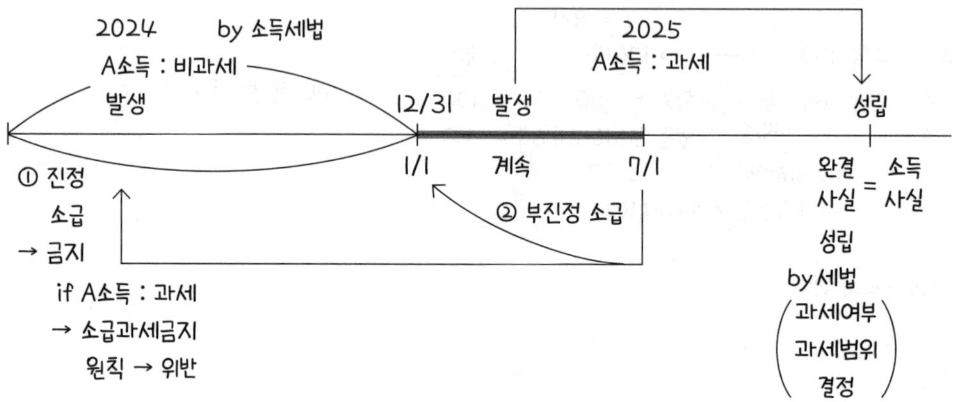

부진정 소급
- 허용
  - ① 과세기간 · 과세물건 · 과표 분할불가능
  - ② 예측가능성 침해 ↓
  - } 국기법 · 판례
- 허용 x → 공익 < 신뢰보호 가치(필요성) → 특단사정 有
  - 헌법재판소

■ 유리한 소급효 허용

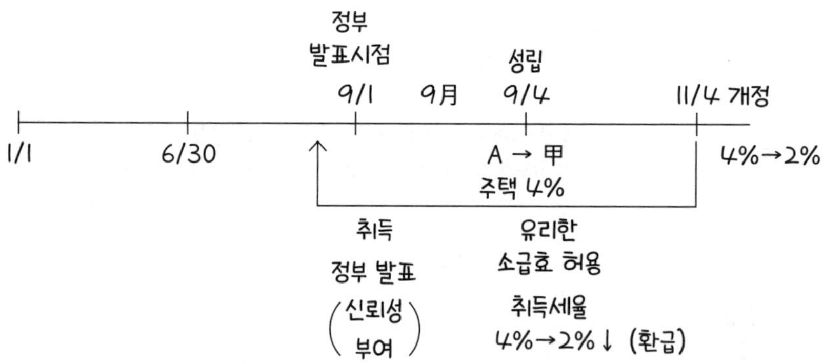

■ **행정상 소급과세 원칙**

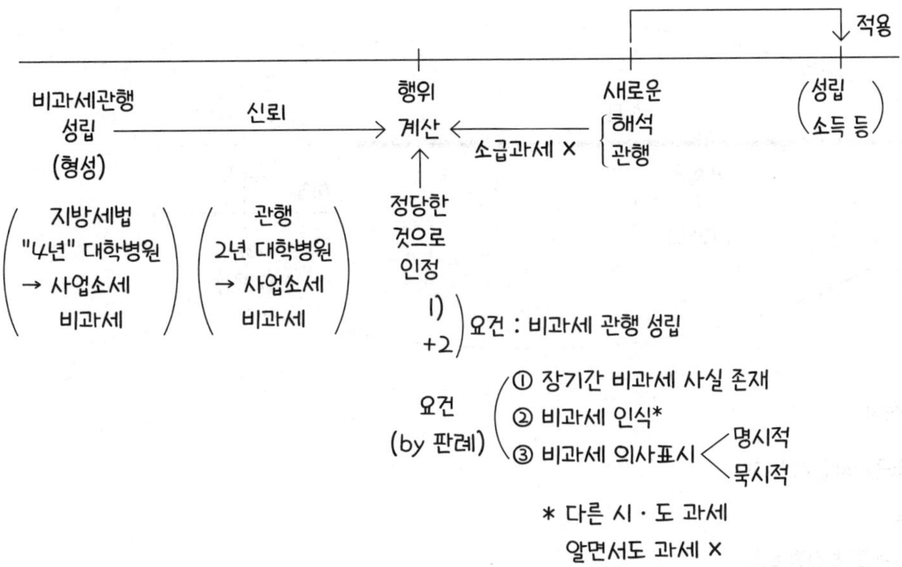

■ **신의성실의 원칙과 행정상 소급과세 원칙의 비교**

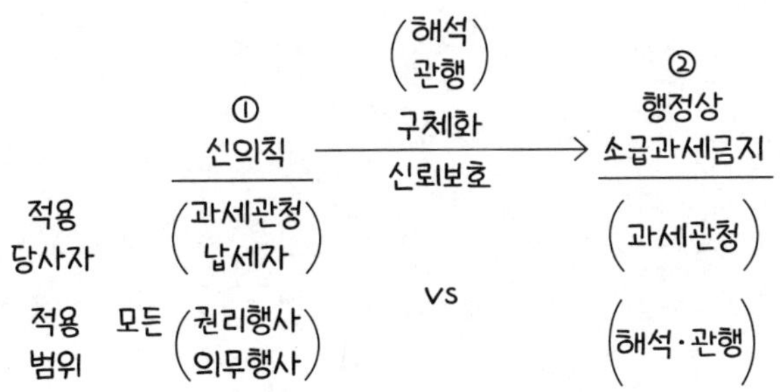

■ 입법상 소급과세원칙의 사례문제

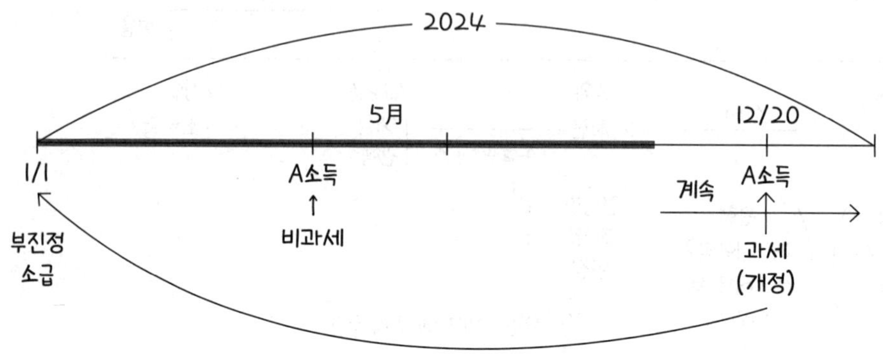

1. 문제의 제기

2. 입법상 소급과세금지 원칙

   (1) 의의

   (2) 진정소급, 부진정소급

3. 사례

   (1) A소득 성립일

   甲 2024 소득세 : 2024 12/31

   원천징수 소득세 : 지급일(5月)

   (2) 과세여부

   甲 A소득 (5月) : 과세

   A소득(과세 ×) : 원징 소득세 ×

   (3) 논평

   공익 < 신뢰보호 필요성

   부진정소급 금지

   2024 12/20 A소득 (개정) 과세 → 2025 1/1 이후 최초 발생하는 소득분 → A소득 : 과세

   부진정소급이 되지 않도록 입법 필요

국기

제 5 장 납세의무의 성립 · 확정 · 소멸

■ 납세의무의 성립·확정·소멸

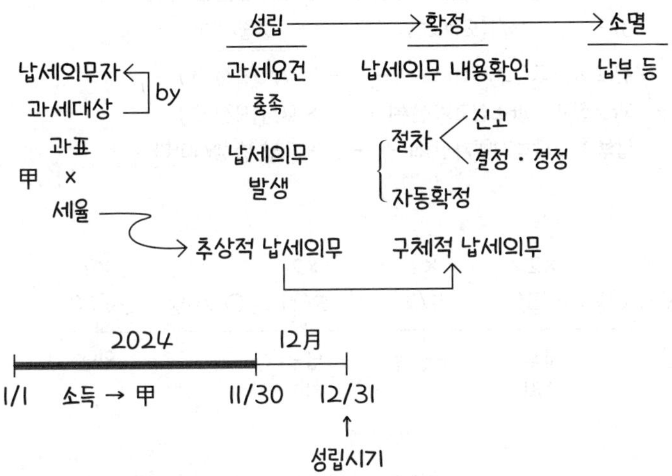

■ 납세의무의 성립의 중요성

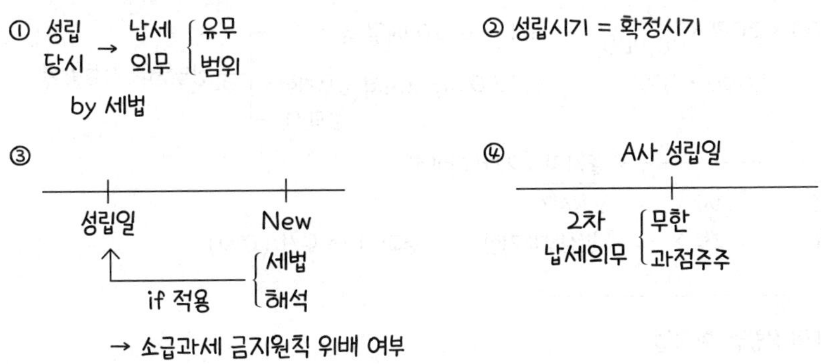

■ 원천징수하는 소득세의 성립시기

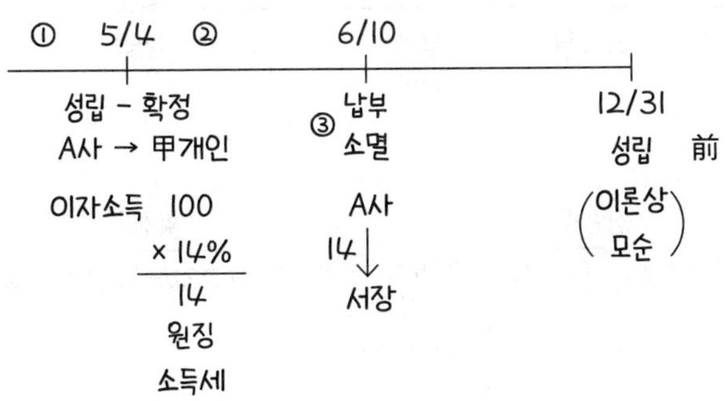

■ 무신고가산세·과소신고가산세 및 납부지연가산세의 성립시기

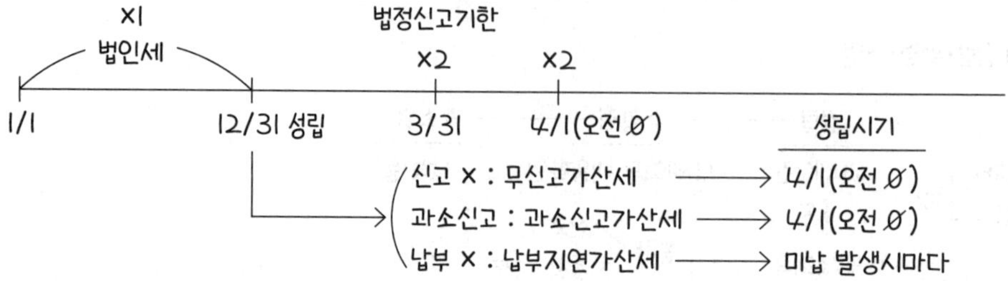

■ 납부지연가산세의 성립일·확정일

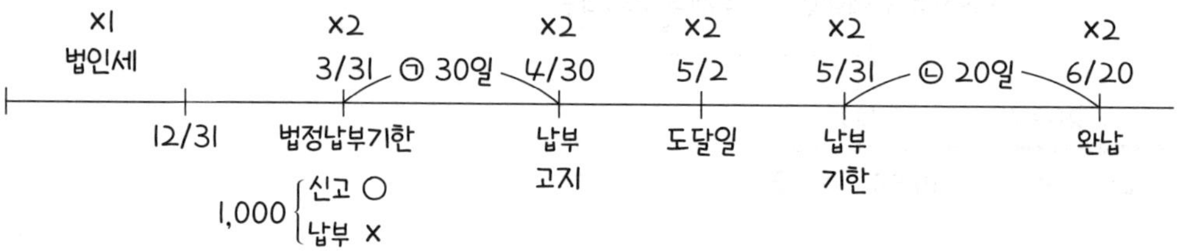

		성립일	확정일
① 지연일수분	㉠ $1{,}000 \times 30일 \times \frac{2.2}{10{,}000}$	4/1 ~ 4/30 매일 경과시	→ 고지서 도달일(5/2)
	㉡ $1{,}000 \times 20일 \times \frac{2.2}{10{,}000}$	6/1 ~ 6/20 매일 경과시	→ 성립일에 자동확정
② 체납분	1,000 × 3%	6/1 (Ø시) 고지서 납부기한 경과시	

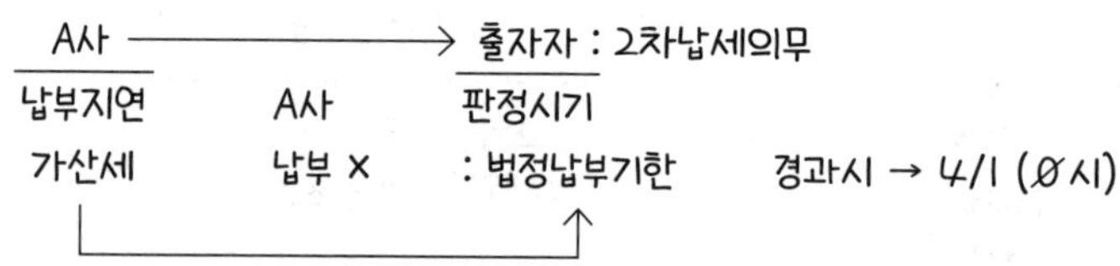

■ 원천징수 납부지연가산세의 성립일·확정일

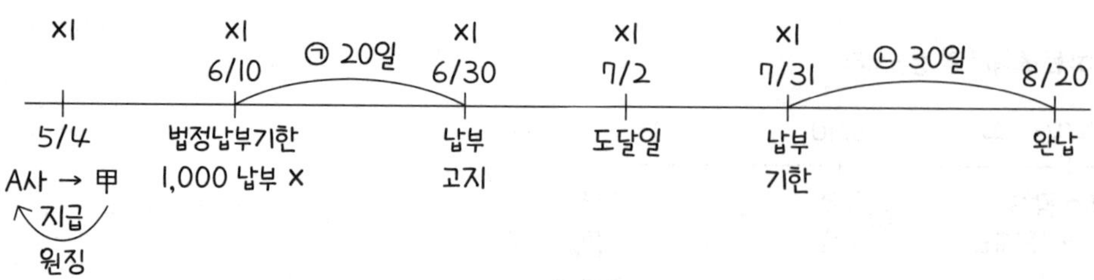

		성립일		확정일
① 미납분	1,000 × 3%	6/11 (Ø시)	법정 납부기한 경과시	→ 고지서 도달일(7/2)
② 지연일수분	㉠ $1{,}000 \times 20일 \times \frac{2.5}{10{,}000}$	6/11 ~ 6/30	매일 경과시	→ 고지서 도달일(7/2)
	㉡ $1{,}000 \times 30일 \times \frac{2.5}{10{,}000}$	8/1 ~ 8/20	매일 경과시	→ 성립일에 자동확립

■ 당초처분과 경정처분의 관계(경정 등의 효력)

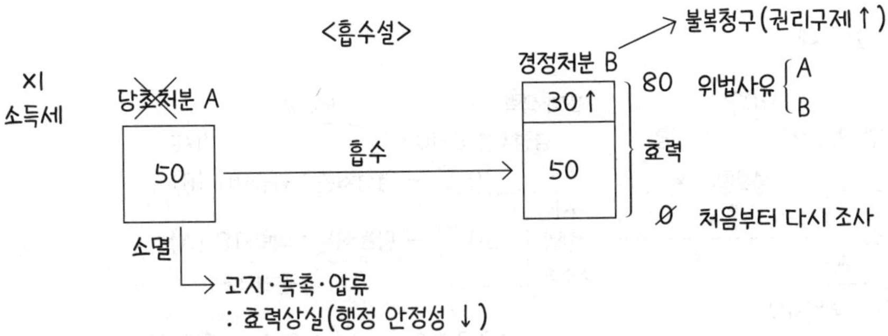

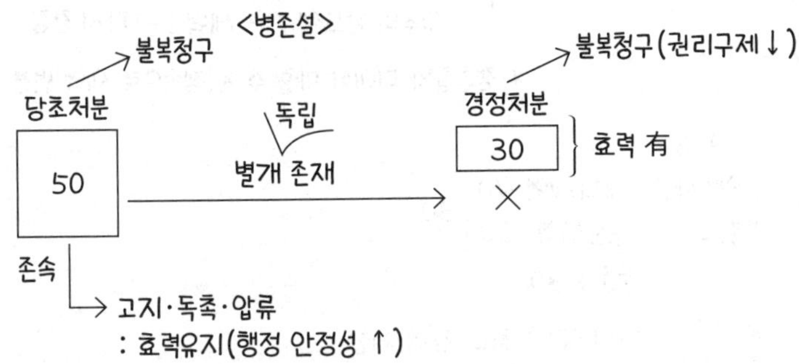

■ 당초처분과 증액경정처분 : 무신고 사례

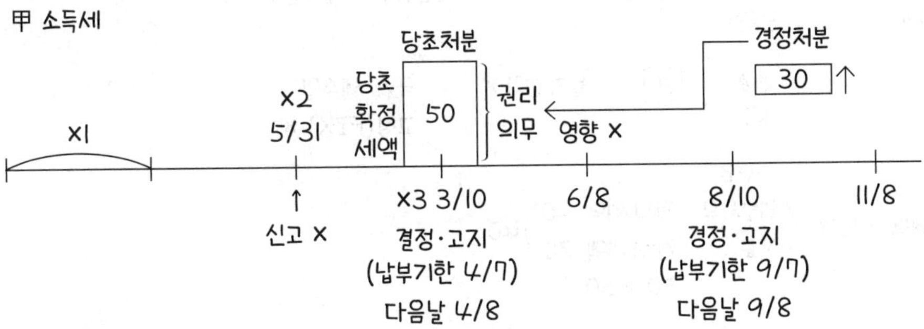

■ 당초처분과 증액경정처분 : 일반적인 권리·의무관계(병존설)

(1) 일반적 권리·의무 관계 : 병존설

① 당초처분 50 고지·독촉·압류 → 효력유지

② 결정고지 50 → 4/8
경정고지 30 → 9/8) 징수권 소멸시효 기산일

③ 당초처분 3/10 90일 6/8
경정처분 8/10 11/8) 불복청구기한

④ 신고 × ⟶ 경정청구
㉠ 권리 ×

■ 당초처분과 증액경정처분 : 불복대상(흡수설)

(2) 불복대상 : 흡수설(판례)

90일
당초처분 3/10 ⌒ 6/8
불복청구 ×
흡수
×1 甲소득세 [50 A] → ×1 전체세액 [30 B / 50]
↑ 위법사유

불가쟁력*
90일
경정처분 8/10 ⌒ 11/8
→ 경정처분 : 위법사유 (B)
→ 당초처분 : 위법사유 (A)
권리구제

국가 세수입
고정(FIX) ○

×1 수입금액↑ → 세액↑ ┐ 전체적
업추비 한도액↑ → 세액↓ ┘ 다시 경정

* 쟁송절차 더이상 다툴 수 ×(쟁송으로 세액 변경 ×)

A·B

취소 가능 세액 MIN = (위법사유 과다세액 40 / 한도 증분세액 30) 30

~~50~~ + 30

↕̸ [50] 고정(FIX) 취소·감액 제한

×1 소득세 if ×2 5/31 신고 ○ ⌒5년⌒ 경정청구 → 불복청구

취소 ○ ↓ [50] 불가쟁력 ×

국가 세수입
고정(FIX) ×

A·B

취소 가능 세액 = MIN (위법사유 과다세액 40 / 한도 전체세액 80) 40

50 + 30

■ 당초처분과 감액경정처분 : 무신고 사례

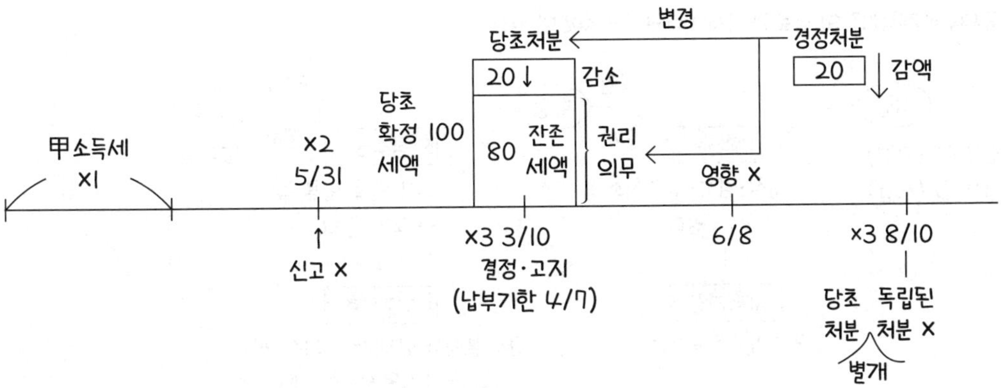

■ 당초처분과 감액경정처분 : 일반 권리·의무 관계(역흡수설)과 불복대상(역흡수설)

(1) 일반 권리·의무 관계 : 역흡수설

① 잔존세액 80 : 고지·독촉·압류 → 효력유지

② 잔존세액 80 4/8 : 징수권 소멸시효 가산일

③ 불복청구 80 : 3/10 ⌒90일⌒ 6/8 → 행정소송

④ 신고 × ⟶(통) 경정청구 ×

(2) 불복대상 : 역흡수설

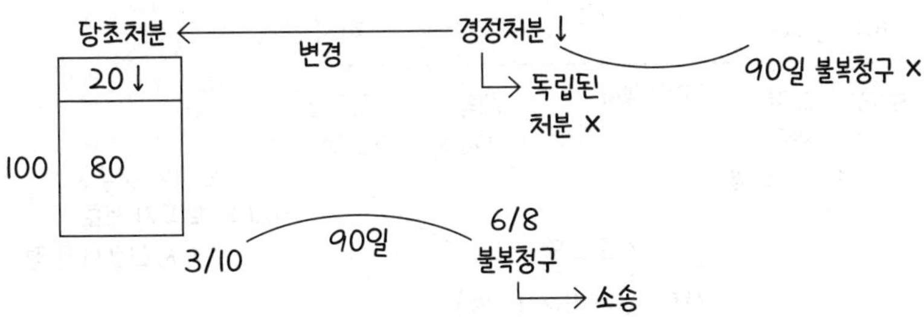

제 3 절 납세의무의 소멸

■ 국세부과제척기간의 만료와 국세징수권 소멸시효의 완성

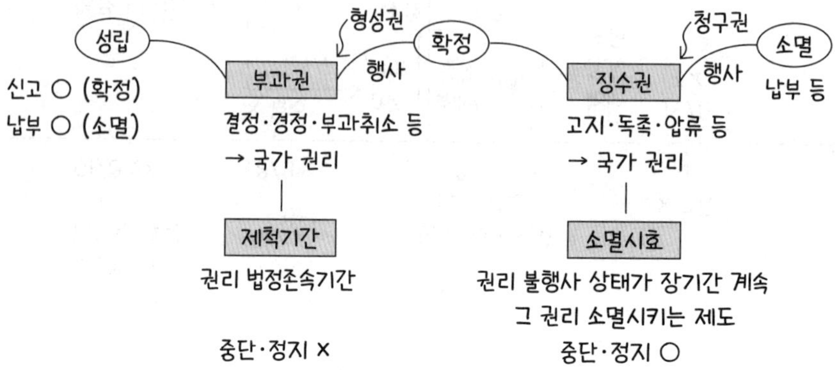

■ 기간 만료의 효과와 취지

• 국세부과제척기간의 만료

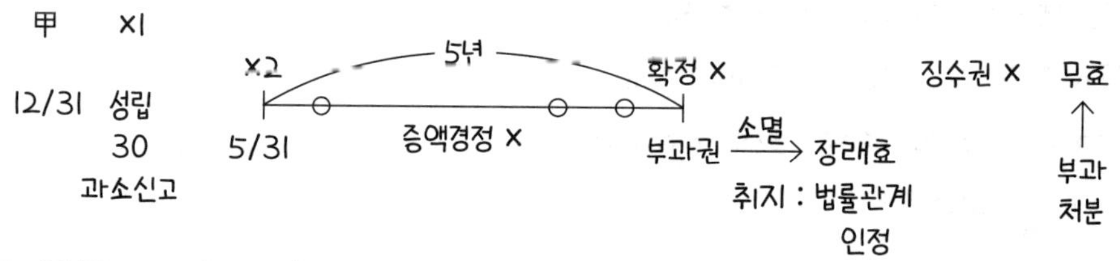

• 국세징수권 소멸시효의 완성

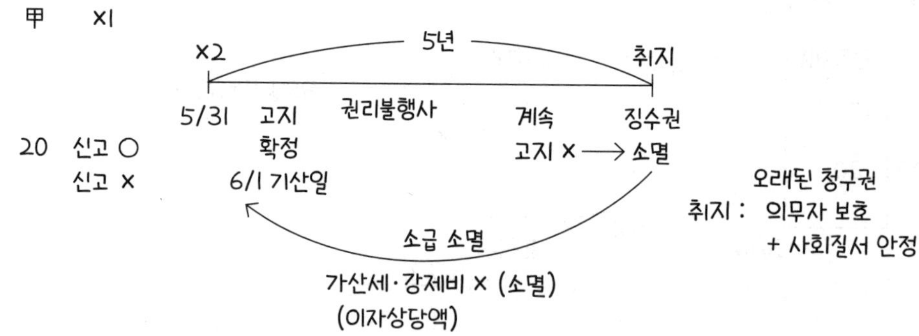

■ 역외거래의 개념

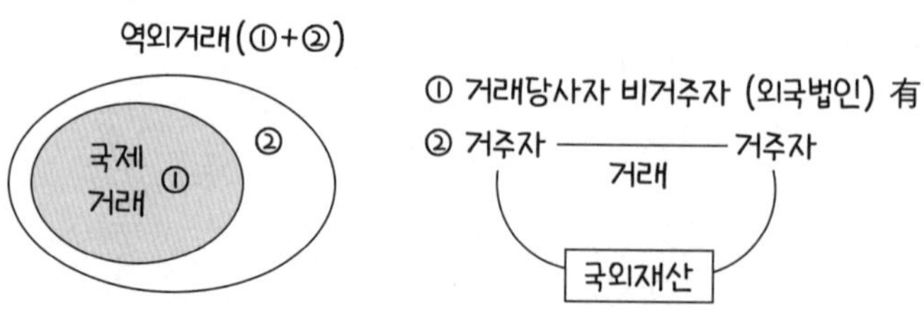

무신고 부과제척기간(7년) 적용례

x1 甲	x2	제척기간
• Only 근로소득	5/31 신고의무 (면제)	신고 x → 7년 x 5년 O
• 근로소득 + 기타소득 (500)	5/31 반드시 신고의무 有	신고 x → "7년"

의제배당소득에 대한 종합소득세를 양도소득세로 신고한 경우 부과제척기간

A사 → (1) A주식 100 ← 甲주주 (개인)

A사 → (2) 감자대가 140 → 甲주주 (개인)

(1) - (2) = 40 의배

소득세
- 의배 ⇒ 종합소득세 (신고) x ↑ → 7년 x → 5년 O
- vs
- 양도소득 ⇒ 양도소득세 O ↓
  - 소득세 O → 5년 O

가공세금계산서 발급·수취 가산세의 부과제척기간(10년)

H사 —T/I 가공→ 甲 —T/I 가공→

400 × 3% = 12, 400 × 3% = 12

12 + 12 = 24

	신고	경정
매출세액	40	Ø
매입세액	40	Ø
납부세액	Ø	Ø
가산세	Ø	24
가공 T/I	(발급 수취)	↑

부정행위 포탈 x → 10년 → 5년

④ 규정 → 10년 O

(④ 규정 x → 5년 x)

이월결손금의 이월공제에 따른 부과제척기간의 연장

A 법인 — 소득 Ø → 5년

⊕ 제척기간 연장

	18	19	5년	24	25	26	1년	27
결손금 신고	140	4/1	제척 기간	3/31 만료	소득 200	3/31	신고 기한	3/31
정당	100			↓	결손금 140			
과대 신고	40 → 5년		40	감액 경정 x	과표 60 적법 ?		40 ↓ 감액 경정	

25	
소득	200
결손금	100
과표	100

경정(o.k)

이월 세액공제액의 이월공제에 따른 부과제척기간의 연장

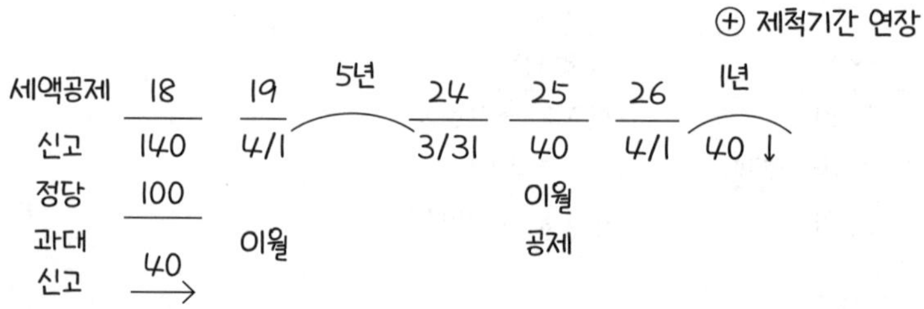

부정행위로 법인세를 포탈한 경우 인정상여 소득세의 부과제척기간(10년)

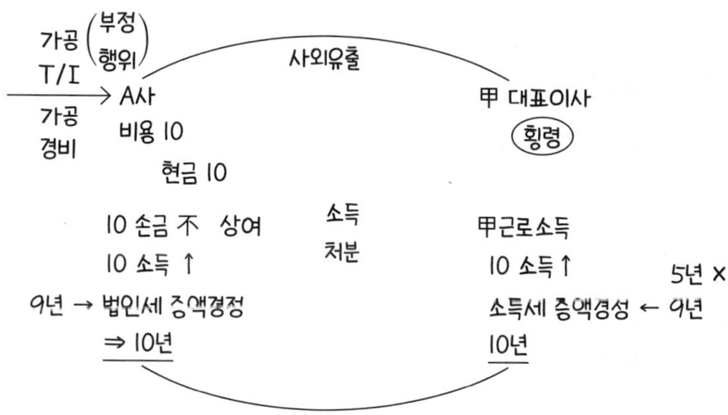

상속세 과소신고 부과제척기간

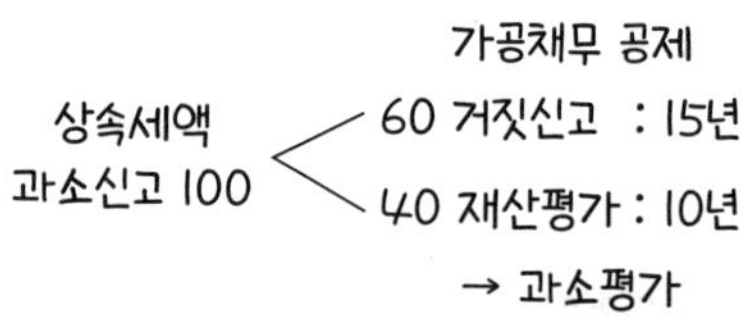

부담부증여의 경우 양도소득세의 부과제척기간

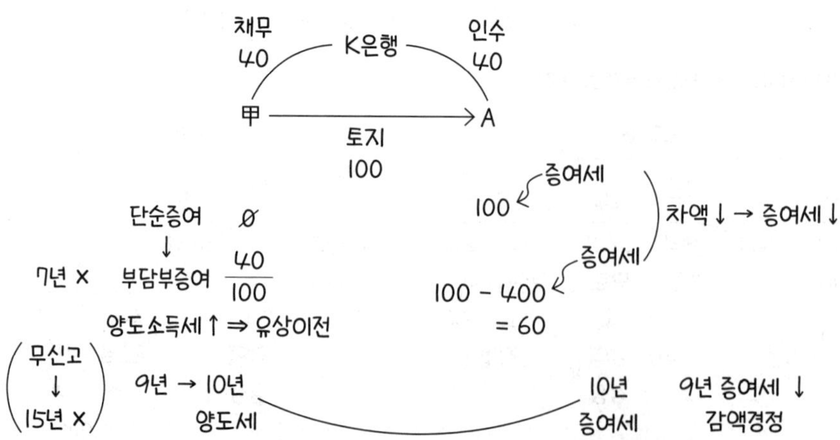

■ 국세징수권 소멸시효기간

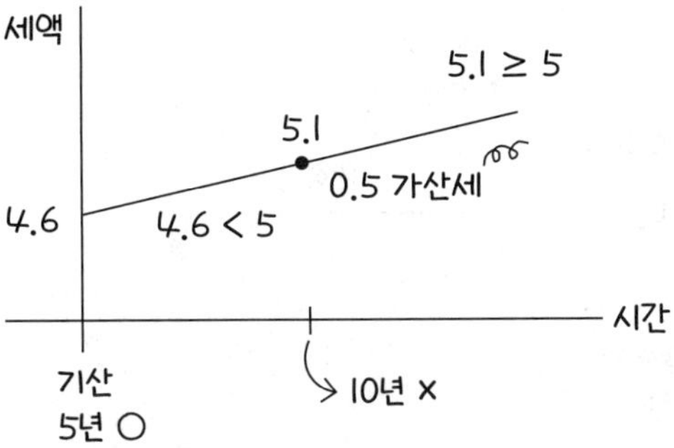

■ 국세 부과제척기간의 기산일

<부과제척기간 기산일>

원칙
① ×1 ×2
소득세 5/31 6/1 (0시) → 기산
{신고 × → 결정 / 과소신고 → 경정} 부과권

② 신고 × 성립일 6/1 (0시) 12/1 ~ 12/15 12/16 - 기산 ×
종부세 (신고 선택) → 기산 신고기한 (0)

×2
1/1 ~ 3/31 4/25 6/30 7/25 7/26(0시) → 기산
예정신고기간 예정신고 → 확정신고
VAT 과소신고 10 대상 10 (신고 ×)
신고의무 ○ 국세 : 신고기한의 다음 날
예정신고기한 (제외)
포함 ×

■ 국세징수권 소멸시효기간의 기산일

<소멸시효기간 기산일>

×2 ×2
① 소득세 5/31 6/1 (0시) → 기산
10 (신고 세액) {신고 ○(확정) → 부과권 × / 납부 × → 납부고지(징수권)} ↑ 납부고지(① 중단사유)

② ×1 ×2 ×2
소득세 5/31 7/4 7/31 8/1(0시) → 기산
20 신고 × - 결정고지*(20) 납부
30 과소신고 - 경정고지*(30) 기한
확정 × ↑ 독촉 (징수권 행사)
징수권 행사中 | 권리不 행사

* 납부고지 → ① 중단사유 ×

■ 시효완성의 장애 : 중단과 정지

• 중단

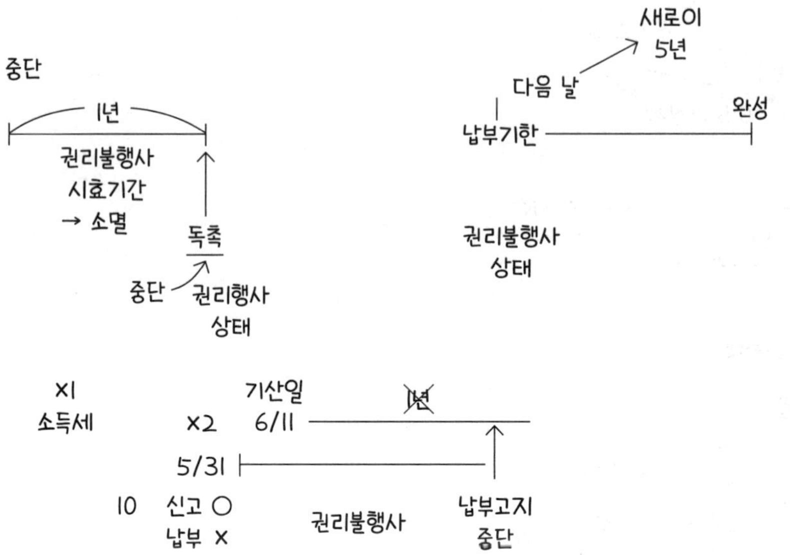

• 정지

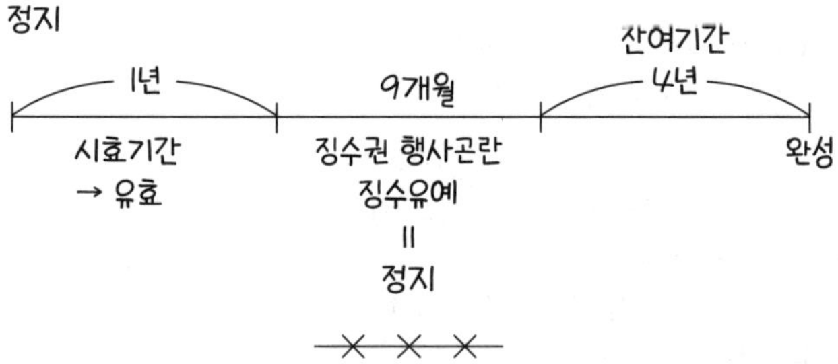

■ 조세쟁송 등으로 인한 특례부과제척기간

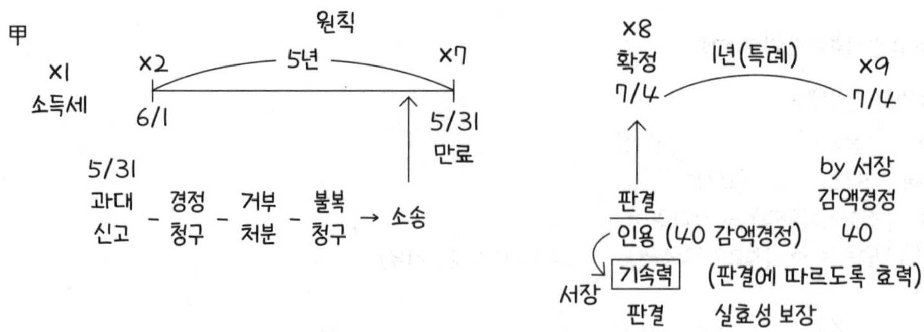

■ 증액경정을 위한 특례부과제척기간(다른 과세기간 + 같은 세목)

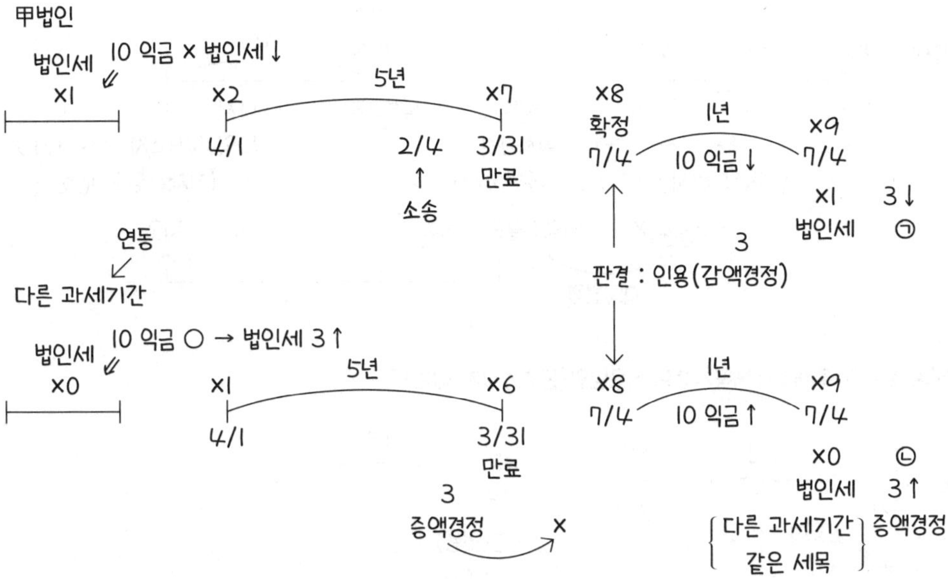

■ 증액경정을 위한 특례부과제척기간(다른 세목 + 같은 과세기간)

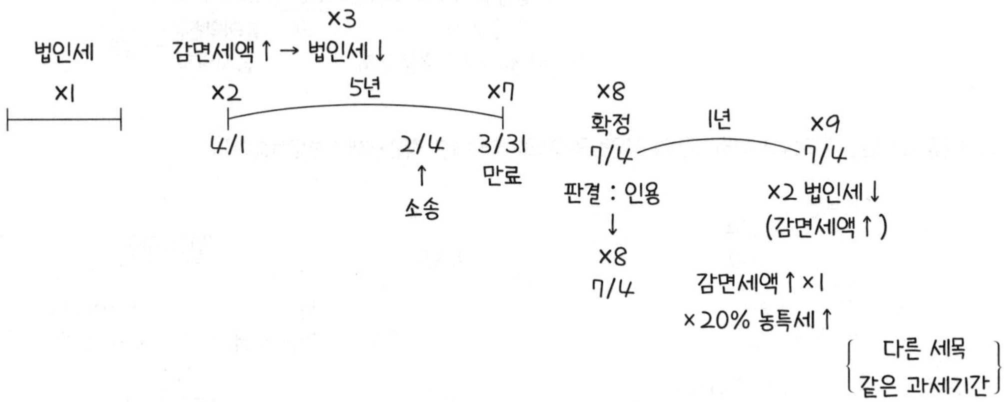

■ 증액경정을 위한 특례부과제척기간(다른 과세기간 + 다른 세목 ⇒ 특례 적용 x)

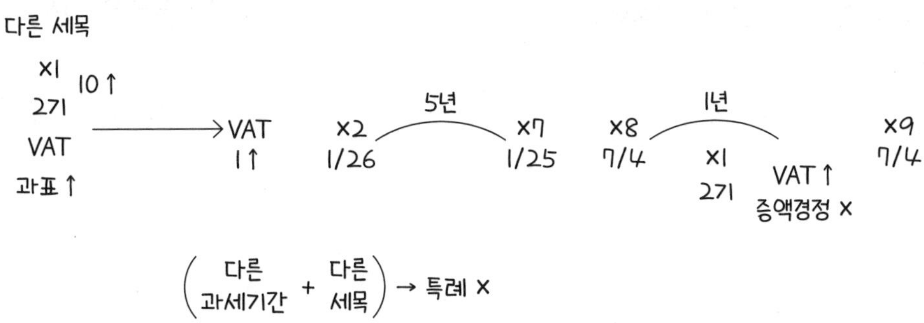

■ 조세쟁송으로 인한 특례부과제척기간의 적용범위(납부고지 절차상 위법사유)

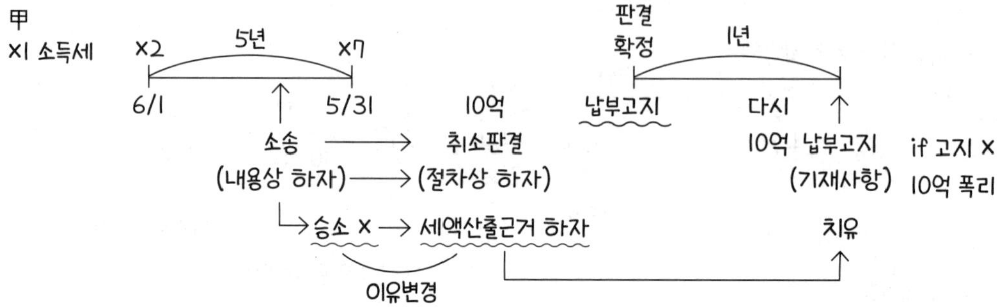

■ 조세쟁송으로 인한 특례부과제척기간의 적용범위(동일성 유지 범위)

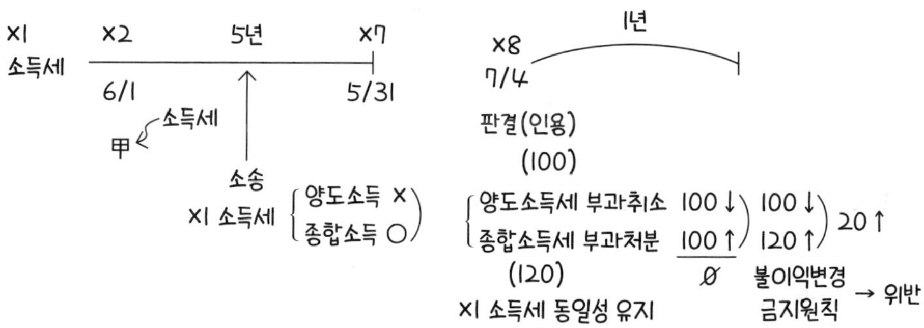

■ 조세쟁송으로 인한 특례부과제척기간의 적용범위(제3자에 대한 적용문제 : 부담부증여)

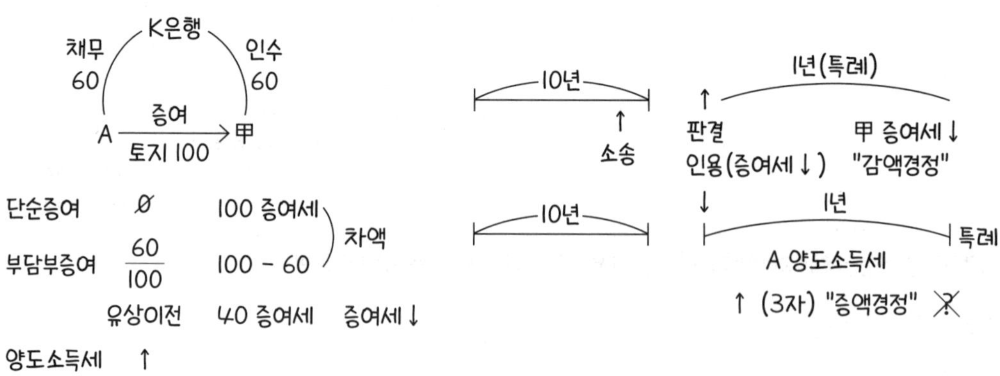

■ 위법소득(뇌물)이 발생한 것으로 확인된 경우 증액경정을 위한 특례부과제척기간

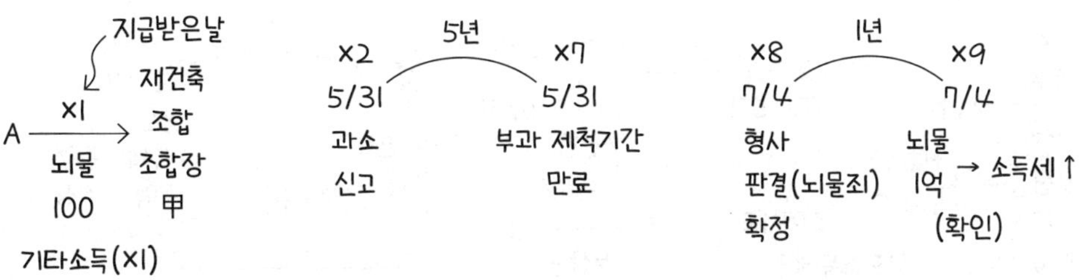

■ 경정청구가 있는 경우 특례부과제척기간

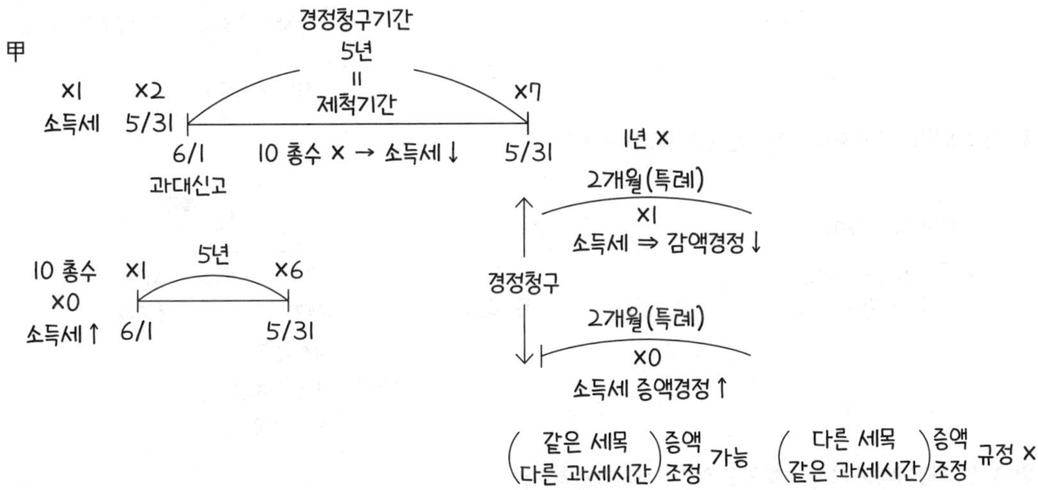

■ 소송에 대한 판결에 의하여 다른 것으로 확정된 경우 특례부과제척기간

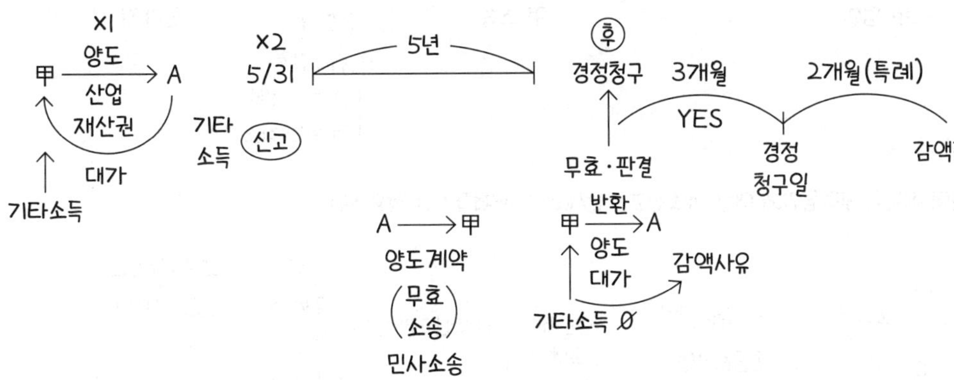

■ 거래 등이 소송에 대한 판결에 의하여 다른 것으로 확정된 경우 특례부과제척기간

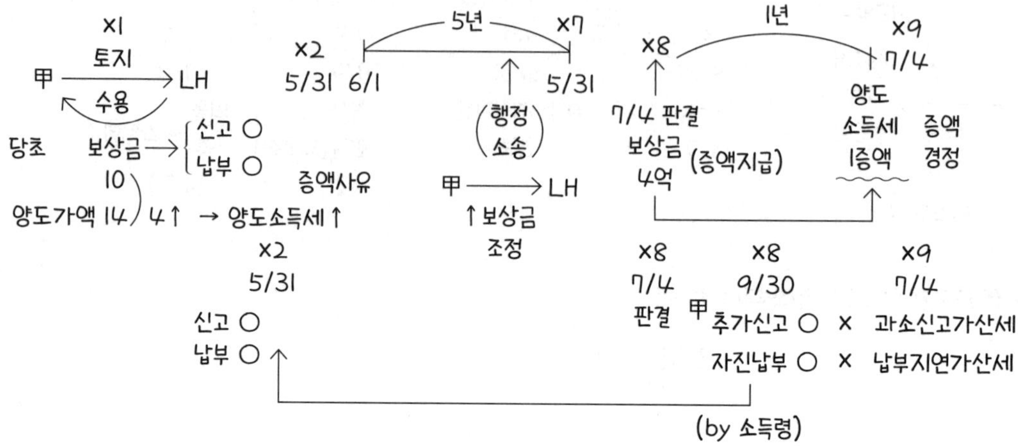

■ 사업의 명의대여 사실이 확인된 경우 특례부과제척기간

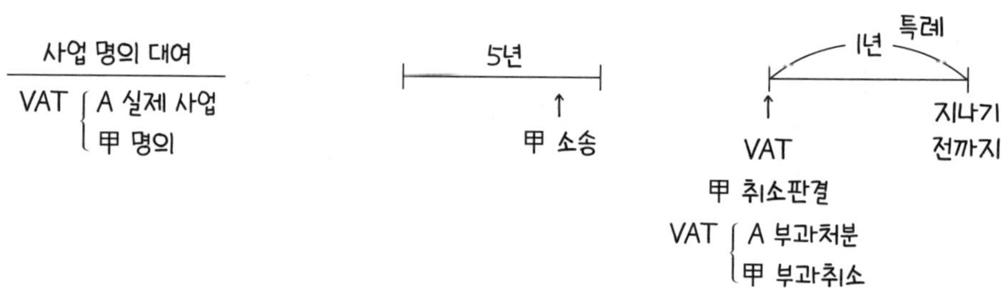

■ 재산의 명의대여 사실이 확인된 경우 특례부과제척기간

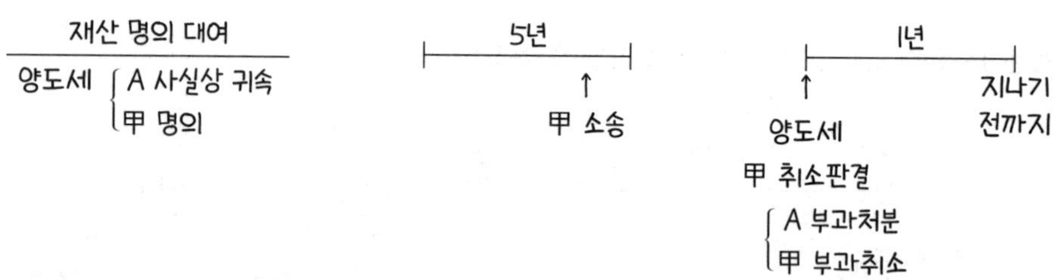

■ 사용인의 배임적 부정행위에 대한 과소신고가산세과 부과제척기간 적용문제

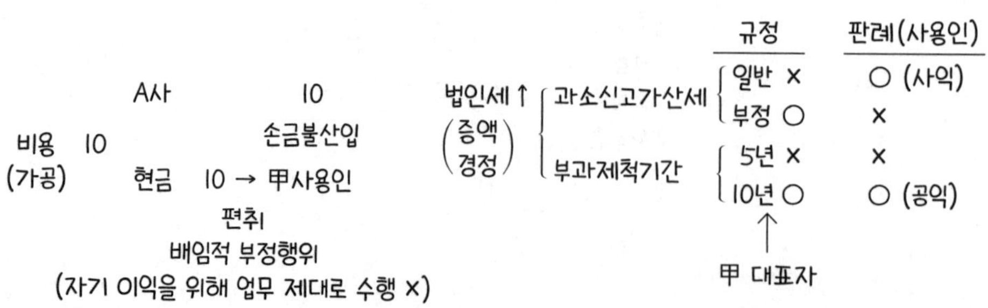

제 6 장 납세의무의 확장

■ 합병으로 인한 납세의무의 승계

(미래)

부과되거나	OR	납부할	
성립 ○	-	○	⇒ 성립된 국세 : 승계 대상
but 확정 ×	-	○	
납부 ×		×	

B(×) —순자산 4,000→ A' (A + B) — 100 납부

법인세 등 100 → B

순자산 4,000 { 미지급법인세 100 / 합병대가 3,900 } by 합병계약

■ 상속으로 인한 납세의무의 승계

피상속인 甲 —순자산 {120 / 90}, 120 승계→ 상속인

국세 100 (양도세) → 甲

MIN (100, 120) = 100

MIN (100, 90) = 90

MIN

상속인	안분계산	한도	각자 부담분
A (3/5)	$100 \times \frac{3}{5}$ 60	120 × 60% = 72	60 ○ (A)
B (2/5)	$100 \times \frac{2}{5}$ 40	120 × 40% = 48	40 ×

$\frac{40}{100}$ < A ↓ B 구상금 청구 12 (12*)

↑ 연대

$* \text{MIN}\begin{pmatrix}\text{B납부} \times : 40 \\ 72 - 60 = 12\end{pmatrix} = 12$

자산 ××	부채 ××
	상속세 ××
	순자산 ×× {100 / 90}

순자산 120	甲국세 100
	이익 20

순자산 90	甲국세 ~~100~~
손실 ~~10~~	90

민법 상속분과 다르게 분배되는 경우 (① ② ③ ④) by (상속 재산가액 비율)

■ 피상속인의 사망으로 상속인이 보험금을 받은 경우 납세의무 승계(상속포기)

보험계약 / 보험료

사망 → 甲(85세) —10→ 보험회사

양도소득세 5

보험금③ 40 ↓

수익자① A (배우자)

상속포기자② ×

for (납세의무 승계 × 회피)

민법	≠	국기법	=	상증법
상속재산 ×		상속재산 (간주)		간주 상속재산 ○
상속인 ×		상속인 (간주)		상속인 ○
		A 납세의무 승계		A 상속세 10 납부의무

A 상속인 = MIN (① 5 (甲 양도세), ② 40−10 (상속세) = 30)

= 5 납부

■ 피상속인의 사망으로 상속인이 보험금을 받은 경우 납세의무 승계(한정승인)

배우자 A 한정승인 (자산 100 − 부채 100 = 순자산 Ø, 1/10 40 ×) → 민법상 (상속인(지위), 순자산 Ø)

국기법

MIN (① 甲 국세(양도세) 5, ② 순자산 Ø + 40(상속재산 간주) 보험금)

= 5 납부(A 승계 → 납부)

■ 피상속인의 사망으로 상속인이 보험금을 받은 경우 납세의무 승계(단순승인)

배우자 A : 한정승인 × + 상속포기 ×

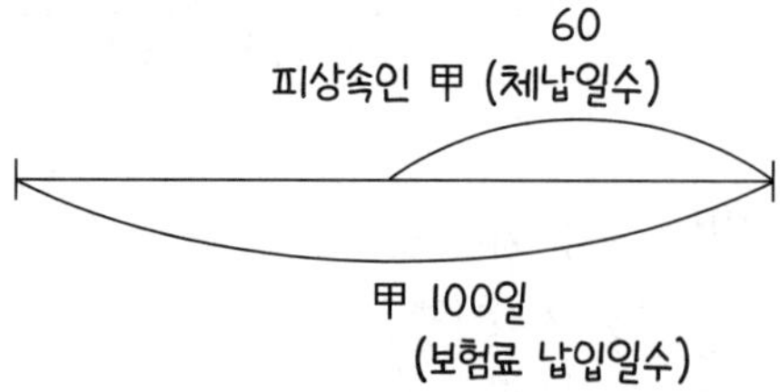

MIN (① 甲 국세(양도세) 5, ② 순자산 Ø + 40×$\frac{60}{100}$ = 24(간주))

= 5 납부(A 승계 → 납부)

연대납세의무

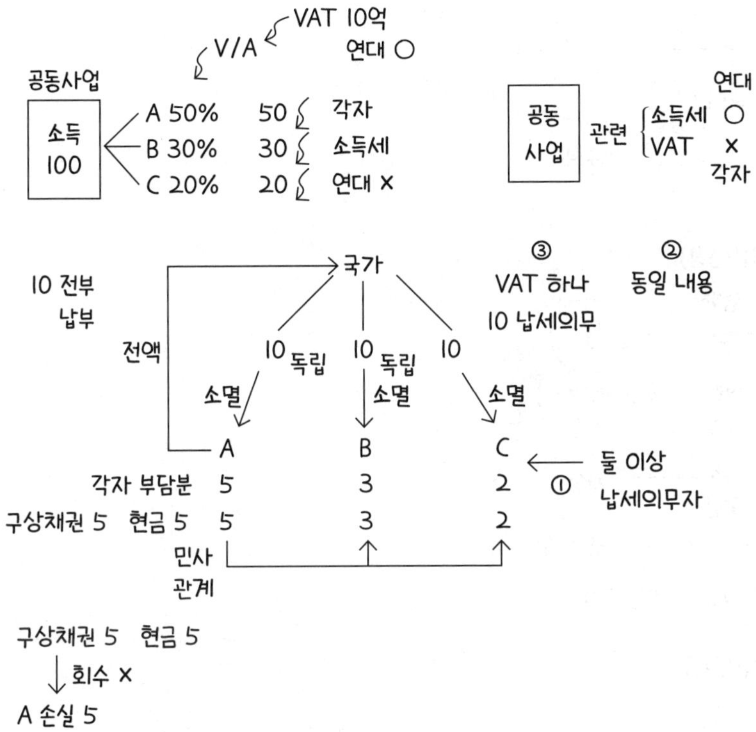

법인의 분할로 인한 연대납세의무

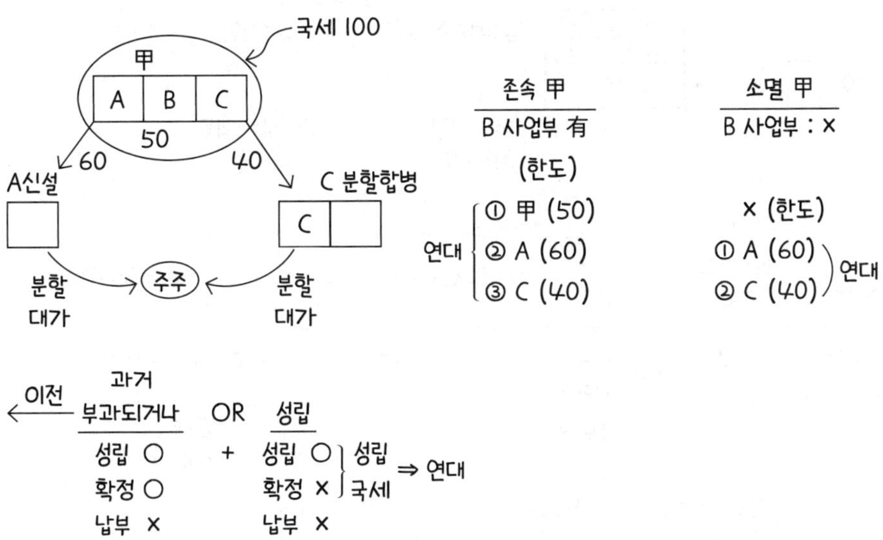

■ 신회사 설립으로 인한 연대납세의무

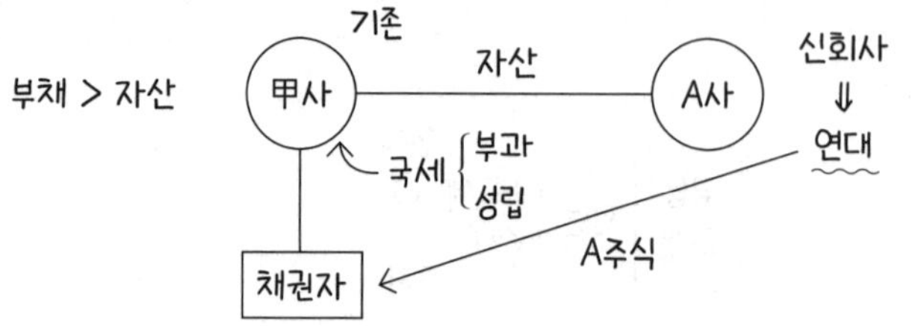

■ 제2차납세의무의 법적 성격(부종성)

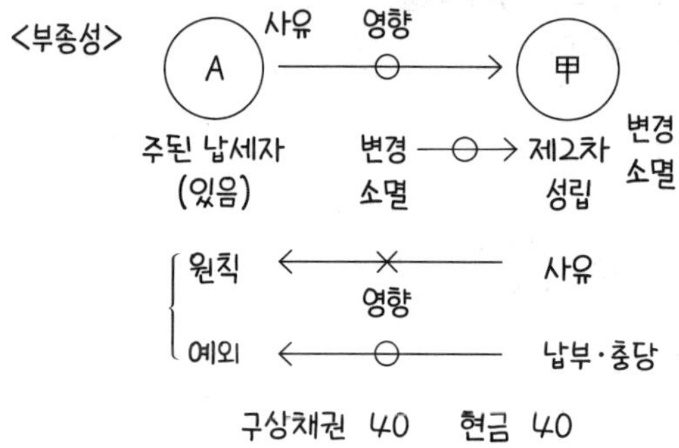

■ 제2차납세의무의 법적 성격(보충성)

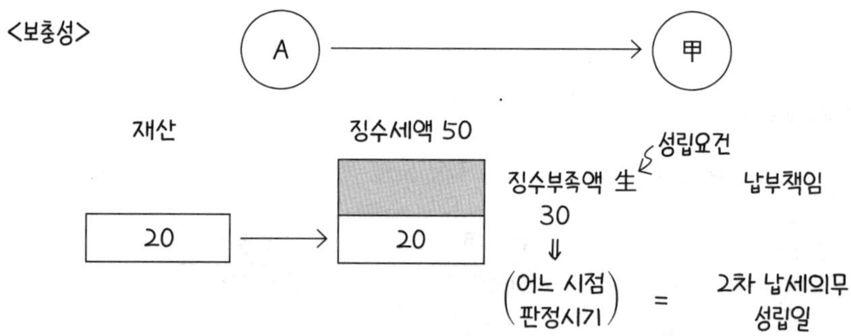

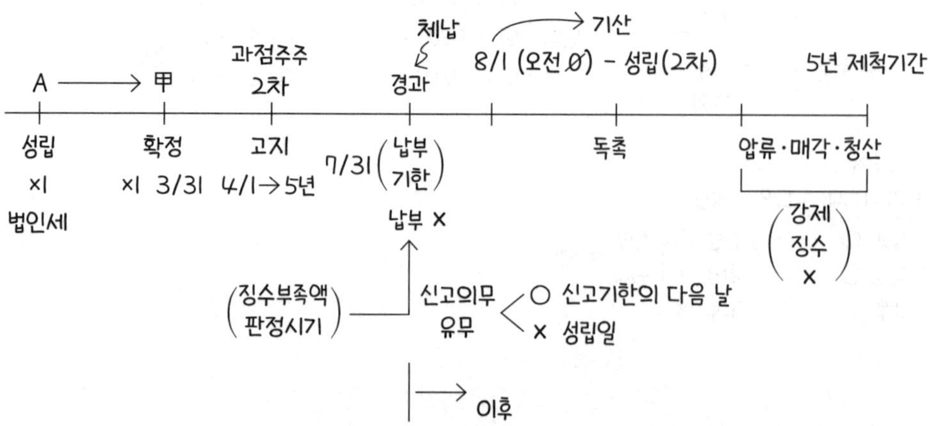

제 4 절 제2차납세의무

■ 청산인 등의 제2차납세의무

P요건		Q효과	법인		납세의무 확장
①②③④	—	2차 성립	합병	→	승계
			분할	→	연대
			해산	→	2차

■ 제2차납세의무의 요약

MIN(①, ②) = 납부

① 징수부족액 → 주된		2차	② 한도
(1) 해산법인	성립일	청산인 등	분배 재산가액
(2) 법인 (비상장)	성립일 →	출자자 {무한, 과점}	한도없이 전액 / 징수부족액 × 지분비율
(3) 출자자 {무한, 과점}	납부기간 만료일	법인 (모든)	순자산 × 지분비율
(4) 사업양도인		사업양수인	양수 재산가액

■ 출자자의 제2차납세의무의 입법취지

국세 → 법인

{재산처분 + 채무부담} 법인 ← 경영지배 / 배당 → 출자자 {무한책임사원, 과점주주}

(조세회피 수단) 채무 > 재산 → 무자력 Coperate Shell

→ 조세징수 확보 2차 납세의무

■ 과점주주의 개념과 판단

K사 - 주주

특수 (甲 30, 乙 20, 丙 1)

기타

초과: (50 + 1주) > 50 ⇒ 51 > 50

의결권 × 주식은 제외

자'S: 甲 각자, 乙 〃, 丙 〃 } 과점주주

K사 - 주주 특수

A B C

본인 (기준)	
A	B
C	B

특수 B A C ← 과점주주

100 > 50

■ 과점주주의 제2차납세의무 계산사례

K사

재산 200 → 징수세액 500 (300 / 200 징수부족액)

의결권 × 주식은 제외

과점주주

甲	30%	300×30% =	90
乙	20%	300×20% =	60
丙	1%	300× 1% =	3
	51%	300× 51% ∑	153

153 ↑ 연대 ×

2차 — 甲, 乙, 丙

■ 법인의 제2차납세의무

$$\text{MIN}\begin{pmatrix} ① & 100 \\ ② & 90 \end{pmatrix} = 90$$

→ K사 ②차

국세 300 (200) ← 과점주주 甲(60%) — K사

징수부족액 100

K주식: 압류 ○, 매각 ×, 환가 불능

K사	
자산 400	부채 250
	순자산 50×60% = 90

구상채권	90	현금	90
· 현금	90	구상채권	90
OR			
· 자본	90	구상채권	90

$$\text{한도액} = \underbrace{(400-250)}_{150} \times \frac{60}{100} = 90$$

■ 사업양수인의 제2차납세의무

사업양도인 A —개인 OR 법인 (상호, 계속사용 ×)— 사업양수인 甲

A —1/4— 甲　　2/4　　3/4

공장 건물·토지 by 경매 + 생산·설비 + 재고자산 = 포괄승계

대상국세

1) 사업관련 국세 등 (양도소득세 ×)

2) 확정국세 ≥ 양도일

양도 VS 양수: A　甲

A		
제조업	60	사업 소득세 (공통)
부동산임대업	40	

$$\text{사업 소득세(공통)} \times \frac{60}{100} = \text{2차 납세의무 대상국세}$$

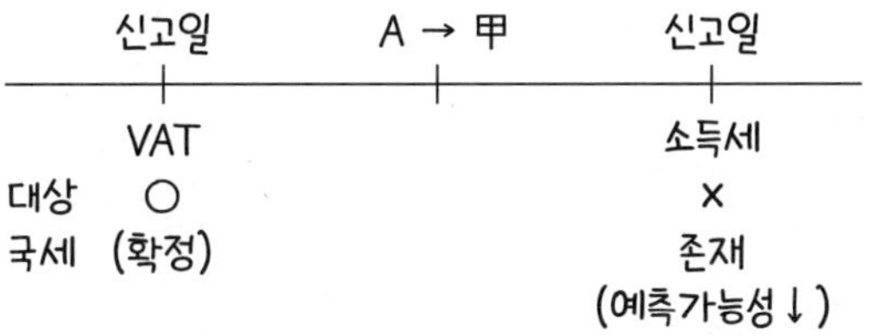

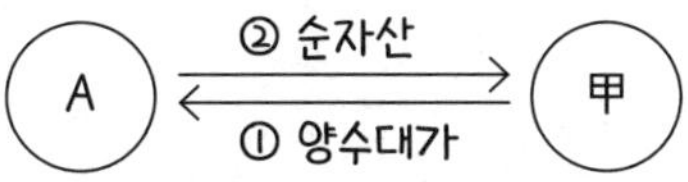

MAX 100 [② 순자산의 시가 100 ∨ ① 양수대가 60] 40 ≥ 100×30% OR 3억

■ 제2차납세의무자로부터 징수절차

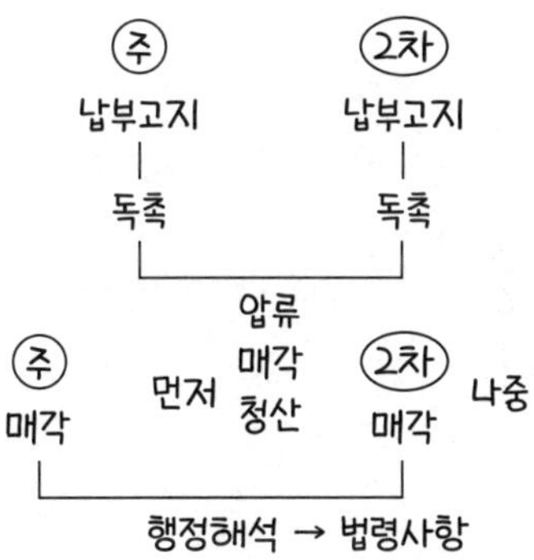

■ 사업양수인의 제2차납세의무 사례문제

1. 성립요건

2. 乙 고지세액

(1) 대상 국세 등

① 2024 1기 VAT(제조업) 200

② 2023 소득세(제조업)

$\left(100 \times \frac{3억}{4억}\right)$ 75

징수부족액 275

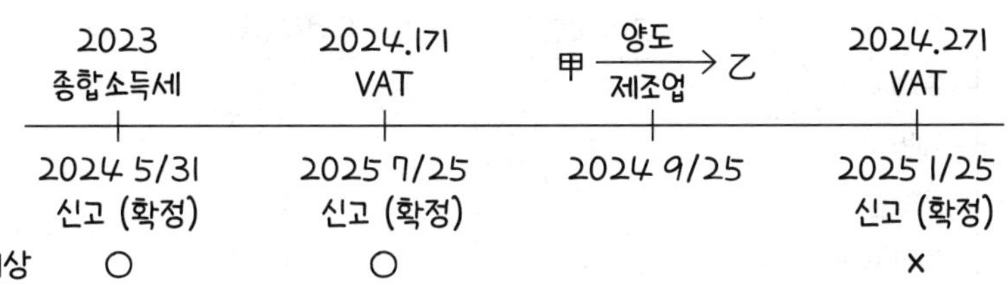

(2) 한도액 = 260

$$\text{MAX}\begin{pmatrix} \text{② 순자산시가 } 260 \\ \text{① 양수대가 } 150 \end{pmatrix} 110 > \frac{260 \times 30\%}{78}$$

(3) 결론

$$\text{乙 고지세액 : MIN}\begin{pmatrix} 275 \\ 260 \end{pmatrix} = \underline{\underline{260}}$$

제 7 장 국세의 우선

제 1 절 국세의 우선권 및 그에 대한 제한

■ 채권자평등주의

채권자 평등주의
(예외 : 담보권 有 채권 유선)

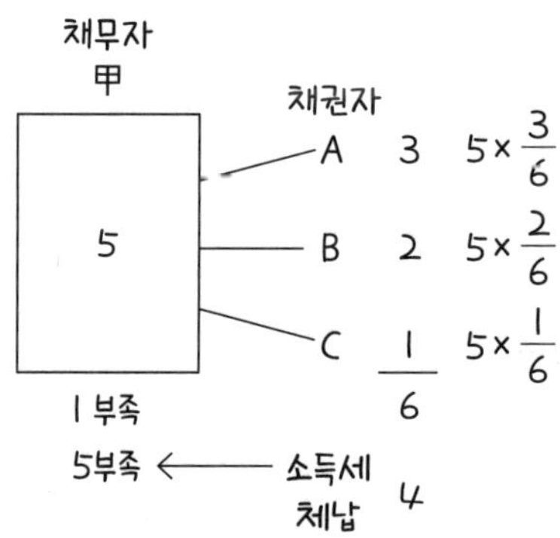

■ 국세우선의 원칙

우선
원칙 : 국·강 > 공과금 기타채권
지방세 (A·B·C)
‖ ↳ 담보권 有
조세채권 사이

원칙 : 평등주의 압류선착주의
예외 : 담보 조 > 압류 조 > 교부 조
VAT 지방세 > 소득세

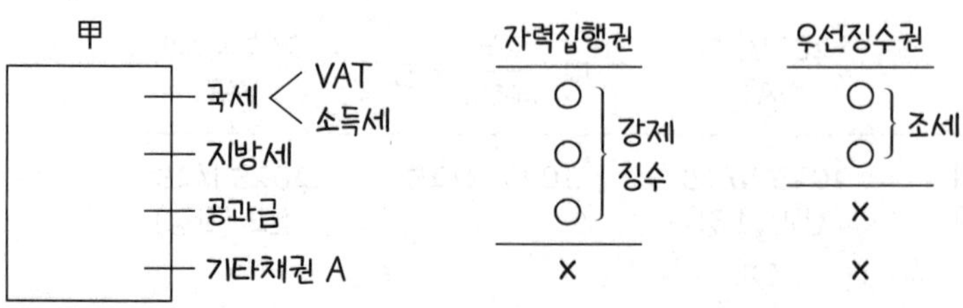

■ 국세우선에 대한 예외(제한)

1. 선집행 지방세 강 > 국·강
   공과금

2. 공익비용 > 국·강
   (강·경·파)

3. 법정기일 前 피담보채권 > 국·~~강~~

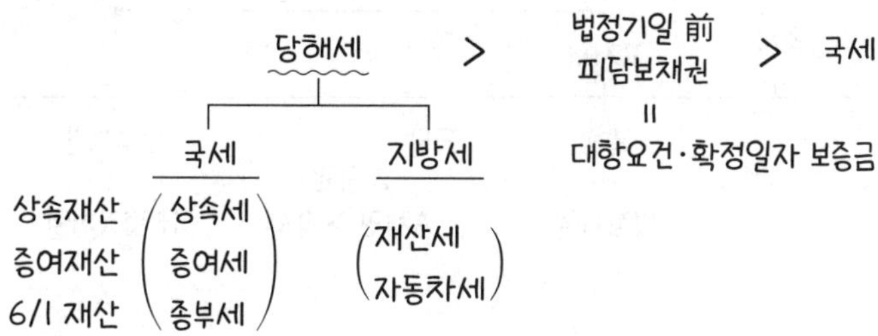

4. 소액보증금 > 국·~~강~~

5. 임금채권 > 국·~~강~~

■ 담보물권, 담보권자 및 피담보채권의 개념

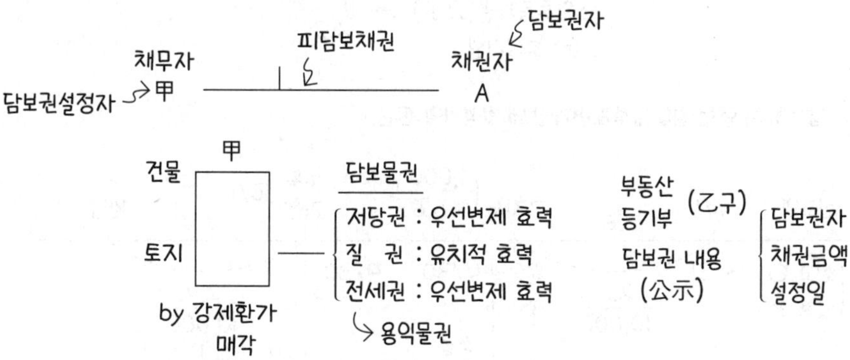

■ 국세채권과 피담보채권의 우선관계

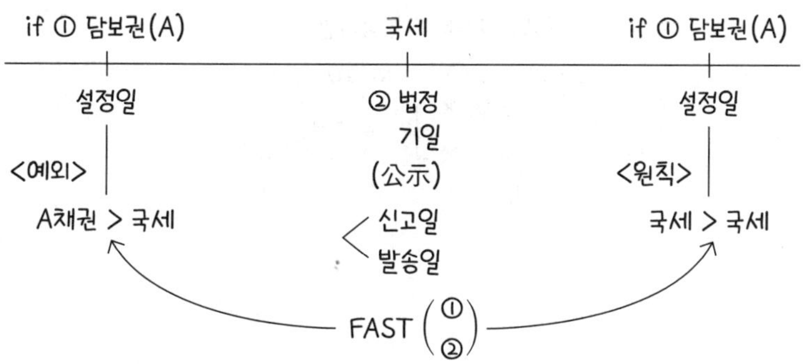

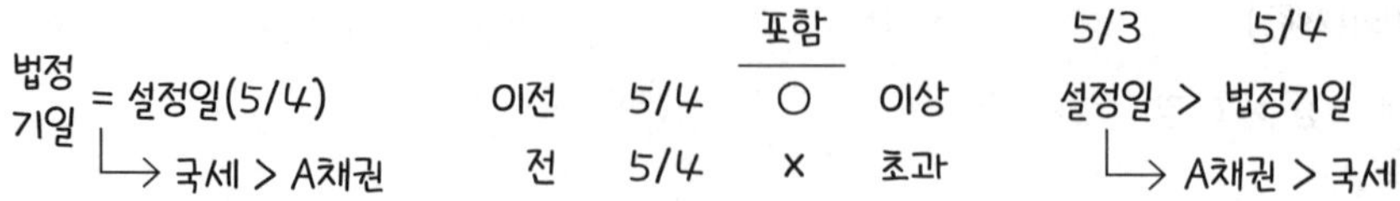

■ 납부고지서 발송일 이후 국세채권 보호

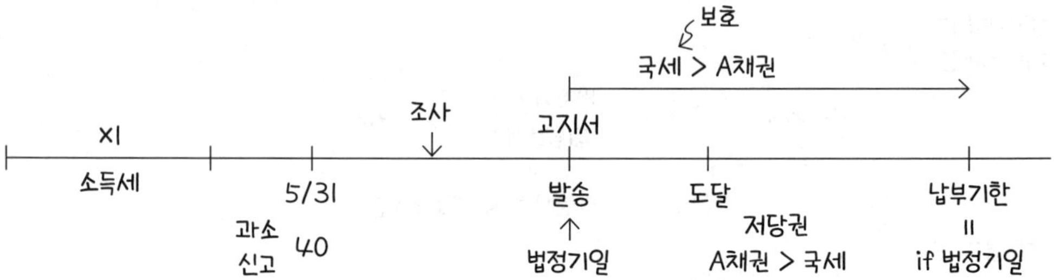

■ 확정 전 보전압류한 경우 법정기일

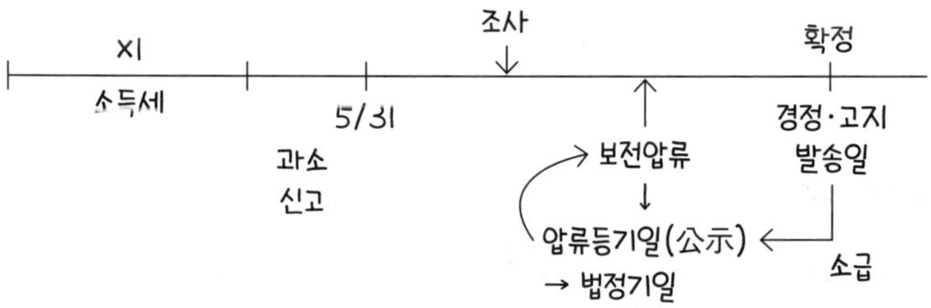

■ 법인세를 신고한 후 납부하지 않는 경우 납부지연가산세 법정기일 판단

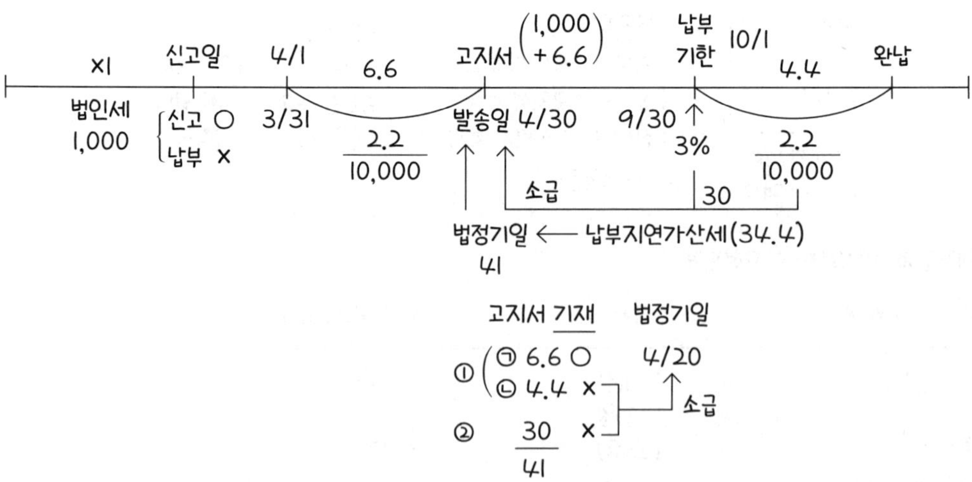

저당권(A) 1,000 41

< 설정일 : A채권 > 법인세·납부지연가산세

신고한 법인세 3/31 신고일(법정기일)

1,000 41

< 설정일 : 법인세 > A채권 > 납부지연가산세

납부지연가산세 4/30 발송일(법정기일)

< 설정일 : 법인세·납부지연가산세 > A채권

1,000 41

국기

■ 소액임차보증금 중 일정액의 우선, 대항력과 확정일자 갖춘 보증금의 우선

소액보증금 > 국세 · 징

임금채권 > 국세 · 징

165 최우선변제
∨
if 보증금 140 { 55 > 국세 / 85 }

if 보증금 200 — 대항요건 { 인도 / 전입·등록 } + 확정일자
∨
165

|| 같은 효과

전세권 설정

A 전세권 설정일 > 국세 법정기일

→ 전세금 > 국세
{ 140 / 200 }

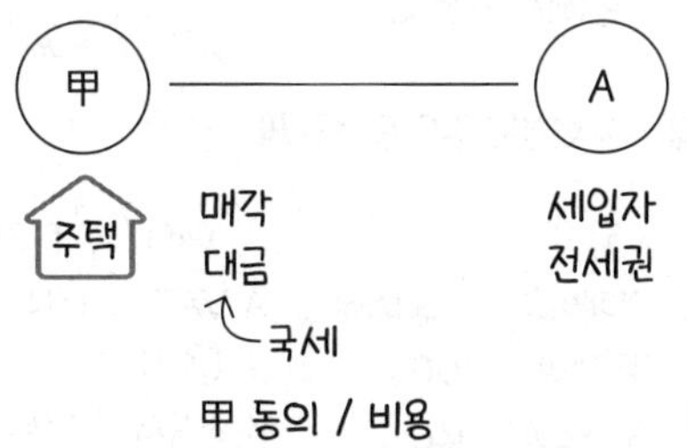

A 확정일자 > 법정기일
⇓
소액 보증금 A보증금 > 국세

55 최우선 > { 85 / 200 } > 국세

법정기일 > A 확정일자
⇓
소액 보증금 (55) > 국세 > A보증금 { 85 / 200 }

■ 근로관계로 인한 채권의 우선

if 담보권 설정일 > 법정기일
↘
4순위 피담보채권 } set
5순위 일반임금채권 }
6순위 국세
7순위 기타채권

법정기일 > 담보권 설정일
↓
국세
피담보채권 } set
일반임금채권 }
기타채권

■ 소유권이 이전된 경우 당해세 우선 적용 문제

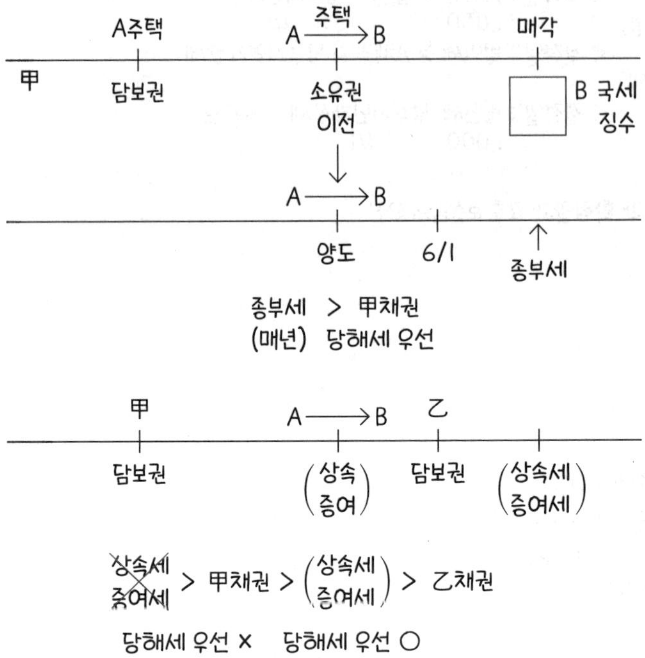

■ 담보권이 설정된 재산의 소유권이 변경된 경우 우선관계

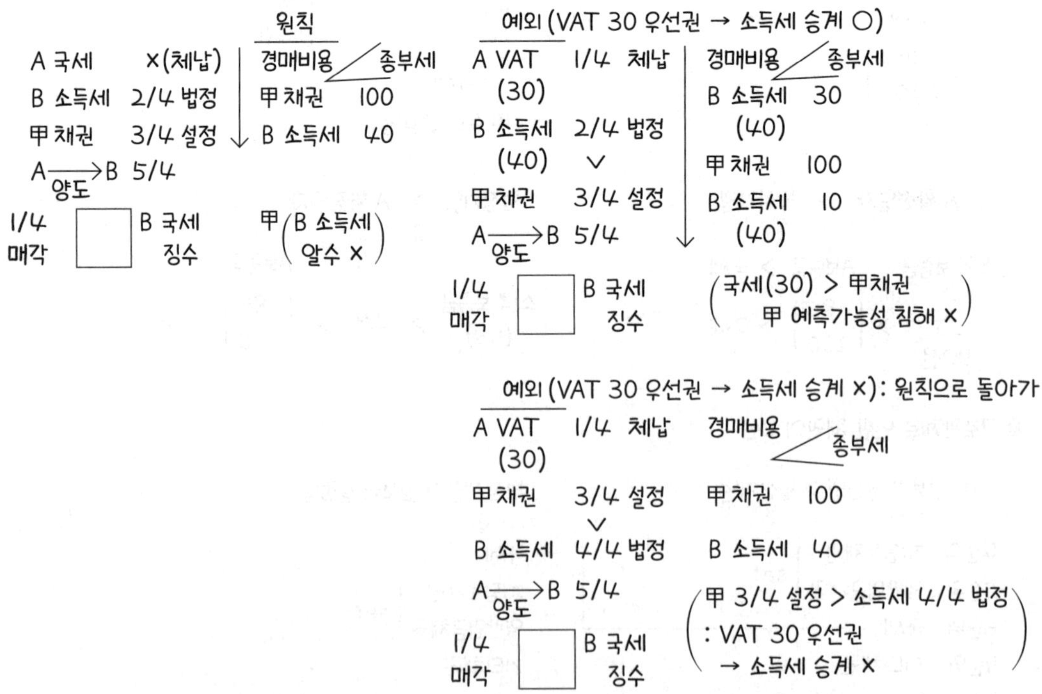

보증금이 당해세 우선 징수 순서를 대신하여 변제받을 수 있는 효력

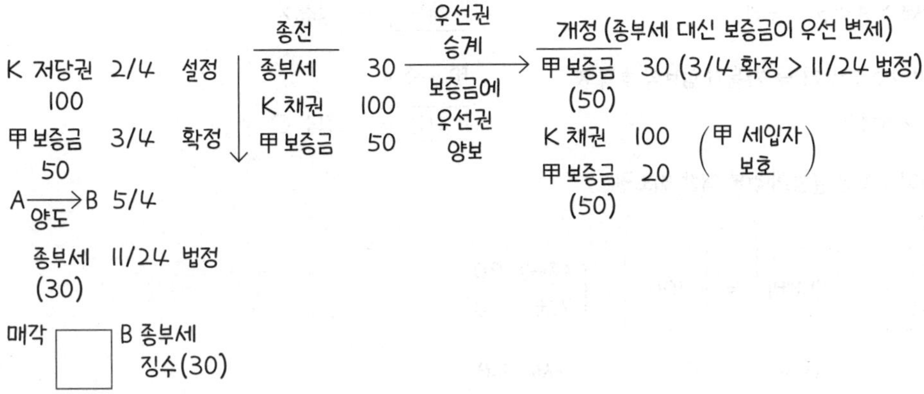

가등기와 가등기담보의 개념

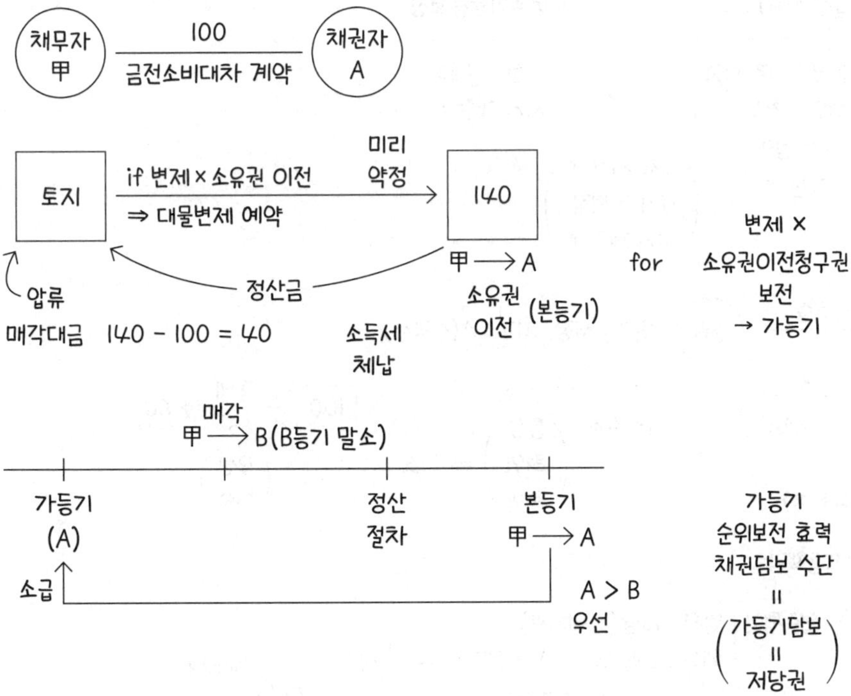

가등기담보재산의 압류와 국세의 징수 순위

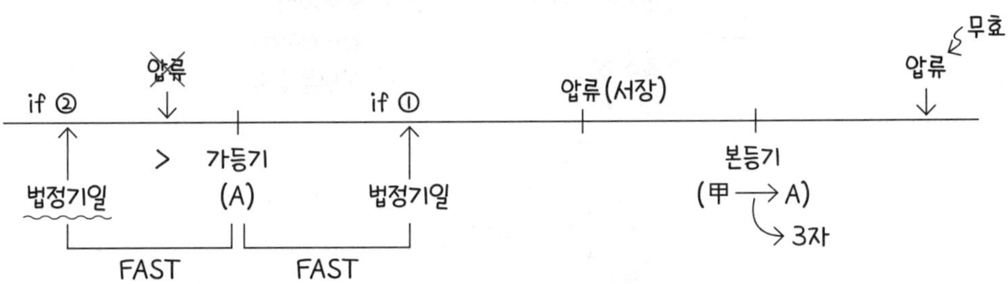

① 가등기 > 법정기일 → 가등기 담보적 효력 有　　甲 ⟶ A

당해세 > A채권 > 국세　　[재산] ⟶ 징수 ×

② 법정기일 > 가등기 → 가등기 담보적 효력 ×　　甲 ⟶ A

국세 > A채권　　[재산] ⟶ 징수 ○

■ 통정허위의 담보권 설정계약에 대한 취소권

甲

[매각대금] - [강제비] = [100]　{ A채권 90 / 국세 40 }

A채권　　국세 40

100 : 90 → 10　　2) 30 국세징수 ×

담보권설정일(A)　　A 예측가능성 보장

1) 甲 - A 3자 { 통정 : 서로 짜고 / 허위 : 거짓 }　>　법정기일 前 시기 제한 ×

1) + 2) 요건　3자 범위 제한 ×　(3자 제한 × / 설정 > 법정 / 시기 제한 ×)

(서장) —민사소송— (법원)　원고 : 서장, 피고 : A(수익자)

甲 - A 통정 허위 계약 (직권취소 ×)　(취소 소송)

if 승소 (통정 허위 계약) ⇒ 취소　　[100] - 국세 40 (우선 징수) ⇒ 60

■ 통정허위에 대한 입증책임

甲 - A (통정 허위)　입증책임 { 원칙 : 서장(징세기관) / 예외 : 요건 충족 통정허위계약 ⇒ (추정) }　깨뜨려 ~~추정~~

서장 입증책임 ↓

(① 법정기일 전 1년 이내 + ② 특수 有 甲 - A)　A가 통정허위 담보계약이 아님을 증명

1년

① 담보권설정　　법정기일

② 甲 —특수— A

■ 압류선착주의 적용

7,000 - 300 = 6,700

VAT	3/5	2,000	2,000	(가배정)
채권	5/5	5,000	4,700	
소득세	7/5	600	∅	(가배정)

<국세 채권 사이>

압류선착주의

2,000 { 소득세 600 / VAT 1,400 } (2,000)　{ VAT 2,000 / 소득세 ∅ } (600)

제 2 절 양도담보권자의 물적납세의무

■ 양도담보권자의 물적납세의무

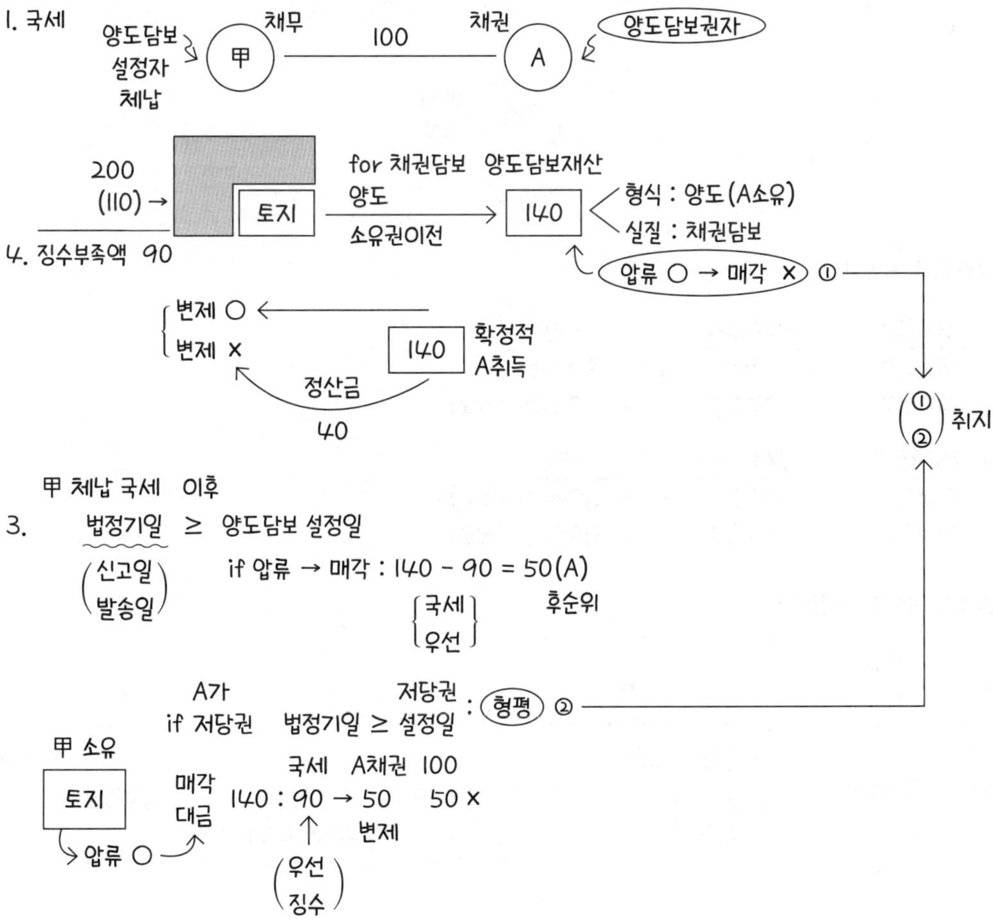

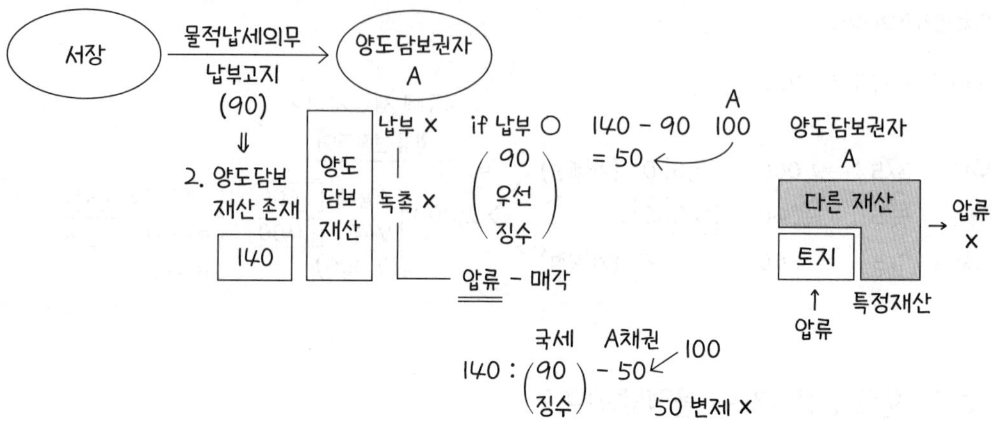

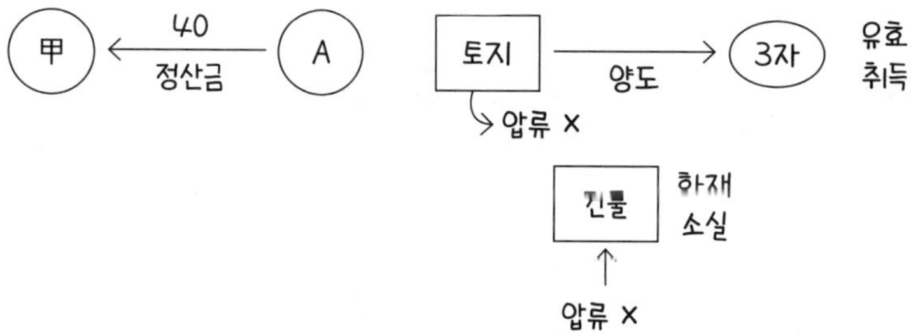

납세의무자 보정제도

①

당초신고	납세의무자		서장	
과소신고	수정신고	VS	증액경정	
과대신고	경정청구	→	감액경정	(필요)

②

기한후신고	납세의무자		서장	
과소신고	수정신고	→	증액경정	(필요)
과대신고	경정청구	→	감액경정	(필요)

불완전신고한 경우 수정신고

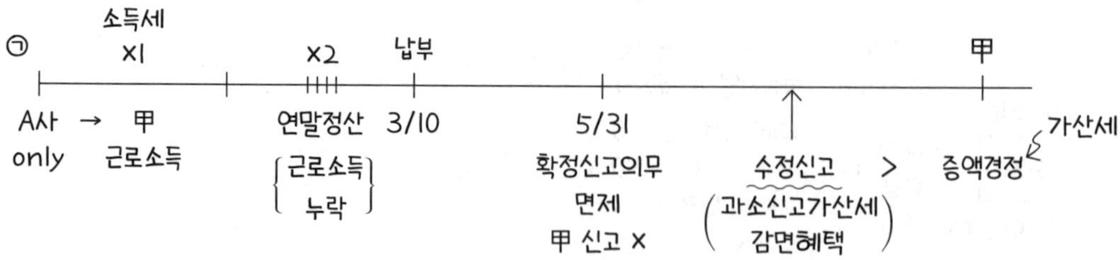

ⓛ A사

		신고	동시누락	수정신고	경정 前	
현금 40	국고보조금 40	40 익금入	×	40 익금入	40 익금入	40 소득↑
토지 40	현금 40	40 손금入(압축)	×	40 손금入	40 ~~손금入~~	→ 법인세↑
	과표	∅		과표 ∅		
			인건비 누락 100		→ 수정신고 ×	
				손금入	⇒ 경정청구 ○	
				과표 100↓ → 법인세↓		

ⓒ

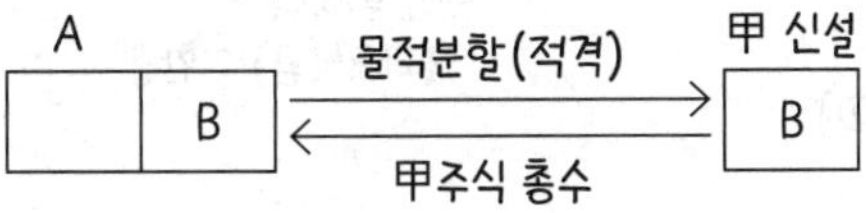

B { 시가 140 / BV 100 }

Book			
甲주식	100	순자산	100
		양도차익	∅
전입	∅	압축	∅

TAX				신고		동시누락	수정신고	경정
甲주식	140	순자산	100	40 익금入	→	×	40 익금入	40 익금入 소득 40↑
		양도차익	40(익금)					
전입	40	압축	40(손금)	40 손금入	→	×	40 손금入	40 ~~손금入~~
				과표 ∅			과표 ∅	

■ 수정신고의 기한(경정 前 또는 결정 前)

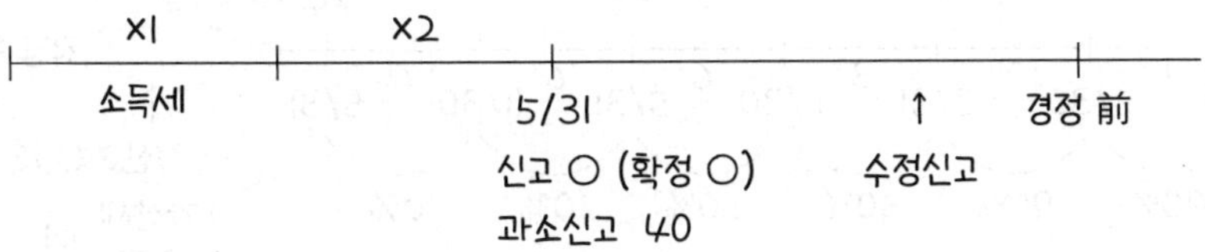

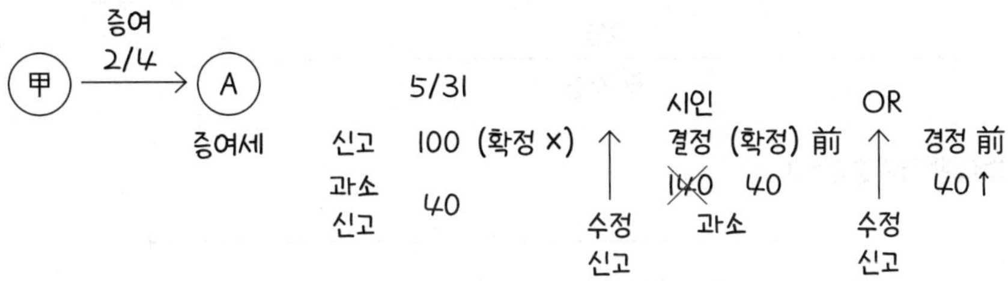

■ 수정신고의 기한

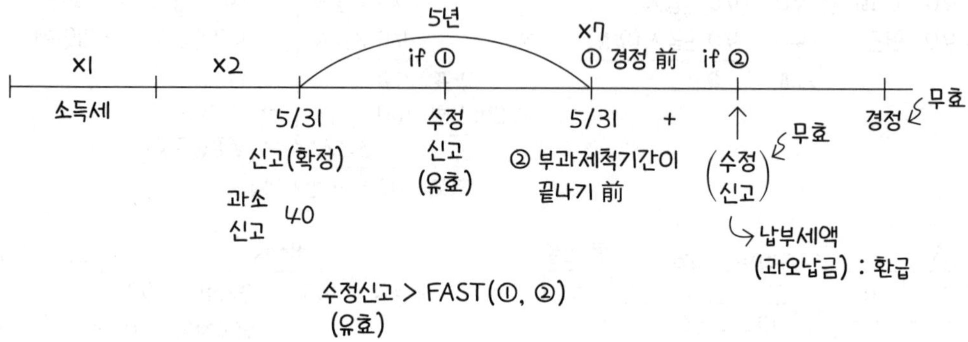

■ 수정신고와 당초신고의 관계

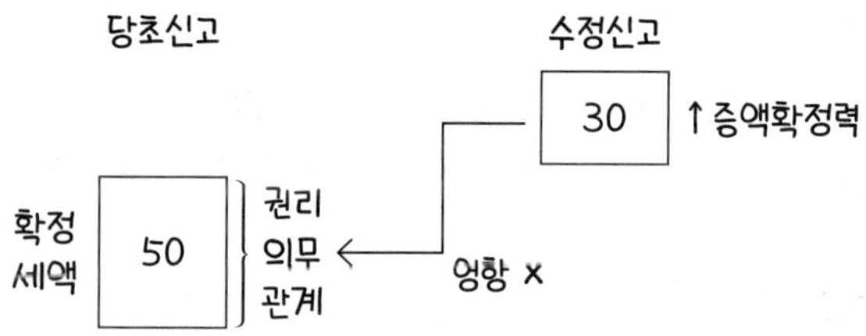

■ 수정신고의 과소신고가산세 감면과 조세포탈범 처벌시 형의 감경

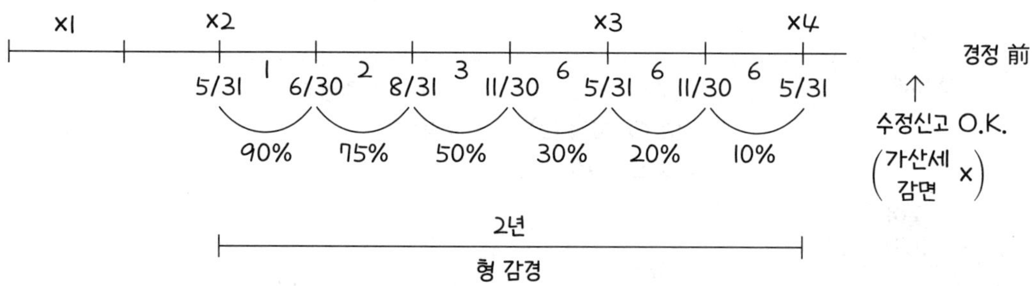

■ 수정신고한 세액이 과다한 경우 경정청구

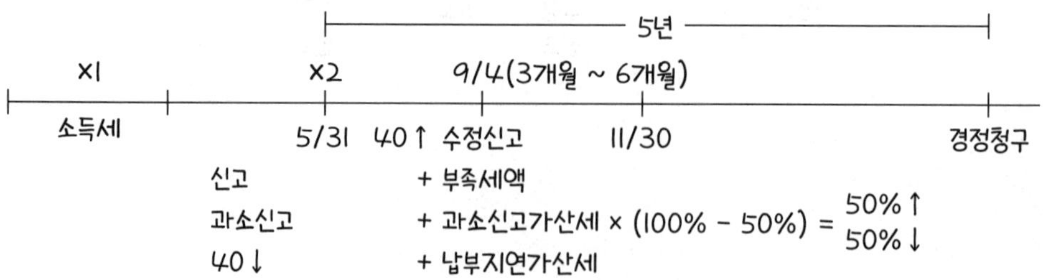

■ 통상적 사유로 인한 경정청구의 기한

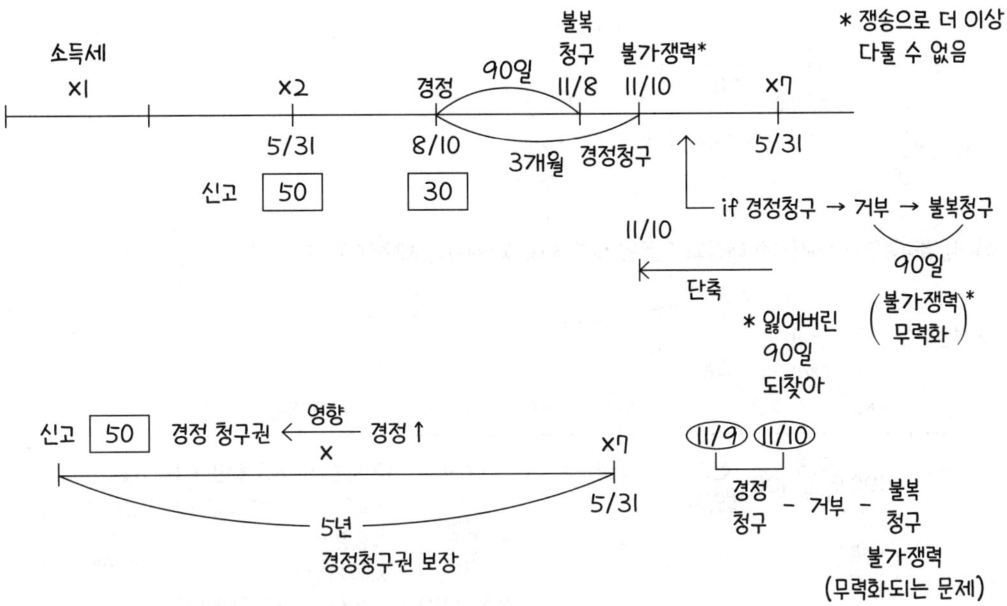

■ 후발적 경정청구의 사유(소송에 대한 판결)

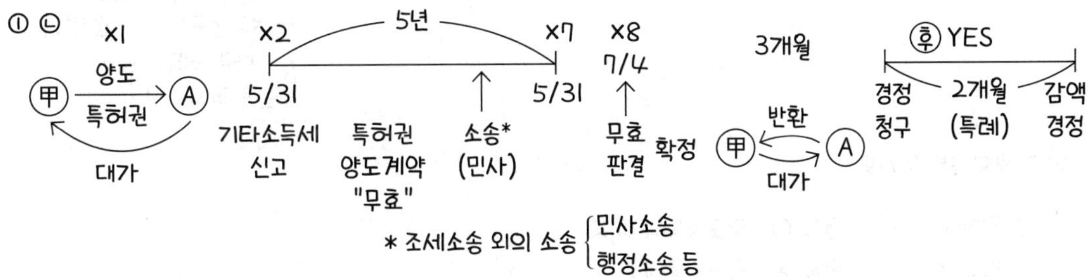

■ 후발적 경정청구의 사유(불복청구에 대한 결정)

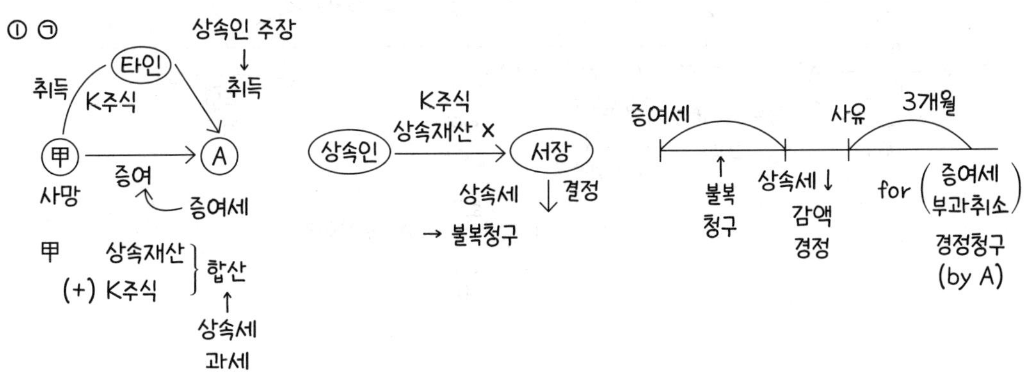

■ 후발적 경정청구의 사유(소득 등 과세물건 귀속의 변경)

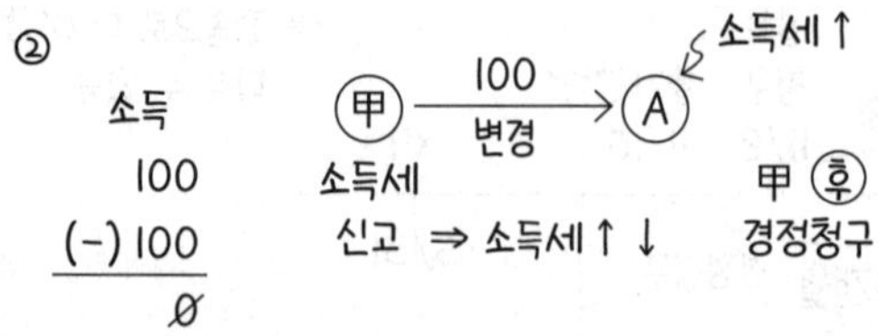

■ 후발적 경정청구의 사유(경정 대상과 연동된 다른 세목·과세기간 세액의 과다)

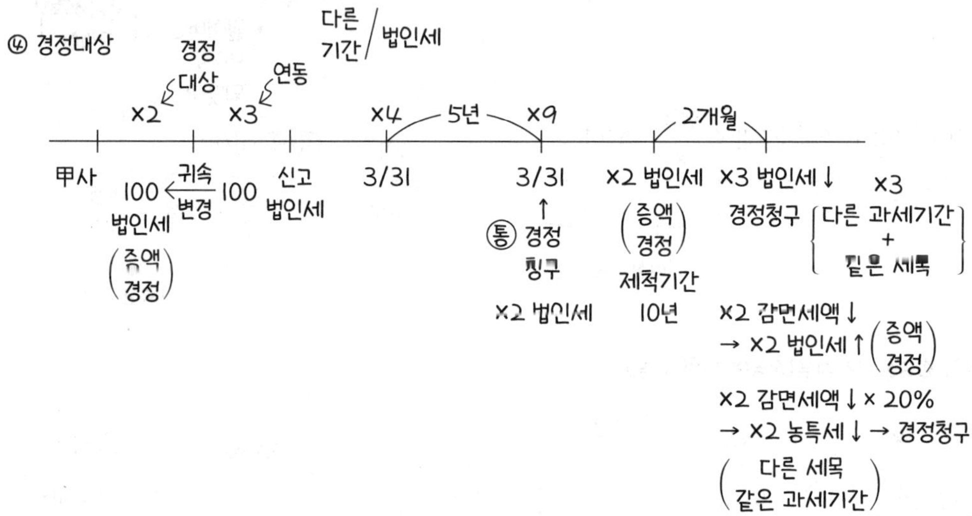

■ 그 밖의 후발적 사유

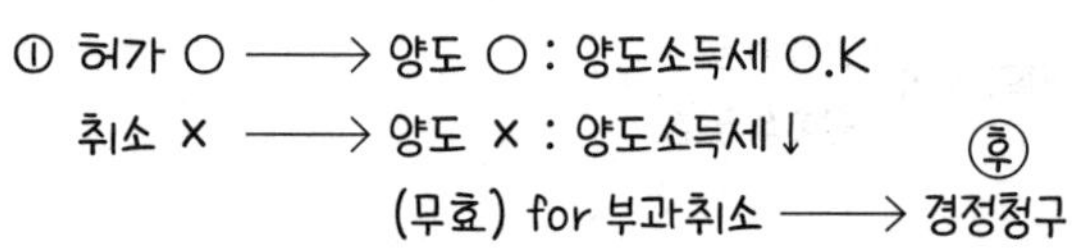

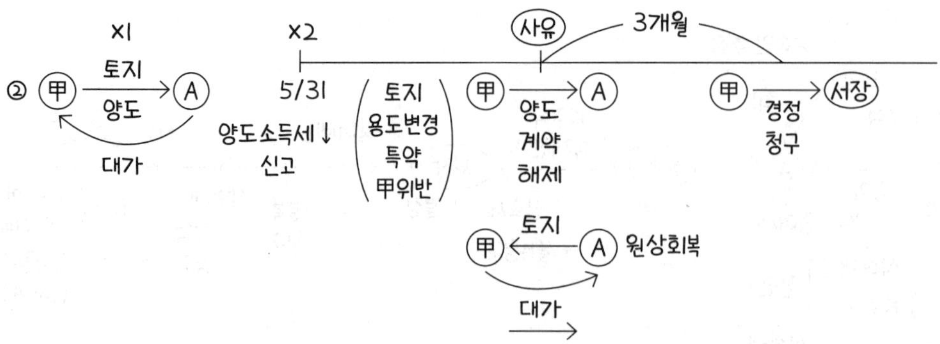

국기

(1) 甲 →(×1 5/4, T/I 공급 100, VAT 10 ↑ 10%, o.k) A → 계약해제

甲 →(×4 3/4 작성일, 수정 T/I) A ← 후 경정청구 ×

VAT ×4 1기
甲 과표 ××
환입 (100)
100 ↓
×10%
10 ↓ VAT

(2) 甲 →(2/4 증여) A

A
증여세 영향 ×

甲 ← A ×
5/31 신고기한

해제
甲 ←(7/4 ○) (증여세 과세)
7/4 해제

甲 후 경정청구 ×

(3) 공사수익

×1	×2	×3 분양계약 해약
20	30	50
↑	↑	
O.K	O.K	(10) (해약일×3 손금산입)
20	30	40

100
90] 10 ↓

④ 위와 유사한 사유

A사 — 甲주주 { ① 법인주주 ② 개인주주

A사
×1 3/4 이익잉 40 미지급배당금 40

① 법인주주
×1 3/4 미수금 40 배당금수익 40
×1 과세소득 40 ↑
↑
영향 ×

×4 3/4 A사 파산

×4 3/4 대손금 40 미수금 40
(손금) 법인세법
×4 과세소득 40 ↓

×4 3/4 ⌒(3개월) 甲개인주주
×1 소득세 ↓
후 경정청구

② 개인주주
×1 3/4 미수금 40 배당소득 40
→ × 신고 5/31 소득세 성립
소득실현 ×
×4 3/4 대손금 40 미수금 40 배당소득 총수
→ 필요 ×

■ **후발적 사유로 인한 경정청구의 기한**

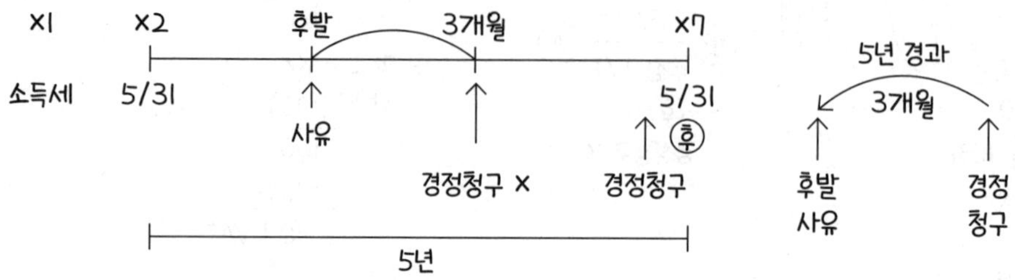

■ **과세표준확정신고 예외대상자의 경정 등의 청구**

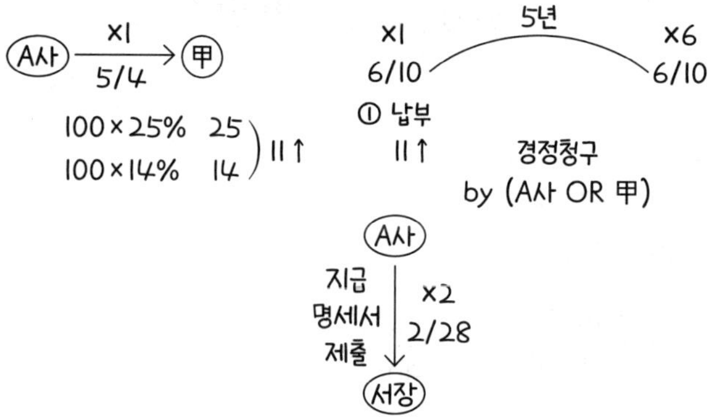

■ **근로소득만 있는 자의 경정청구**

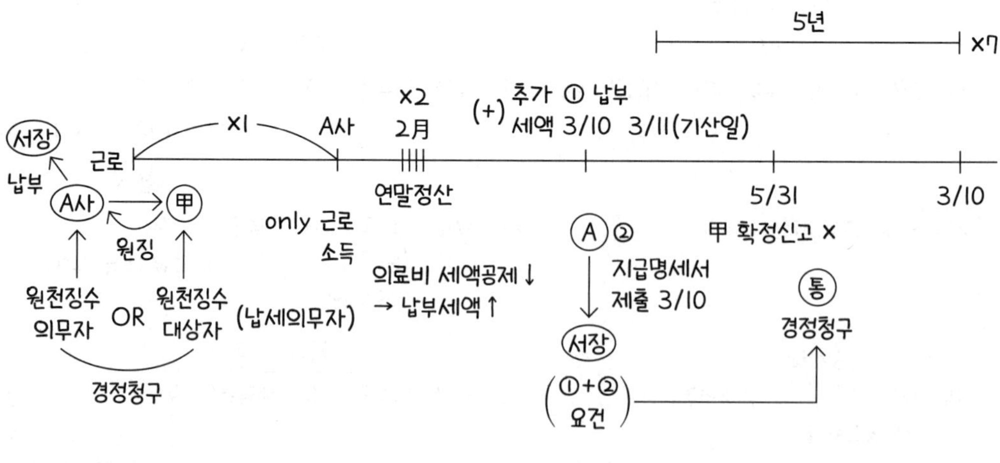

경정청구의 효력

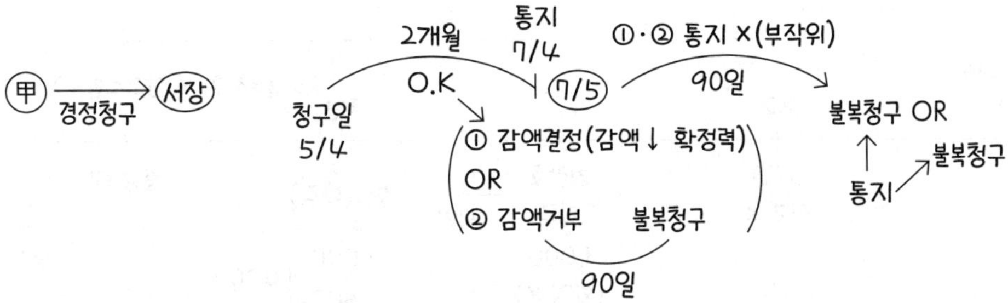

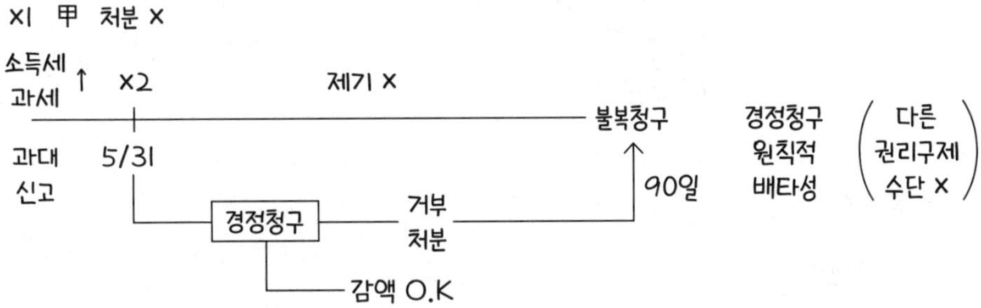

후발적 사유로 인한 경정청구의 사례문제

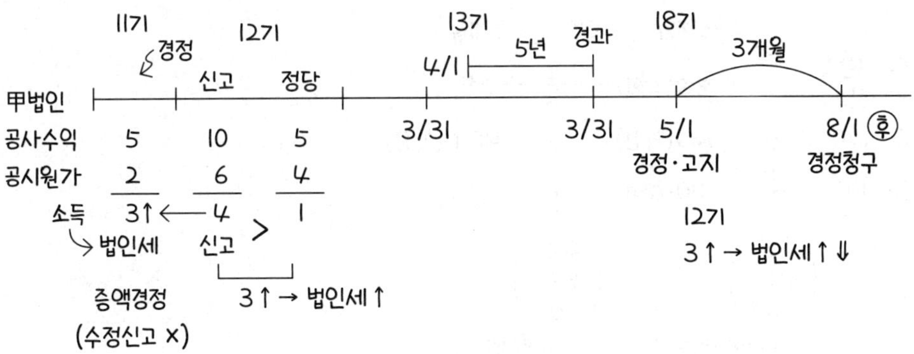

■ 기한후신고의 의의와 요건

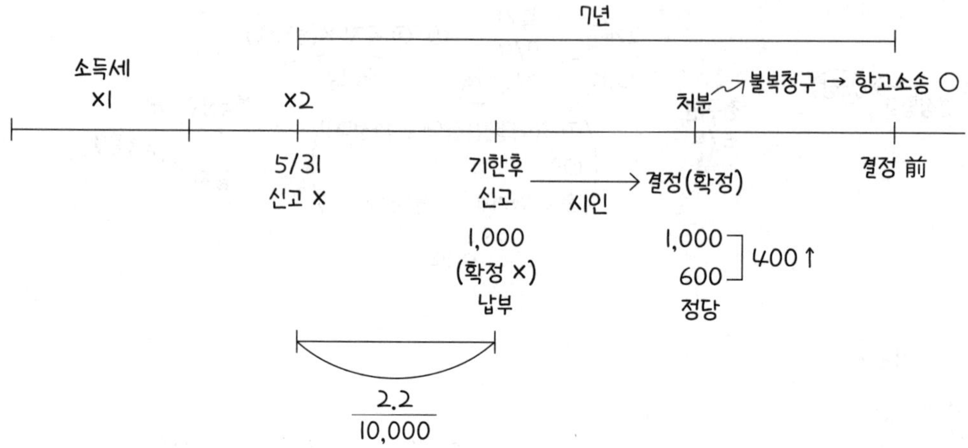

■ 기한후신고의 절차 및 효력

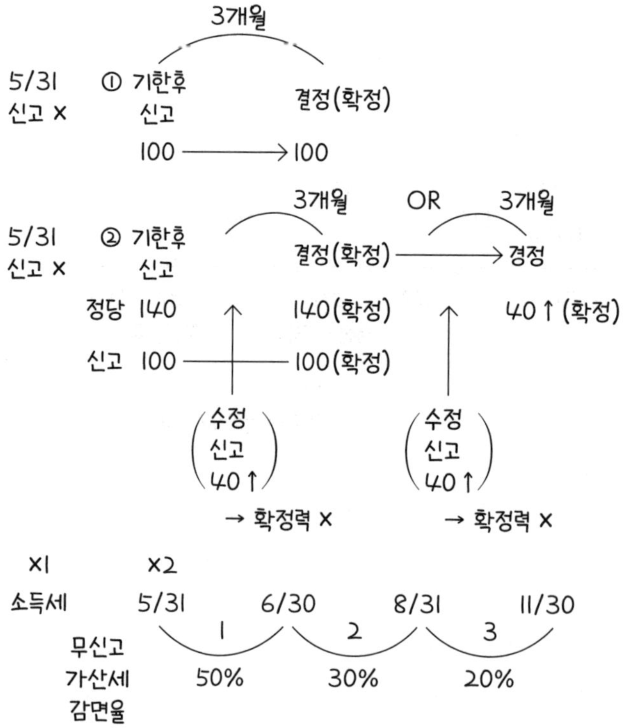

기한후자진납부

	×1	×2			
소득세		5/31	기한후 자진납부	↑ 납부 고지	미납세액 × 미납일수 × $\frac{2.2}{10,000}$ (연 8.03%)
		신고 ○ (확정) 납부 ×	← 단축		

5년 (5/31 ~ 납부고지)

가산세와 조세형벌의 차이점

	가산세		조세형벌
공통점(목적·기능)	의무위반 제재	⟶	의무이행 확보
형식	조세(형식) (실질 → 행정벌)		형벌(형식) < 벌금, 징역
의무불이행	×	⟵	형벌총칙 ○
탓할 수 없음	부과요건(by 세법)		구성요건 해당
정당한 사유 有 → 가산세 부과 ×	고의 + 과실 < ○, × 책임능력 ×	+	고의 + 과실 有 책임능력 고려

과소신고가산세

과소신고가산세

요건 { ① 과표신고 ○
　　　② 신고세액 < 정당세액 (과소신고)

귀속법인세	1,000 × 10%	=	100	납부세액
과표	100↓ × 20%	=	20↓	과소
세액공제	100 ×		100↑	과대
	납부세액		80↑	과대

→ 과소신고가산세 ×

{ 배당세액공제
　간접외국납부세액공제

과대 ↓ 경정청구

■ 재산평가 차이 과소신고가산세

토지	신고	경정
재산가액	300	400

(신고 300과 경정 400의 차이) 100 과소평가

	일반	by 평심의(공신력 有)
과소신고가산세	×	×
납부지연가산세	○	×

■ 과소평가한 가액으로 부담부증여시 양도로 보는 부분에 대한 양도소득세 경정한 경우 과소신고가산세 배제

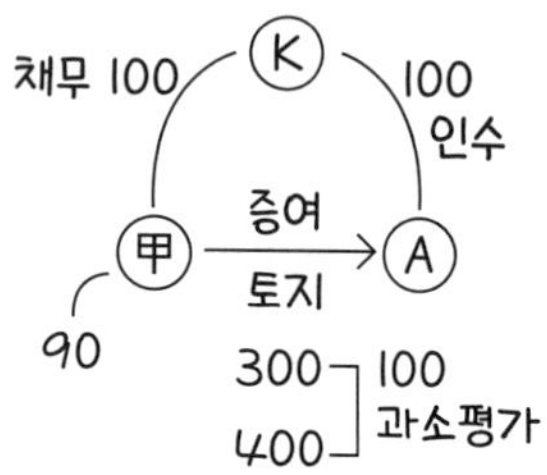

		신고	경정	
양도가액	$300 \times \frac{100}{300} =$	100	100	$= 400 \times \frac{100}{400}$
취득가액	$90 \times \frac{100}{300} =$	30	22.5	$= 90 \times \frac{100}{400}$
양도차익		70	77.5	

과표 → 7.5 과소신고

	일반	by 평심의
과소신고가산세	×	×
납부지연가산세	○	×

제 3 절 가산세

■ 의무불이행에 정당한 사유

정당한 사유			가산세
	○	세법해석상 첨예한 견해 대립	→ ×
	×	(법령의 부지(不知), 착오, 부주의)	→ ○

■ 세법해석상 첨예한 견해의 대립이 있는 경우 가산세 부과제외 사례

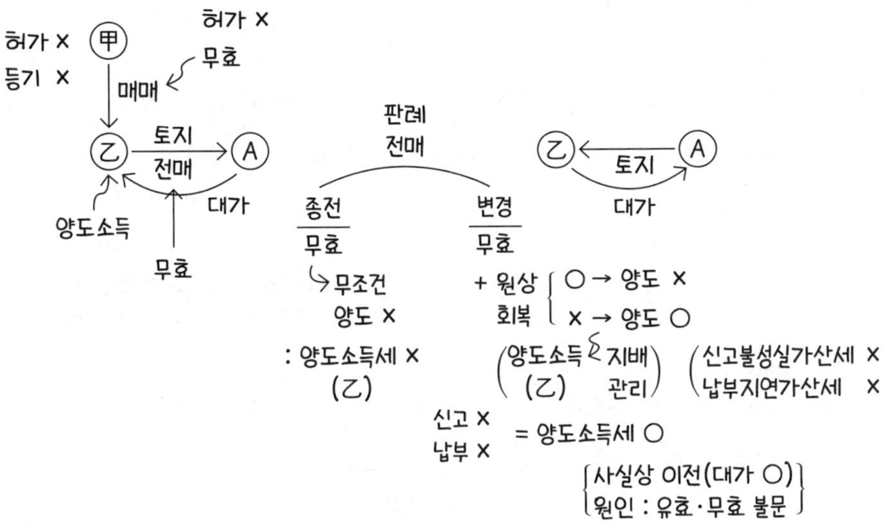

■ 총괄납부사업자의 부주의로 인한 과소신고의 경우 가산세 부과 사례

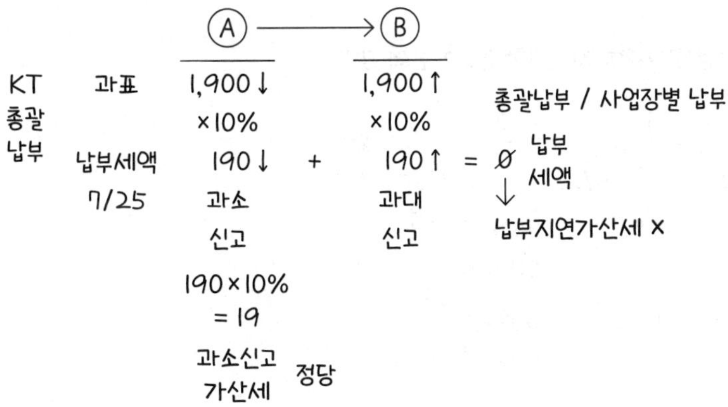

■ 실손의료보험금을 지급받은 후 의료비를 지출한 과세기간에 대한 소득세를 수정신고하는 경우 가산세 부과제외

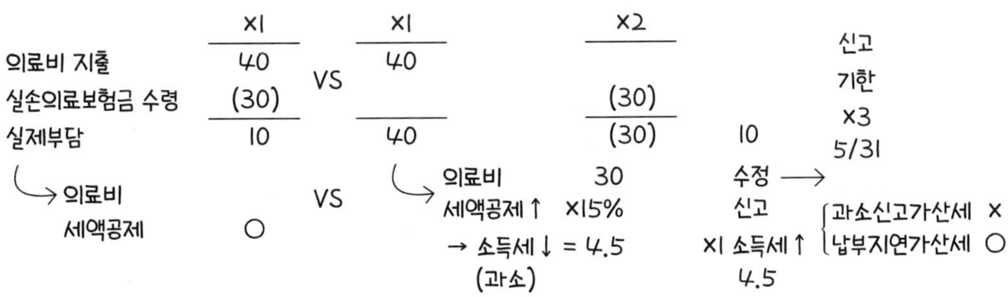

■ 양도소득세 예정신고 누락분을 확정신고기한까지 신고한 경우 가산세 감면

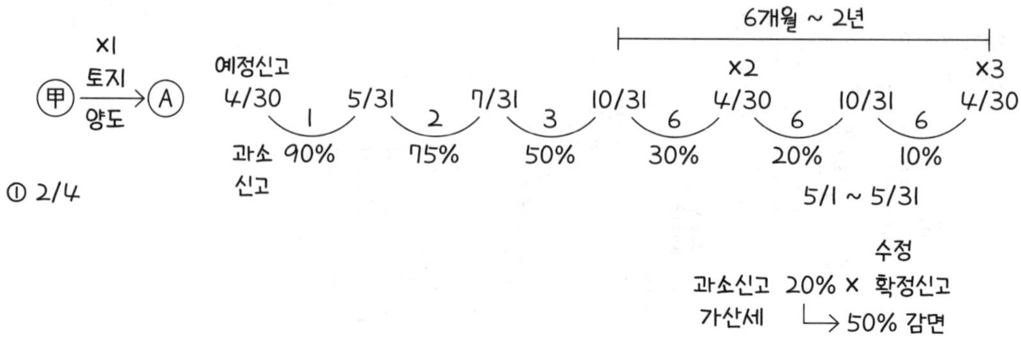

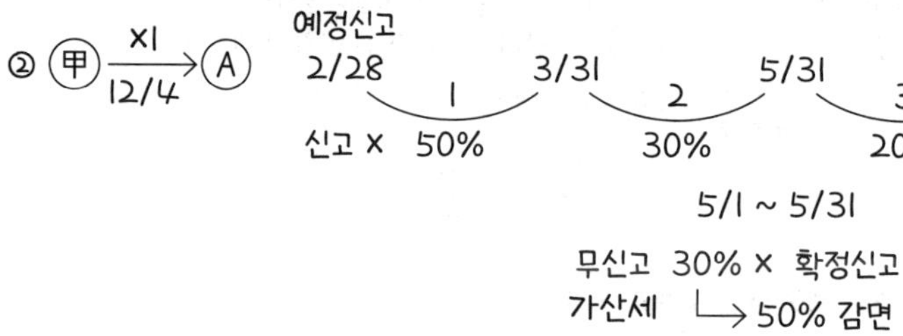

■ 부가가치세 예정신고 누락분을 확정신고기한까지 신고한 경우 가산세 감면

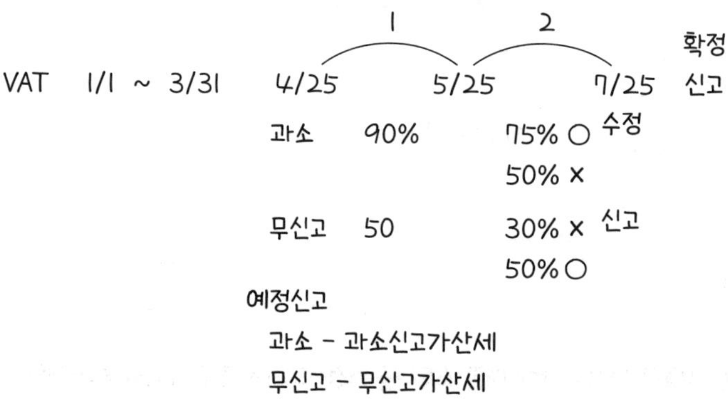

과세전적부심사 결정·통지 지연의 경우 납부지연가산세 감면

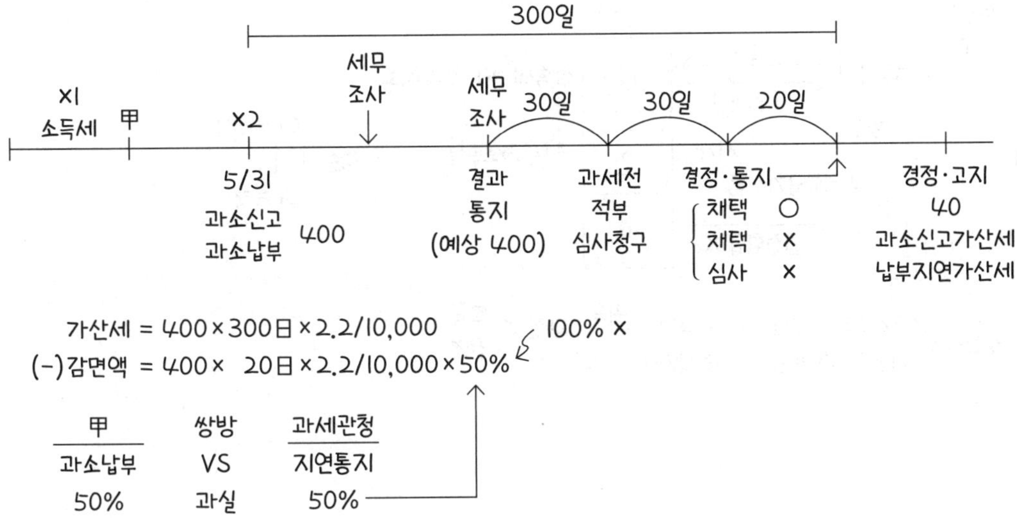

국세환급가산금의 이자계산기간의 기산일과 국세환급 청구권의 소멸시효 기산일

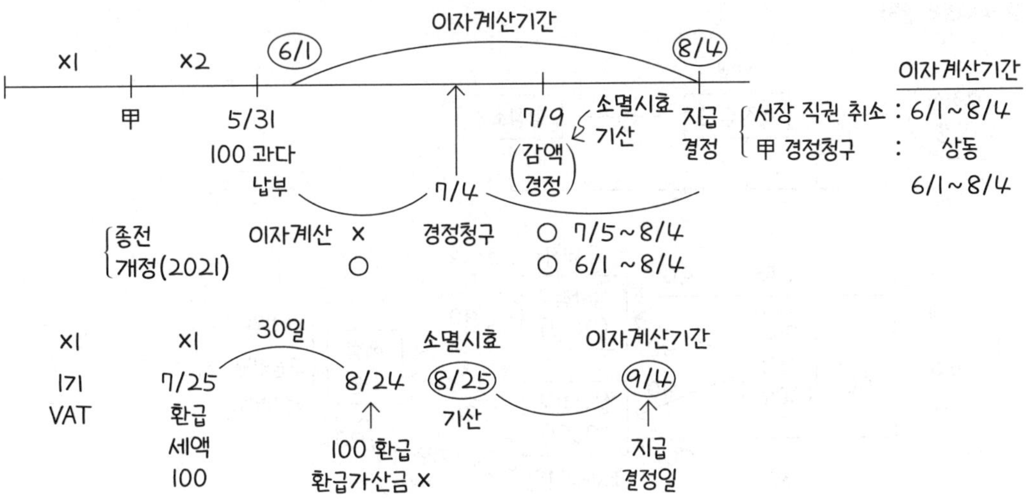

상속세 물납재산의 환급

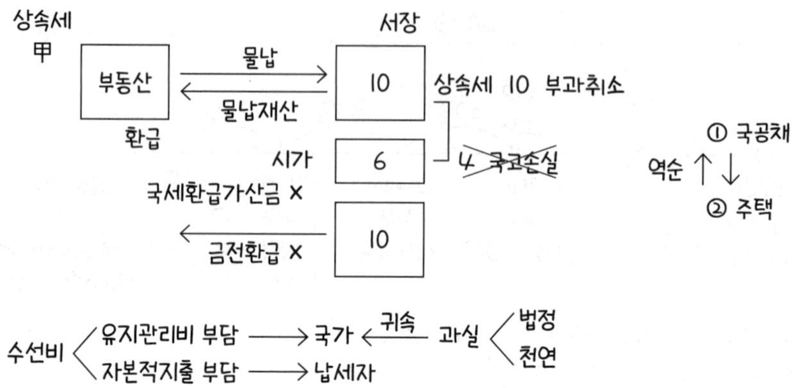

제 9 장 조세쟁송

국세불복 절차

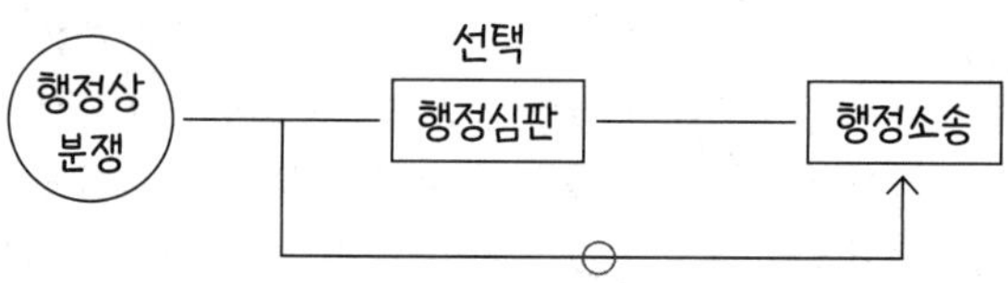

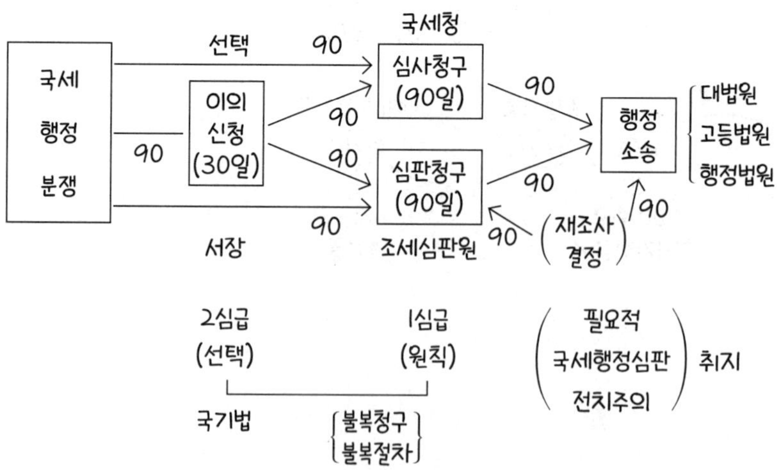

인정상여 처분에 대한 불복절차

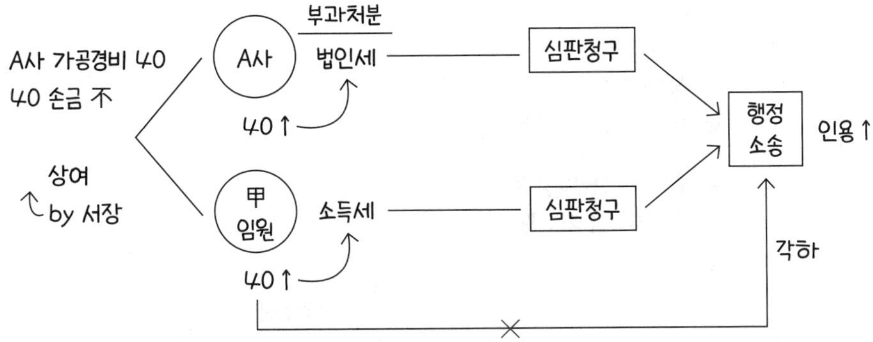

별개의 독립된 처분
(세목/과세관청/납세의무자 다름)

결정의 효력

물리칠 "각"
기부할 "기"
"인정"

(결정)
통지서 ↓ 도달 → 청구인: 각하 / 기각 / 인용

(1) 불가변력 : 재결청 자신 구속
(즉시 효력) → 결정 : 철회·변경 ×
(예외 : 계산착오 경정가능)

↓

(2) 불가쟁력 : 90일 < 불복청구 × / 행정소송 × > 쟁송 더 이상 다툴 수 ×
(90일 경과)

형식적 확정력(예외 : 당연무효)

(3) 기속력 : 인용결정 { 당사자 / 관계행정청 } 결정에 따르도록 효력 (구속력)

{ 취소 : 동일처분 반복 ×
필요처분 : 처분 이행 강제 }

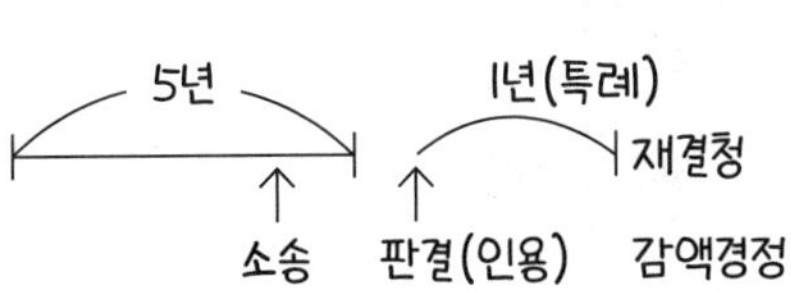

■ 불고불리의 원칙

X1 소득세 ⇒ 심판청구한 처분 심판대상

X0 소득세 외의 처분
① 취소·변경 X
② 새로운 처분·결정 X

불고(不告) 심판요청 X
불리(不理) 심리·심판 X
원칙

X1 소득세

	총액주의	VS	쟁점주의	쟁점주의: 과세관청	VS	쟁점주의: 청구인
심판 범위	과세된 세액 전체 (일부 청구 → 전부 심판)	판례	쟁점부분 조사·심판	처분 근거·이유		이유 주장
세액 통산가능	↓100 감액 + ↑60 증액 → 40 감액↓	×	↓100 감액	+60↑	대립 ⇒	증액 경정 → 불복청구
주장·이유 변경·추가	있음		없음			

100↓ 감액 + ↑110 증액
(+)10↑ ⇒ "기각" ⇒ ∅ (불이익변경 금지원칙 위배)

■ 재조사 결정과 후속처분에 대한 권리구제 절차

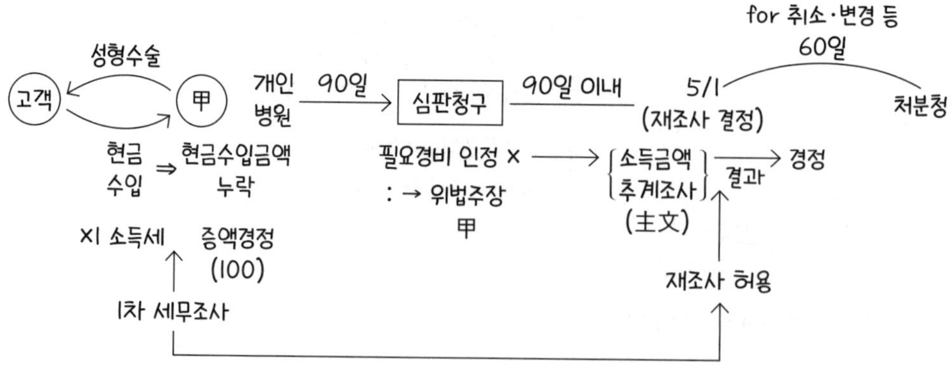

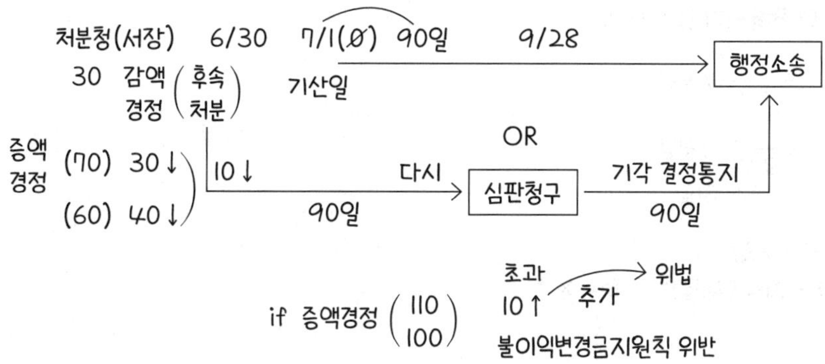

재조사가 허용되는 경우(재조사금지 원칙에 대한 예외)

① 탈루명백

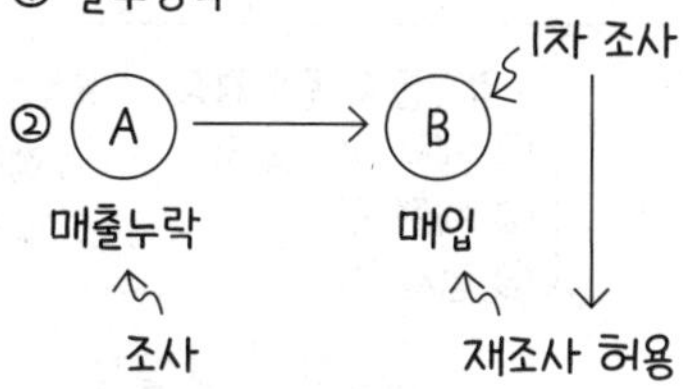

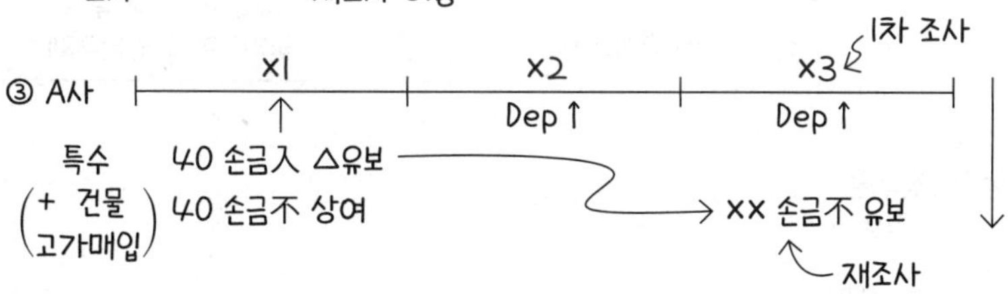

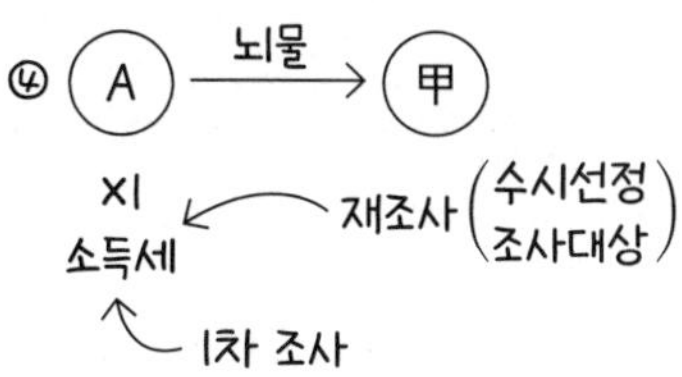

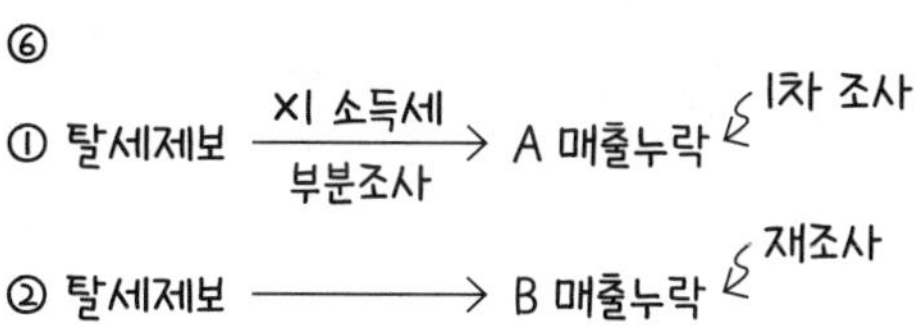

재조사가 허용되는 경우와 허용되지 않는 사례

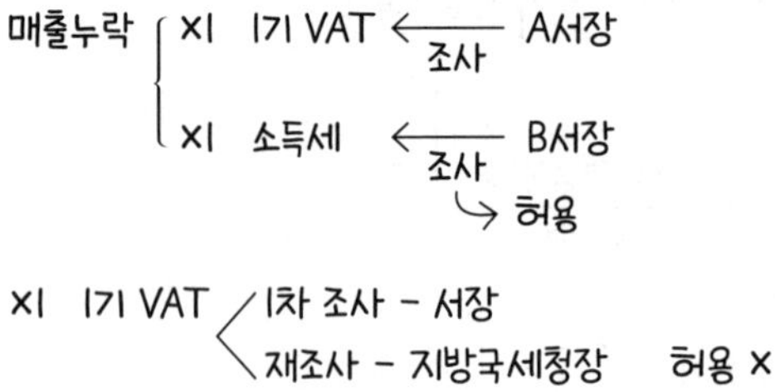

과세전적부심사청구

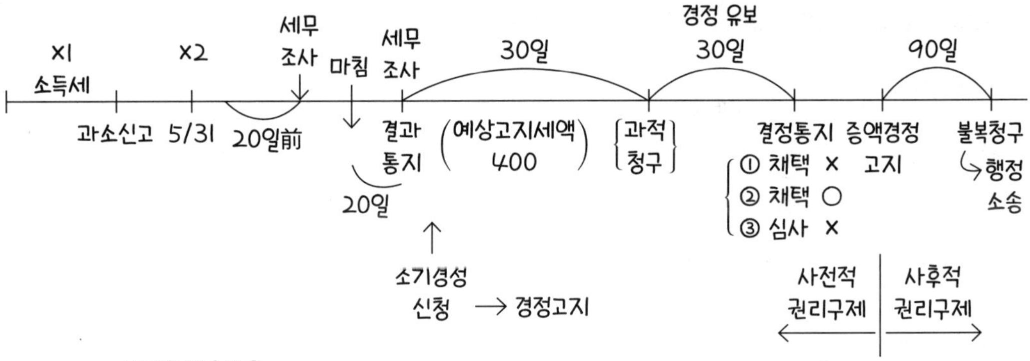

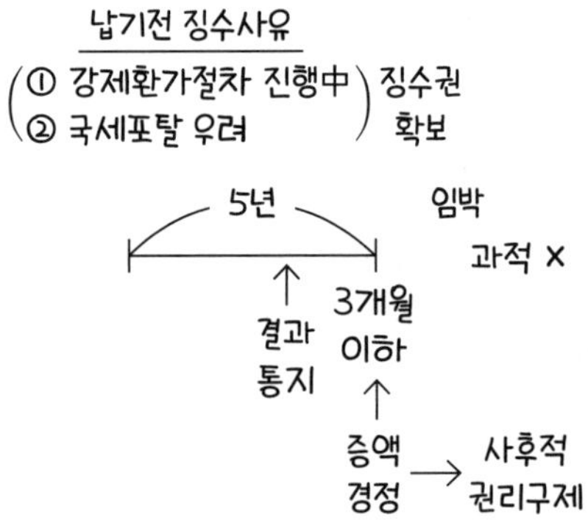

[법인세법]

제 1 장 법인세법 총설

■ 법인의 구분과 과세소득의 범위

회사(by 상법)

영리목적	각사소	본점 주사무소	과세소득	
영리 : 이윤분배 ○	모든 소득	내국 : 국내*	국내 + 국외	주소지국 과세원칙
비영리 : 이윤분배 × (by 민법 등)	수익사업소득 (7가지)	외국 : 국외	국내 + ~~국외~~	원천지국 과세원칙

사단, 재단 → 법인

사 이 배 주 유 양 채

* 사업의 실질적 관리장소 → 국내

■ 외국단체의 법인 판단기준

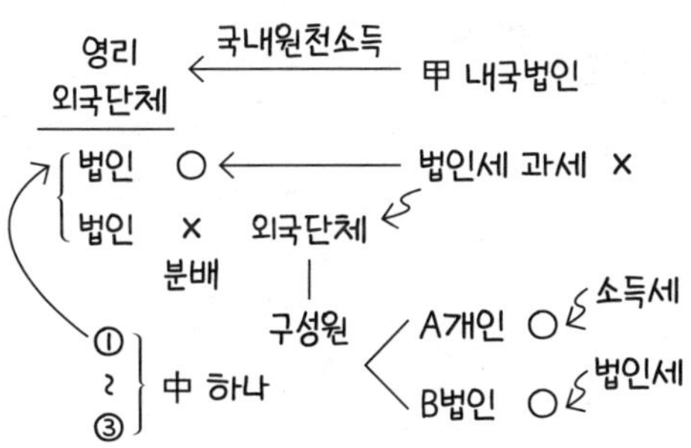

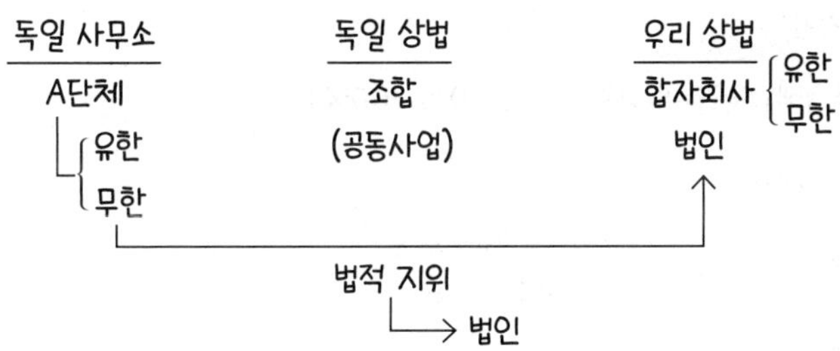

■ **법인원천소득(배당소득)에 대한 이중과세 조정**

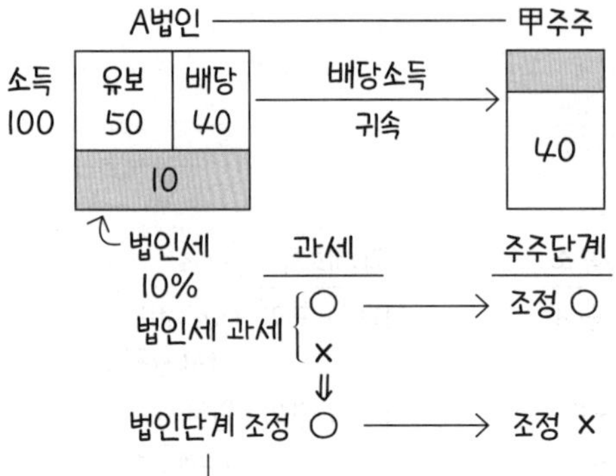

주주단계 조정

- 법인주주 (법인세): 수입배당금액 익금不
- 개인주주 (소득세): 배당세액공제(Imputation 방법)

{유동화전문회사 등 / 법인과세 신탁재산}

각사소	100 (법인세 ×)	
지급배당금	(90)	소득공제
과세표준	10	

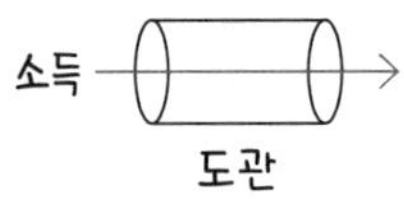

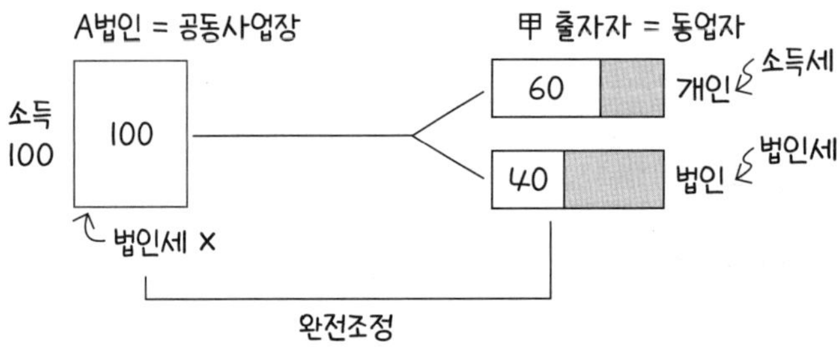

■ **내국법인 수입배당금액의 익금불산입**

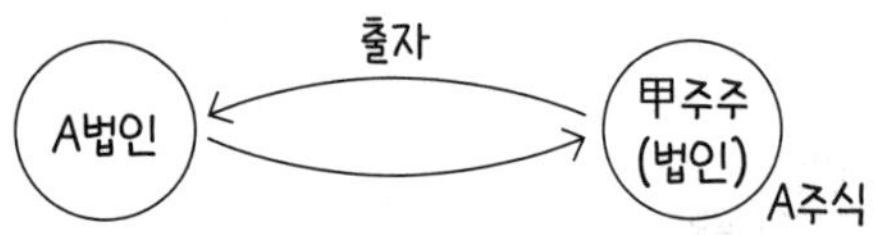

수입배당금액 × 일정률(30%, 80%, 100%)

(−) 차입금이자 차감액

$$= \left[\text{차입금이자} \times \text{일정률} \times \left(\frac{\text{A주식 BV적수}}{\text{자산총액 적수}} \right) \right]$$

현금 100 수익 100 ×100%

비용 40 현금 40 = 익금不(기타)

I/S 순이익 xx (60)

(−) 60 익금不(기타)

소득 Ø

비영리내국법인의 수입배당금액 익금불산입 배제

배당소득	100	→ 익금不 배제
고유목적사업준비금	(100)	
각사소	∅	

단기보유주식 수입배당금액 익금불산입

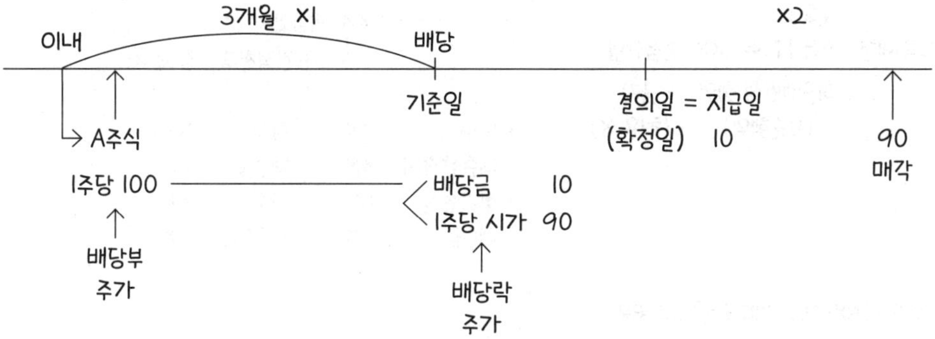

					×2	I/S 이익
현금	10	배당금수익	10		(+)	10
현금	90	A주식	100		(−)	10
처분손실	10				I/S	∅ − 10 익금不 = 소득↓

자본금 감소로 인한 수입배당금액 익금불산입 적용여부

A사

자본금	40	현금	50
감자차손	10		

甲주주

현금	50	A주식	40
		의배	10

OR
- 감자차익 10 감자차손 10 → 익금不 배제
- 이익잉여금 10 감자차손 10 → 익금不 대상

제 2 장 각 사업연도소득

■ 결산조정사항

감가상각비 xx 감누 xx

→ { 계상 ○ < 범위 → 손금 ○
계상 ↓ < 범위 → xx 손금산입 → 경정청구 : 감액 x }

A법인
- 투자자 : 이익↑ ⇐ Dep↓
  VS ॥
- 국세청 : 소득↓↑ ⇐ xx ~~손금산입~~

이율배반적 행위 — 금지
(모순행위) (허용 x)

• Dep	xx	감누	xx
• 대손상각비	xx	대손충	xx
• 평가손실	xx	자산	xx
• 대손금	xx	부도어음	xx

■ 사외유출(배당·상여·기사·기타소득) 소득처분

A사 —수선비→ 甲건물 사용

사외유출

B	수선비	40	현금	40
T	이익잉	40	현금	40

• 반대조정 x → 소득의 절대적 크기↑

40 손금不 사외유출

A 원징 의무 { ○ 배당 ○ / ○ 상여 ○ / 기사 / ○ 기타소득 ○ } 귀속자 — 소득세 과세

• 영구적 차이

■ 유보(△유보) 소득처분

유보(△유보) 1,000

A사	B	비용	40	현금	40
	T	토지	40	현금	40

40 손금不 유보 (토지↑ → 자본↑) 손익의 귀속시기 조정
차기 이후 반대조정

T 처분손실 40 토지 40
40 손금入 △유보 (토지↓ → 자본↓)

(유보변동 : 乙표
TAX자본 : 甲표)

• 일시적 차이

■ 사업연도 중에 대표자가 변경된 경우 대표자상여 소득처분

甲 x1 乙 丙

1/1 10/19 10/20(오전 Ø) 12/31

소득처분

by (재직 기간 일수) 292/365 80% 73/365 20%

A x1

비용 100 현금 40

↓

100 손금不 대표자 상여 { 80 甲 / 20 乙 }

■ 사외유출된 금액에 대한 유보 처분의 특례

10기 A사 현금매출 100 누락 → 甲임원 횡령

100 익금산입 x

경정

100 익금入 상여

A 100↑ 법인세 甲 100 근로소득 소득세

A 甲 원징

요건충족 ② 수정신고

100 익금入 유보

A 甲 원징 x 소득 x

11기 7/4 현금 100 수익 100 (이미 과세소득)

100 익금不 기타

① 경정 前 회수(甲 반환)

③ 경정 있을 것을 안 경우 x (by 자발적 노력)

10기

BOOK: –

VS

TAX:

현금 100 수익 100

대여금 100 현금 100

TAX 특수 + 업무 x → 가지급금 → A 지급이자 손금不 / 인정이자 익금산입 / 대손충 설정 x

100 익금入 유보(대여금 ↑)

11기 7/4 현금 100 수익 100 + 수익 100 대여금 100

현금 100 대여금 100

100 익금不 △유보(대여금 ↓)

법인

■ 지급시기 의제와 수입시기

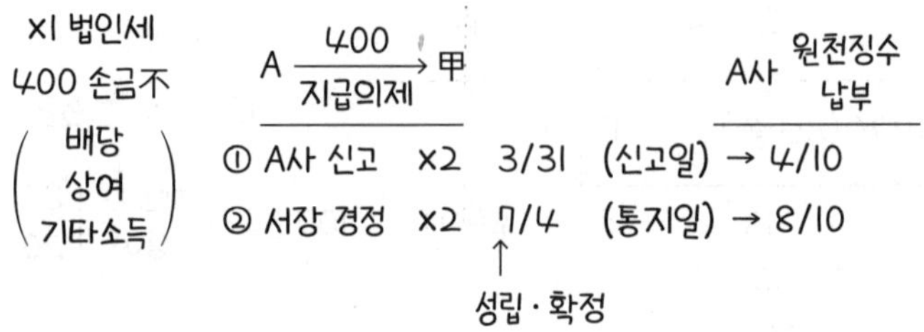

甲	수입시기	귀속연도	확정신고	
배당	결산확정일 (x2 2/4)	x2	x3 5月	배당소득
상여	근로제공일 (x1)	x1	x2 5月	근로소득
기타소득	결산확정일 (x2 2/4)	x2	x3 5月	기타소득

■ 신고시 확인되는 경우 원천징수와 종합소득세 확정신고

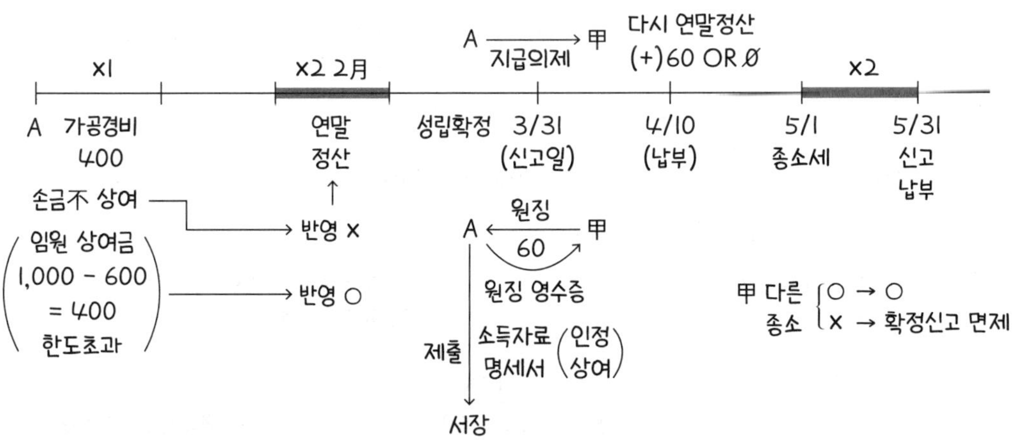

■ 경정시 확인되는 경우 원천징수

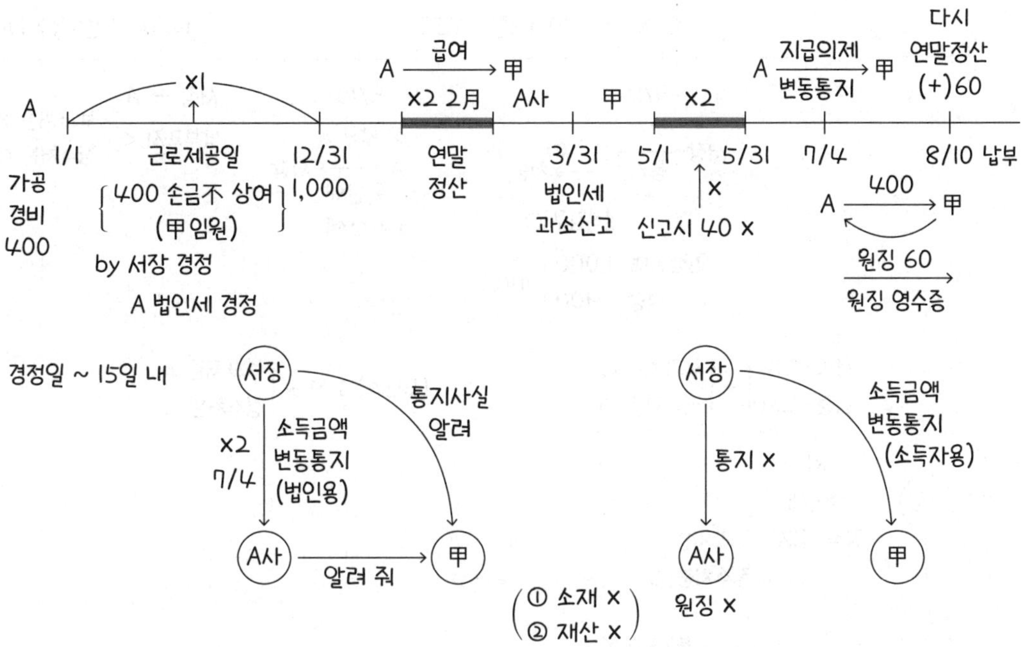

■ 경정시 확인되는 경우 종합소득세 확정신고

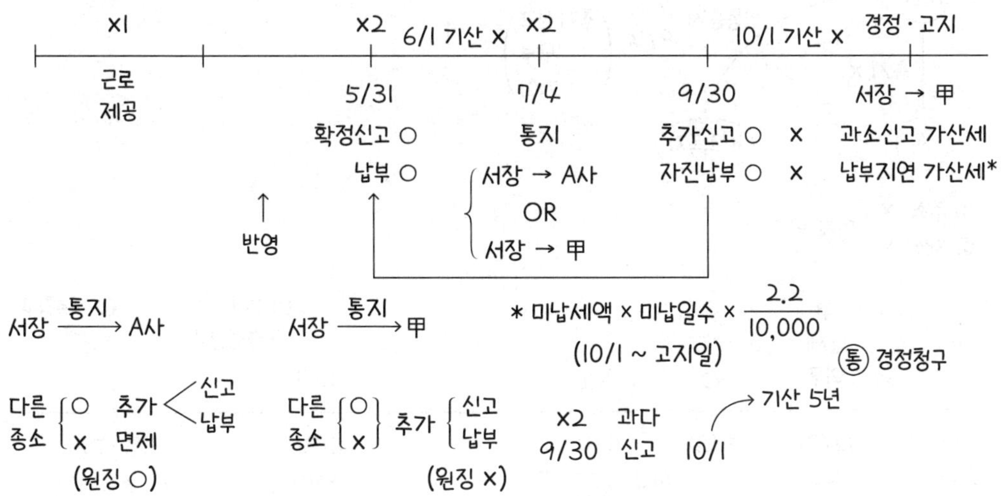

■ **소득금액변동통지 또는 경정고지에 대한 불복청구**

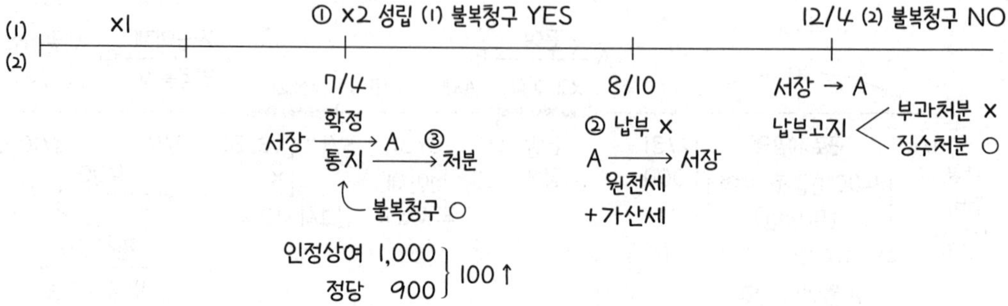

경정 · 고지 / 경정 · 고지 — 부과처분 ○ / 징수처분 ○

(무납부) 고지 — 부과처분 x / 징수처분 ○

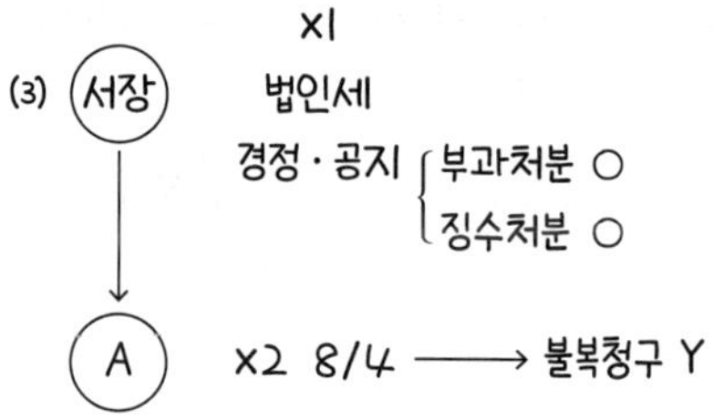

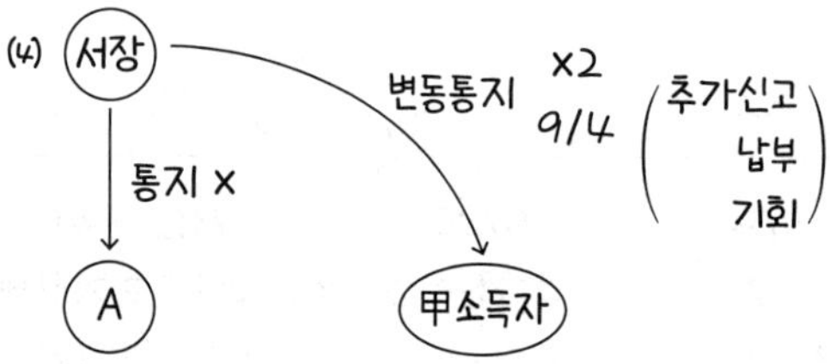

(① 주소 x / ② 재산 x) 원징 x

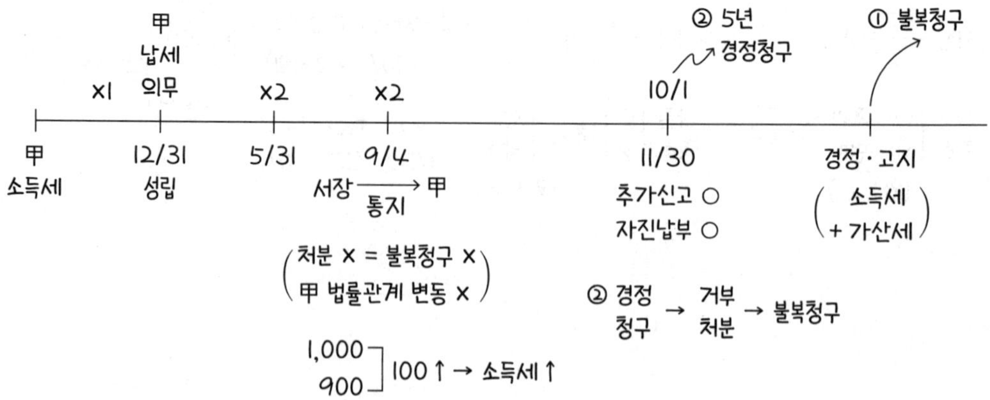

제 3 절 각 사업연도소득의 총설

■ 유가증권 저가매입에 따른 이익상당액의 익금산입특례

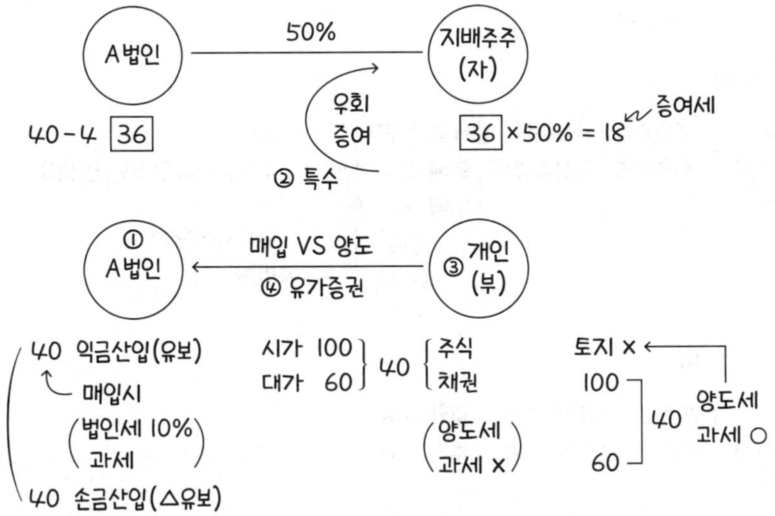

■ 채무의 출자전환시 채무법인 세무처리

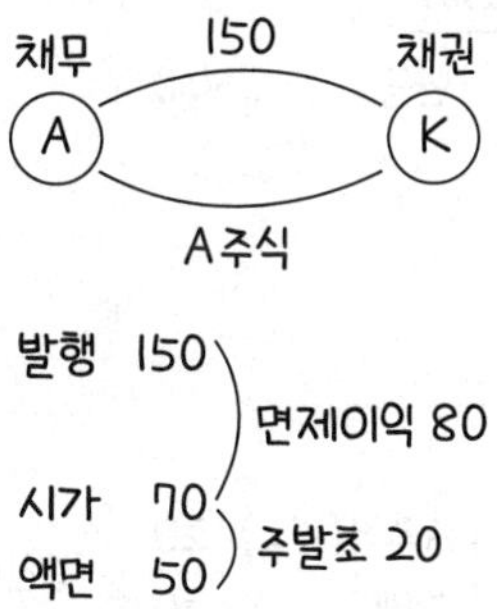

A	
차입금	150
자본금	50
주발초	20
면제이익	80
집합손익	xx

	익금			
	이월결손금	50	50 익금不(기타)	30 / ∅
	이익잉	xx		
① ~ ④	법률 · 협약	30	익금不(기타)	
차기 이후	결손금 발생	30	30 익금산입(기타)	

■ 채권의 주식전환시 채권자인 법인 세무처리

	K			
원칙	A주식	70 (취득당시 시가)	채권	150
	채권포기손실	80		
	↳ 대손금 x / 기부금 · 업추비			
예외 ① ~ ④ 법률 · 협약	A주식	150	채권	150
	현금	70	A주식	150
	처분손실	80 (손금)		

법인

■ 의제배당의 유형

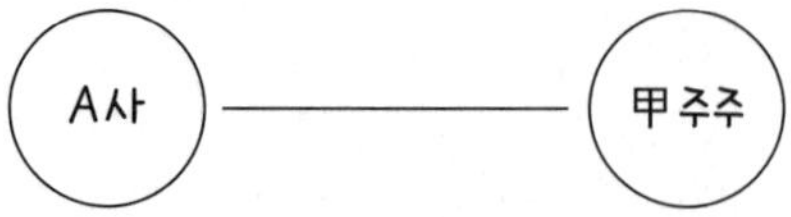

Ⅰ. 자본금 감소 등 ~~ 의배

(+) 의배금액 = 받은 재산가액(시가) − 소멸주식 취득가액
- 유상취득 : 실제 지출금액
- 무상주 취득
  - 의배 ○ : 액면
  - 의배 × : Ø

취득 2년 내 소각 → 단기소각주식 먼저 소각

소멸 주식수 × 1주당 BV(평균법)

Ⅱ. 잉여금 자본금 전입 ~~ 의배

의배금액 = 받은 무상주식가액(액면)
- 의배 ○ A주식 ×× 수익 ××
- 의배 × A주식 Ø 수익 Ø

■ 감자대가로 부동산을 지급하는 경우 소득금액과 의제배당금액의 계산

토지 시가 (30)

		A사				甲주주(100%)			
설립 ×1	현금	40	자본금	40(1/2)	A주식	40(1/2)	현금	40
	토지	20	현금	20				

견해 ②

×4	현금	30	토지	20				
			수익	10(익금) ↑ 법인세 ○		취득당시 시가		
이월거래 ⇒	자본금	20	현금	30	토지	30(시가)	A주식(1/2)	20
	이익잉	10					의배	10 < 법인세 / 소득세

견해 ①

자본금	20	토지	20	토지	20	A주식(1/2) 20

제 3 장 주요 익금 및 손금불산입

제 1 절 의제배당

■ 잉여금의 자본금 전입으로 인한 의제배당

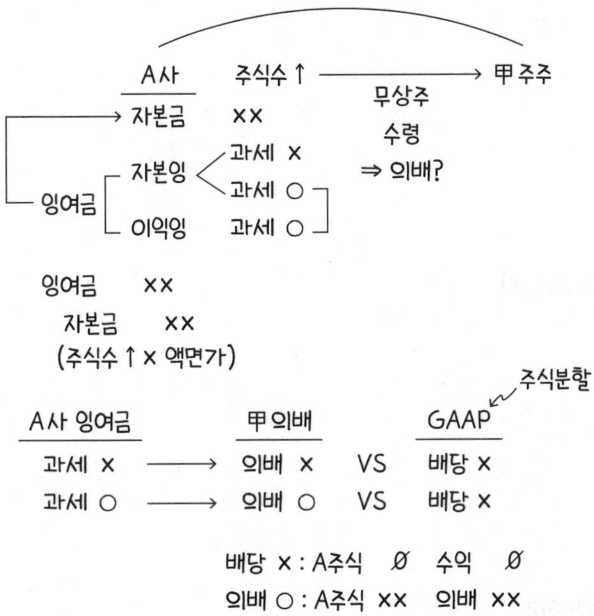

■ 무상주식 의제배당에 대한 과세논거

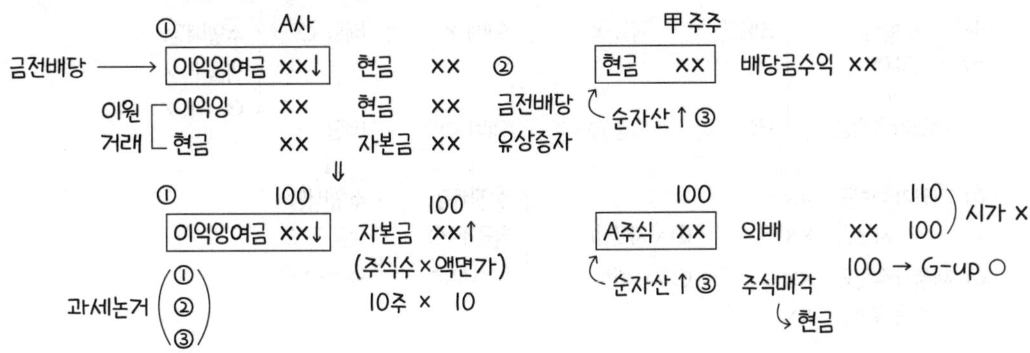

■ 과세되지 않은 잉여금의 자본금 전입이더라도 의제배당인 경우

			의배
① 소각이익	㉠ 시가 > 취득가	⟶	○
	OR		
	㉡ 시가 ≤ 취득가		
	+ 소각일~2년 이내	⟶	○
	소각일~2년 경과	⟶	×

② A사 자기주식

		의배
+ 과세 ×(잉여금)		
+ 다른 주주 지분비율 ↑	⟶	○

■ 과세되지 않은 자본준비금을 감액하여 받은 배당(익금 ×)

자본준비금을 감액하여 받은 배당

A사	주발초	200	~~이익잉~~	200
	~~이익잉~~	200	현금	200
		↓		
주주 甲	현금	200	A주식	200
			(수익 × → 익금 ×)	

■ 재평가적립금의 자본금에 전입과 감액배당에 대한 취급

	재평가세	법인세	① 무상주 의배	③ 감액 배당	
시가, BV → 재평가 차액 = 재평가적립금	3%	익금 ×	의배 ×	배당 ○ →	수입배당 익금不 ×, G-up ×
	1%	익금 ○	의배 ○ ↓ 수입배당 익금不 ○, G-up ×	배당 ○ ↓ 수입배당 익금不 ○, G-up ○	

① 재평가적립금 xx / 자본금 xx

② 재평가적립금 xx / 이월결손금 xx

①, ② 자평법 적법

by 개정 상법 → 감액 배당

③ 재평가적립금 xx / 현금 xx

③ 자평법 위반

■ 건물 저가임대시 간주기부금

건물 임대

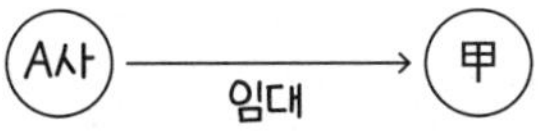

특수 ×

시가 100
정상가 70 } 30 간주기부금
대가 40

BOOK

현금 40	임대수익 40
+ 기부금 30	임대수익 30

자산 OR 부동산 임대용역을 조세법률주의

TAX

현금 40	임대수익 70
기부금 30	

30 익금入 유보
30 손금入 △유보 } 생략

비지정 30 손금不 기사

■ 업무용승용차 업무외사용금액 손금불산입

for 수익을 얻기

개소세 과세대상 승용차 +
- 영업용 직접 ⇒ 택시, 판매차, 렌트카 등
- 업무용승용차 (영업용 ×) 간접 ⇒ 출장용, 출퇴근용

관련비용 3,000
- 영업용 2,700
- 업무용승용차 300 손금不 상여 甲

A 300 소득↑ → 법인세↑

300 근로소득↑ → 소득세↑

제 7 절 지급이자의 손금산입 및 손금불산입

■ 업무무관자산 등 지급이자 손금불산입

140 − 40 = 100(TAX)

토지 140	현금 140

40 손금入 △유보
40 손금不 상여

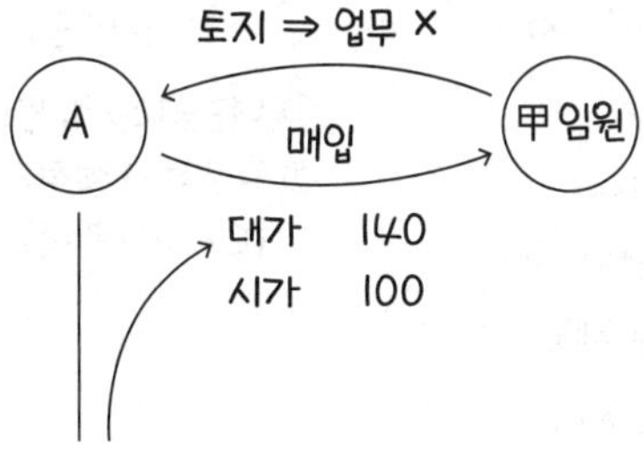

차입금 1,000

$$\text{지급이자 } 100 \times \frac{140(100+40)}{1,000} = 14 \text{ 손금不 기사}$$

■ 수익·비용의 인식시기

GAAP
- 수익 - 실현주의
  - ① 경제적 의무 완수(give)
  - ② 수입금액 합리적 측정(take)
- 비용 - 대응원칙
  - 직접대응
  - 간접대응(기간대응)

■ 권리 확정주의 원칙

미리 과세(허용)

x1 채권 xx 수익 xx 귀속시기 → 권리 확정시기

↑ 영향 x

x3 대손금 xx 채권 xx

현금 xx 채권 xx → 실현시기

시간 차이

■ 권리 확정주의 예외

x1 A 소송

소유권 토지 ——→ LH

B 인도

보상금 10 공탁

은행

판결확정일 → 소득 귀속연도

x4 A 토지

현금 10 토지 6

처분이익 4(익금)

(소득)

■ 당초의 매매대금이나 용역대금을 감액한 경우 세무처리

x1 소득발생 : 채권

x1 법인세↑↓ (권리확정) 현금 xx x1 소득 xx

x1

12/31 법인세 납세의무

성립

영향 x

후 경정청구 x

원칙 : 소급적 처리

x4

소득실현 x

사유

(후발사유)

x1 소득 xx 채권 xx

현금 xx

→ 소득실현 x

x1 납세의무 성립 전제

① 소득 상실(권리확정 x)

② 후발적 경정청구 제도

x1 소득↓ → x1 법인세↓

(부과 x)

예외 : 당기적 처리

x4 소득 xx 채권 xx x4 소득↓

(대손금) 현금 xx → x4 법인세↓

① 대손금(by 법 별도 규정 有)

② 경상적·반복적

(GAAP·관행)
- 매출에누리
- 매출 환입
- 공사계약 해약

■ 공사계약이 해약되는 경우

		x1	x2	x5 (해약)
10	100	20	30	50
	90	20	30	50
				(10)
	90	20	30	40
		O.K	O.K	

■ 매매대금 반환과 권리의무확정주의

24 7/4 현금 1,000 토지 600 x2

처분이익 400 ⟶ 법인세 ↑

↑

(후) 경정청구 70 → 법인세 ↓

25 12/4 소득 70 현금 70

법인세 ↓

소급적 처리

→ (후) 경정청구

x3 12/4 ⌒(3개월)⌒ 경정청구 (후)

■ 손익의 귀속시기가 중요한 이유

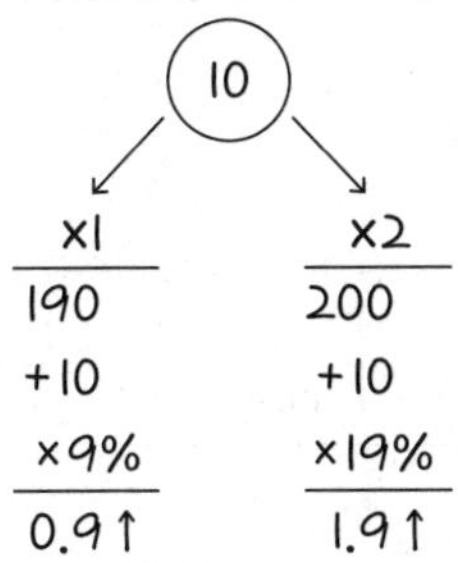

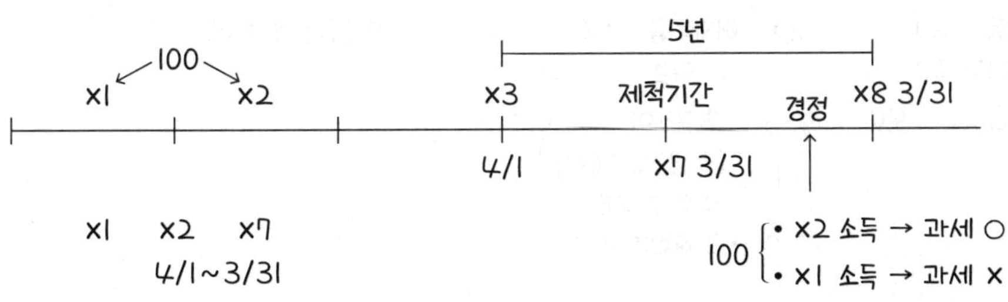

■ 원천징수되는 이자소득에 대한 발생주의 배제

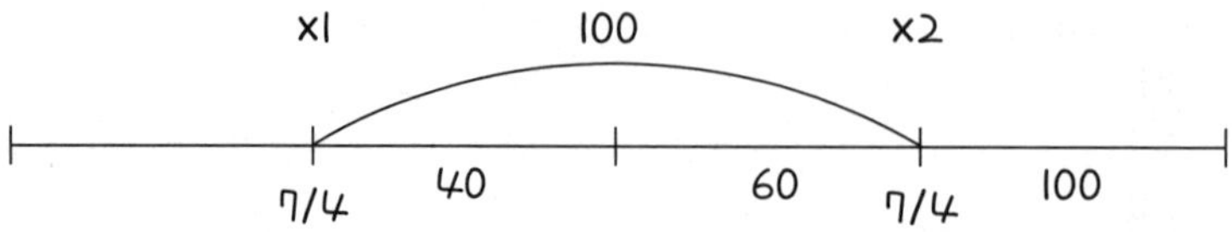

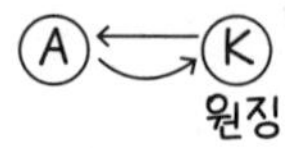

	x1	x2
B	미수수익 40 이자수익 40	현금 100 미수수익 40 이자수익 60
T	-	현금 100 이자수익 100
조정	40 익금不 △유보	40 익금산입 유보

if 발생주의 허용

(100 − 40) × 14% → ×

↖ 확인 어려움

(100 − ∅) × 14% → ○

원징대상

이자소득

익금 귀속시기 = 원징시기

현금주의

(발생주의 배제)

■ 이자비용에 대한 발생주의 배제

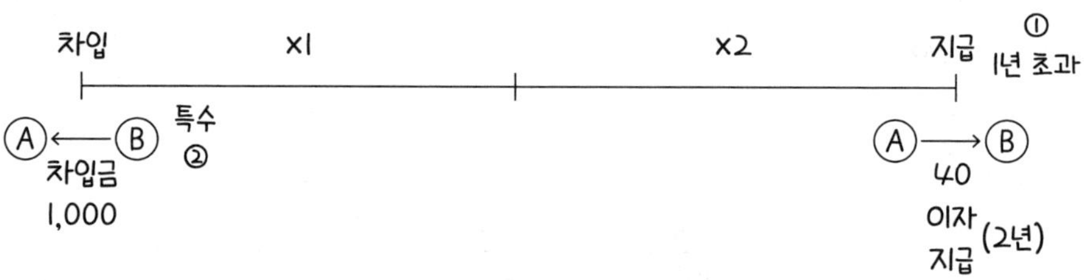

	BOOK		TAX	조정
x1	이자비용 20 미지급이자 20	x1	−	20 손금不 유보
x2	이자비용 20 미지급이자 20 현금 40	x2	이자비용 40 현금 40	20 손금산입 △유보

(현금주의
(발생주의 배제)
비정상거래
→ 조세회피방지)

■ 임대료 지급기간이 1년을 초과하는 경우 발생주의 강제

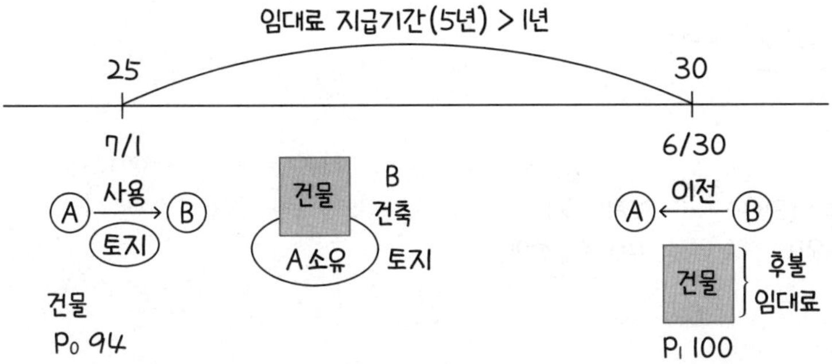

매월 10×6 60

후불임대료 $100\times\frac{6}{60}$ 10 — 25년 1기 VAT 과표

25년 익금해당액 = 70 = 공급가액

25	미수수익	10	임대수익	10	(발생주의 강제)
26 ~ 29	미수수익	20 ×4 = 80	임대수익	20 ×4 = 80	
30	미수수익	10	임대수익	10	
6/30	건물 (→ 취득당시 시가)	100	미수수익	100	

■ 대손금(신고조정사항 vs 결산조정사항)

대손금

	신고조정사항	결산조정사항
특징	법적 채권 소멸 ○	법적 채권 소멸 ×
손금산입 시기	대손사유 발생연도 if 대손처리 × → 손금산입(강제사항) 경정청구 ○	대손사유 + 손비계상(회계적 인식) 연도 if 대손처리 × → 나중에 대손처리시 손금인정 → 손금산입 × 경정청구 ×

■ 합병시 결산조정사항에 해당하는 대손금 강제 손금산입

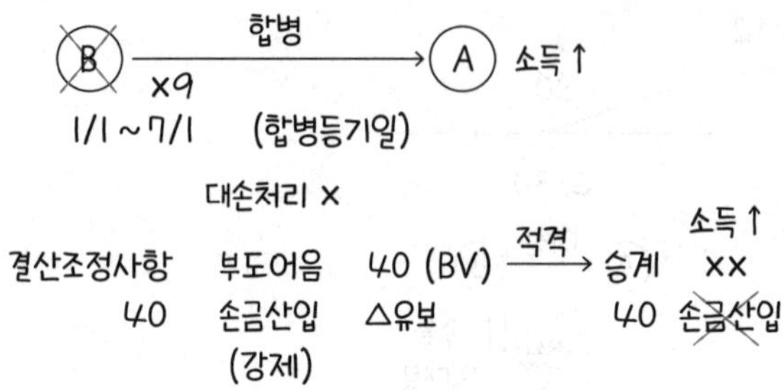

■ 합병 양도차익 사례

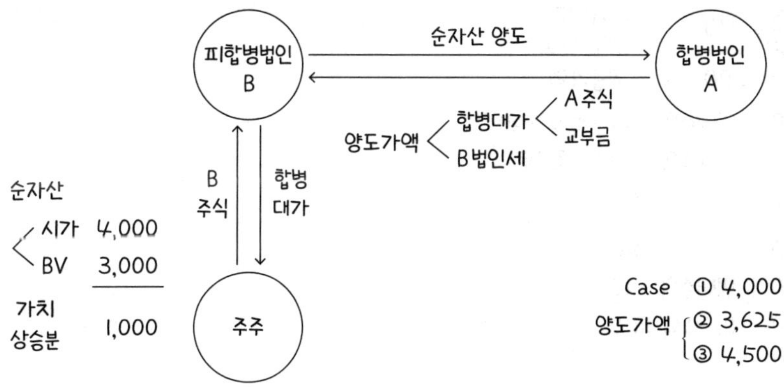

비적격합병과 적격합병 양도차익

비적격 (과세이연 ×)

B 순자산 양도(간주) | A 순자산 시가 양수

Case ① 양도가액 4,000 순자산 3,000 ① 순자산 4,000 양도가액 4,000
양도차익 1,000 (익금) + [Ø] [1,000]①

② 양도가액 3,625 순자산 3,000 ② 순자산 4,000 양도가액 3,625
양도차익 625 (익금) + 합병매수차익 [375] [1,000]②

③ 양도가액 4,500 순자산 3,000 ③ 순자산 4,000 양도가액 4,500
양도차익 1,500 (익금) + 합병매수차손 500 [1,000]③

적격 (과세이연)

B 양도가액 = 순자산 BV

양도가액 3,000 순자산 3,000
양도차익 [Ø]
(선택)
" " [Ø]
" " [Ø]

A 순자산 = 순자산 BV 양수

순자산 3,000 양도가액 3,000 ← 직접법
⇓
순자산 4,000 양도가액 3,000 ← 간접법
자산조정계정 1,000

자산조정계정 ×× A소득 ××↑
1,000 [1,000↑] {수익↑, Dep↓} ← 소득 실현

4,000
(1,000)
순자산 3,000

과세 이연

합병매수차익 세무처리

×1 1/1 합병등기일

	GAAP	TAX
② 합병매수차익 375 (I/S 수익)	당기수익 (염가매수차익) →	375 익금不 △유보 75 익금산입 유보

$375 \times \frac{12}{60} = 75$ 　 $\times 5 \left(\begin{matrix}5년 \\ 375 \ 익금\end{matrix}\right)$

$375 \times \frac{12}{60} \left(\frac{1}{5}\right)$

×1 1/1 ～ ×5 12/31 : 5년 ⇒ 60개월

×1 1/1 ～ 12/31

합병매수차손 세무처리

③ 합병매수차손 500 (I/S 비용)

사업상가치 대가?
- ○ 영업권(무형) → 500 손금不 (유보)
- × - 500 손금不(기사) → 100 손금산입 (△유보)
  - ↓ B 소득↑

×1 1/1 12/31 ×5 12/31 — 60개월

×5 500 (5년 손금)

$500 \times \frac{12}{60} = 100$

GAAP
영업권 ⇒ Dep ×
손상차손 ×× / 영업권 ××

적격합병의 요건

1. 사업목적 Ⓑ(1년 이상) ⟶ Ⓐ(1년 이상)

	적격합병	의배 과세이연 요건
2. 지분 연속성 ① ㉠ 합병대가 中 A주식가액 80% 이상 (4,000 / 3,200)	○	○
① ㉡ 甲 지배주주 주식배정기준 요건 충족	○	○
② 甲 지배주주 A주식 50% 이상 처분 ×	○ ⟶	×
3. 사업 계속성 A가 B 승계사업 계속	○ ⟶	×
4. 고용의 연속성 1개월 전 근로자수 80% 이상	○ ⟶	×

3주 Ⓑ —순자산→ Ⓐ 1.5주 (0.5주 / 1주)
Ⓐ —양도가액→ Ⓑ

B주식 소멸 / 합병대가 → 주주

①·㉠
- A주식 3,200 80% 이상
- 교부금 800 20% 최대
- Σ 4,000

①·㉡
甲 지배주주 30% (A주식 가액) ≥ 3,200×30% = 960
960 ← 지배력 유지

합병등기일 ②
×1 1/1 ⟶ ×1 12/31
A주식 960×50% = 480 이상 처분 ×

3.
×1 1/1 ⟶ ×1 12/31
B → A
B 승계사업 계속

4.
×0 12/1 —1개월— ×1 1/1 합병등기일 ⟶ ×1 12/31
B 100명 근로자수 ×80% = 80명 (B → A 승계) ⟶ 80명 유지

■ 합병법인이 피합병법인으로부터 받은 양도가액

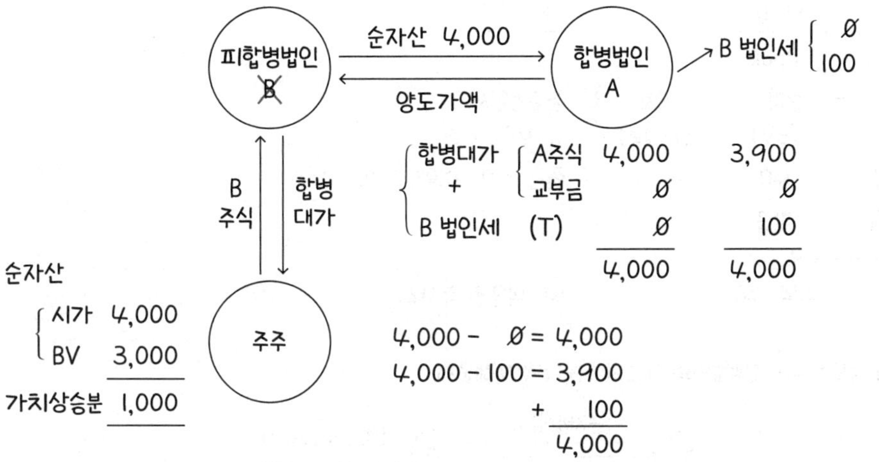

■ 합병법인이 납부하는 피합병법인의 법인세 등

B 법인세 Ø

A주식	4,000
현금	Ø
법인세비용	Ø

100

A주식	3,900	순자산	3,000
현금	Ø	양도차익	(900 + 100) × 10% = 100
법인세비용	100		× 10% = T

$$T = 900 \times \frac{0.1}{1 - 0.1} = 100$$

■ 합병포합주식

B주식 800 (지분율 20%)　　　현금 800

B주식 : 합병포합주식

교부 ○

A주식	800 / 3,200	순자산	3,000
현금	Ø	양도차익	1,000
법인세비용	Ø		

교부 ×

A주식	Ø / 3,200	순자산	3,000
현금	Ø	양도차익	200
법인세비용	Ø		

1,000 > 200

800↓

■ 순자산 장부가액

TAX	x1 1/1		x1 7/1

순자산 Book

장부가액↑ = 순자산 ± 유보 ± 환급법인세
(BV) (BV) (△유보) 40

양도차익↓ ~~40~~ 현금 40 이익잉 40

법인세비용 환급
손금 × ⟶ 익금 ×
수익 40 40 익금不 각사소↓

■ 피합병법인의 양도차익과 합병법인의 자산의 취득가액 사례문제

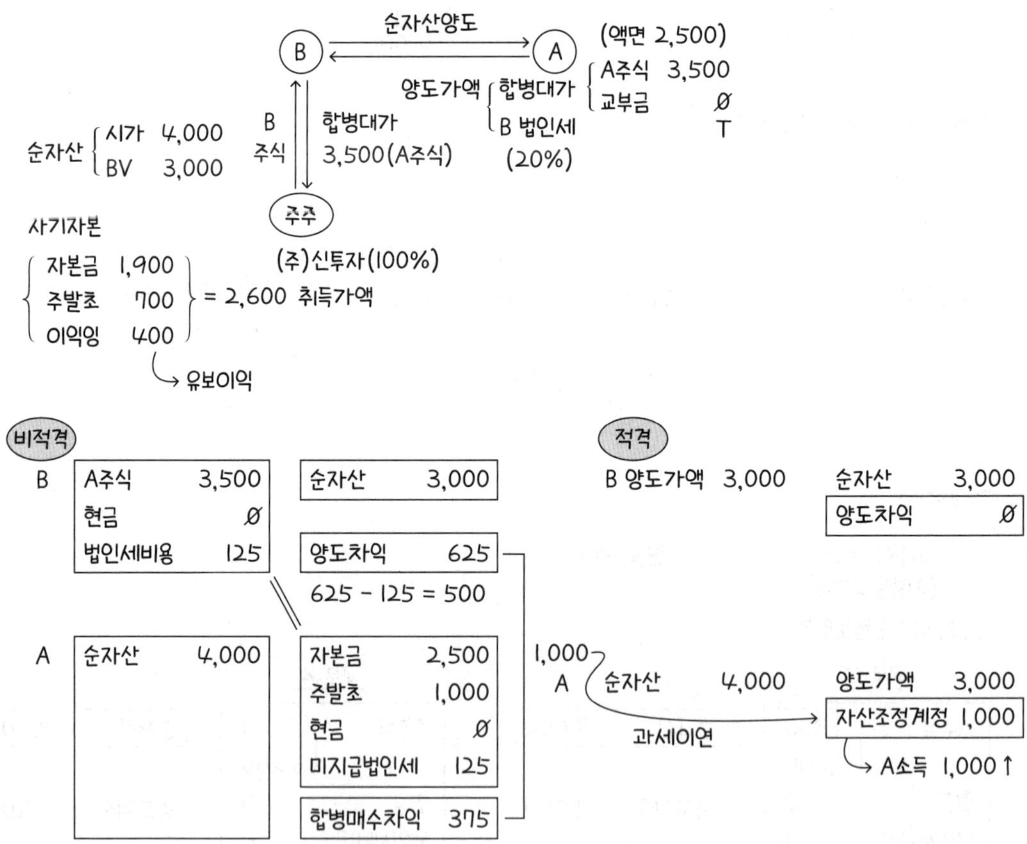

(주)신투자

요건 × (과세이연 ×)

A주식 3,500	B주식 2,600 (Step-up: 400, 500)
현금 Ø	의배 900

(3,500 − 2,600)
+

현금 3,875	A주식 3,500↑
	처분이익 375

= 1,275

요건 ○

A주식 2,600	B주식 2,600
현금 Ø	의배 Ø

(2,600 − 2,600) 900↓

현금 3,875	A주식 2,600
	처분이익 1,875 900↑

= 1,275

■ 피합병법인의 합병으로 인한 의제배당

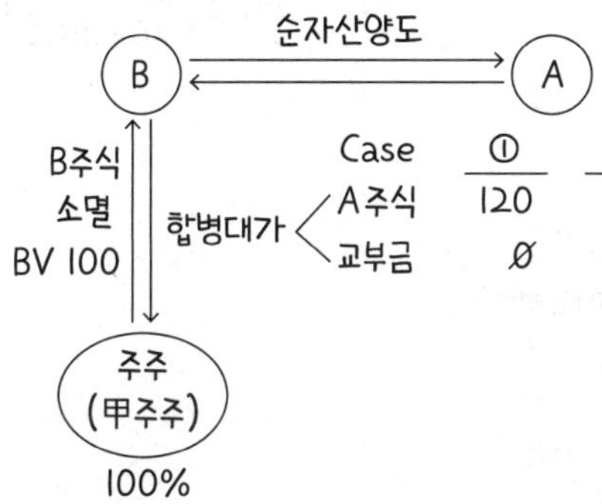

Case	①	②	③	④
A주식	120	90	130	90
교부금	Ø	Ø	20	20

Case	①	②	③	④
요건 ×	A 120 / B 100 현금 Ø / 의배 20 (120−100)	A 100 / B 100 현금 Ø / 의배 Ø (90−100) △10 → Ø	A 130 / B 100 현금 20 / 의배 50 (130+20)−100	A 90 / B 100 현금 20 / 의배 10 (90+20)−100
요건 ○	A 100 / B 100 현금 Ø / 의배 Ø (100−100) ⇑ MIN(① 실현이익(요건 ×) 20, ② 받은 교부금 Ø)	A 100 / B 100 현금 Ø / 의배 Ø (100−100) ⇑ MIN(① Ø, ② Ø)	A 100 / B 100 현금 20 / 의배 20 (100+20)−100 ⇑ MIN(① 50, ② 20)	A 90 / B 100 의배 10 (90+20)−100 ⇑ MIN(① 10, ② 20)

⇓

A주식 ××	B주식 ××
	의배 ××
현금 ××	분여이익 ××

요건
- ○ ⇒ 실현이익
- × MIN(실현이익, 교부금)

■ 합병시 이월결손금의 승계 및 공제제한

B ⟶ A'(B+A)

B	(시가)	승계	
결손금 30	비적격	x	소멸
	적격 (BV)	○	공제 → 승계결손금 30

x1	B승계	구분	A기존	각사소 A'		
소득	20		100	120		중소 ○
승계결손금	(20)		x	(20)	100	MIN(30, 20×100%)
소득	20		100	120		중소 x
승계결손금	(16)		x	(16)	104	MIN(30, 20×80%)

■ 합병법인의 이월결손금 공제제한

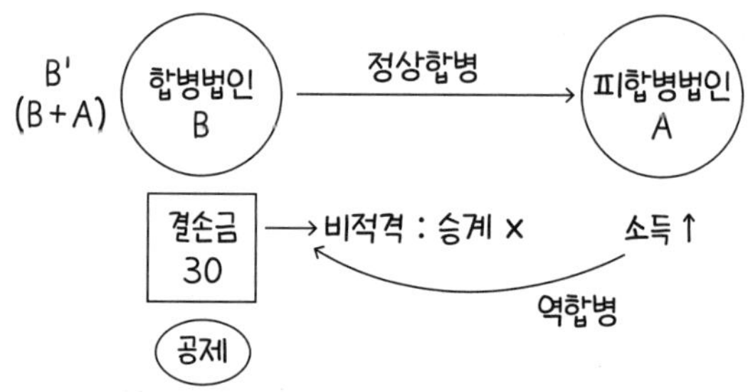

x1	B기존	A승계	각사소 B'		
소득	20	100	120		중소 ○
B결손금 공제	(20)	x	(20)	100	MIN(30, 20×100%)
소득	20	100	120		중소 x
B결손금 공제	(16)	x	(16)	104	MIN(30, 20×80%)

피합병법인이 합병 전 보유하던 자산의 처분손실

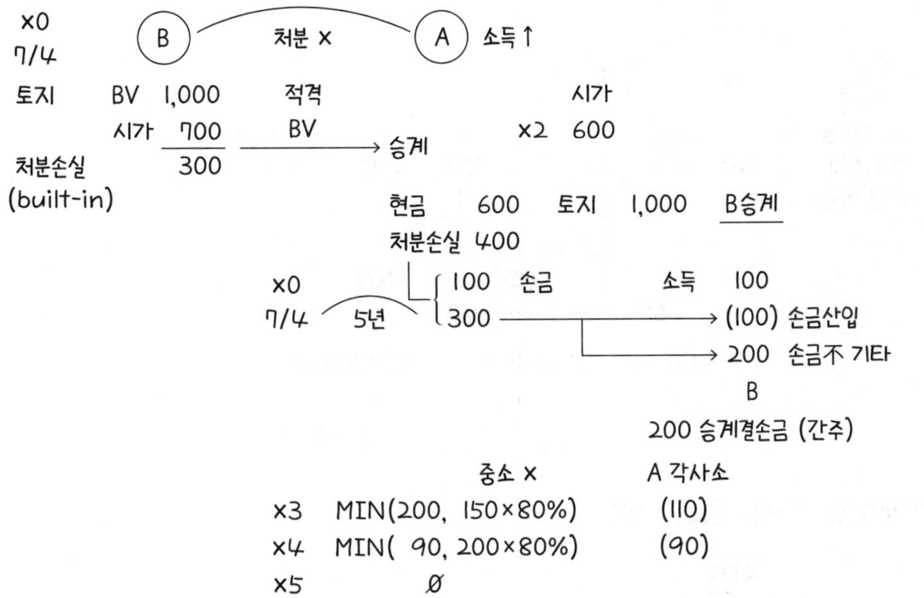

합병법인이 합병 전 보유하던 자산의 처분손실

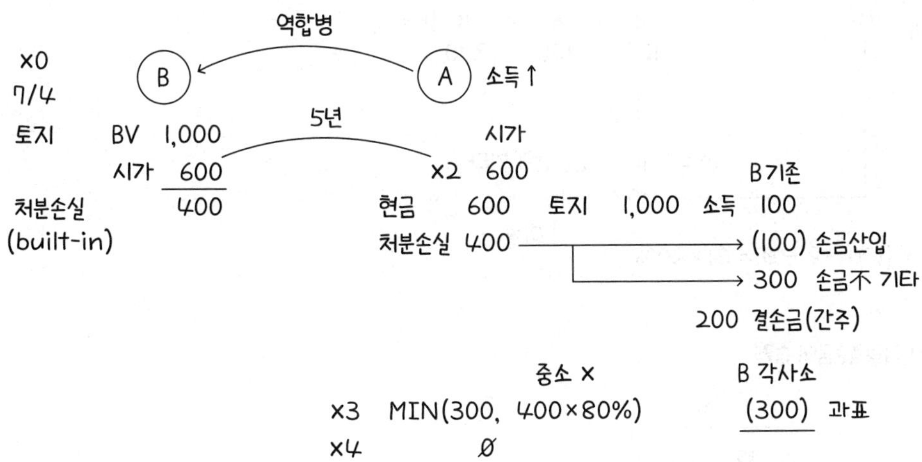

■ **적격합병시 기부금 한도초과액의 승계**

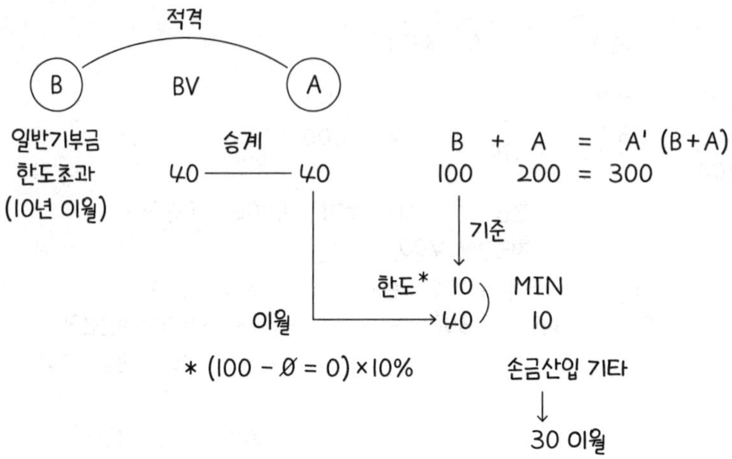

■ **합병법인의 기부금 한도초과액의 손금산입 제한**

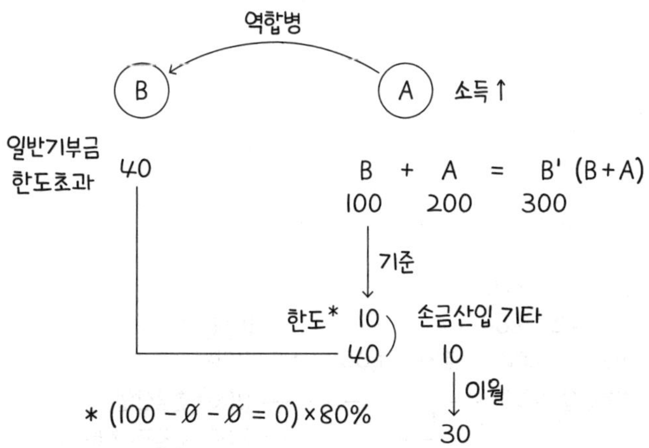

■ **소멸분할시 이월결손금의 승계**

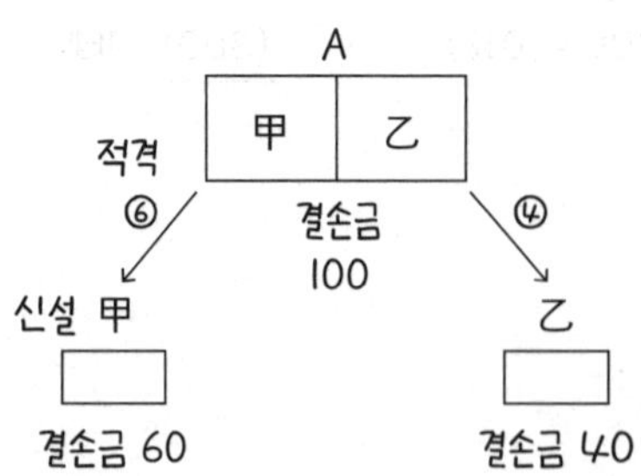

■ 물적분할과 인적분할

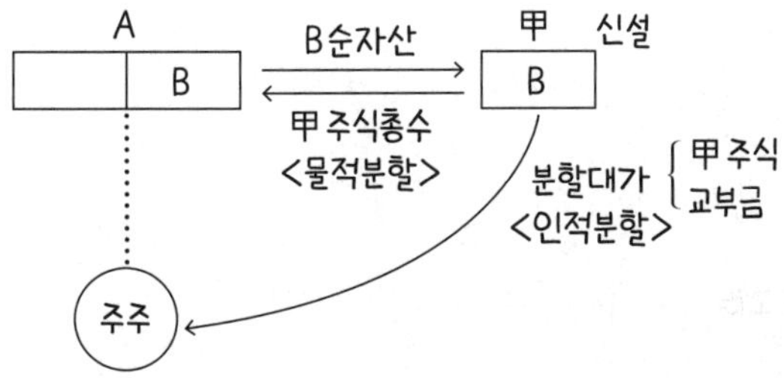

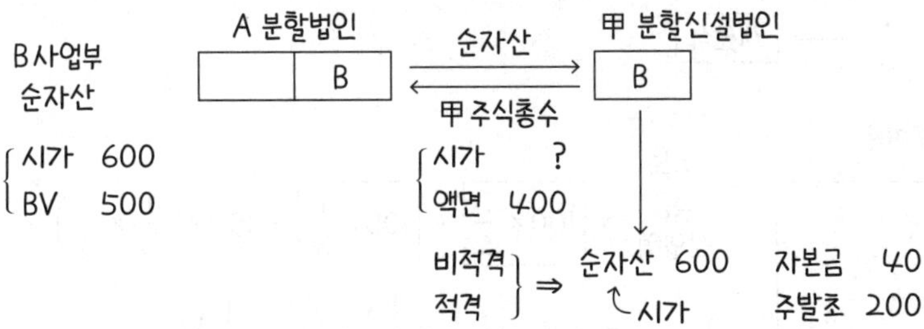

■ 물적분할에 대한 과세이연

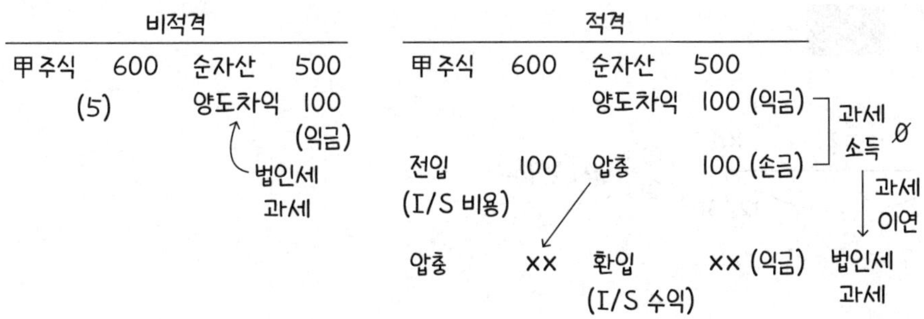

■ 적격물적분할인 경우 처분연도별 압축기장충당금 익금산입액

A　　　　　　　×5

① 현금　××　　甲주식　××

甲주식처분비율 $\frac{200}{600} = \frac{1}{3}$ ⟶ 계산식

甲

② 현금　××　　자산　××　　①②) 동시 고려

승계자산 양도차익실현비율

$\frac{20}{100} = \frac{1}{5}$ ⟶ 계산식

② 승계자산 양도차익실현비율

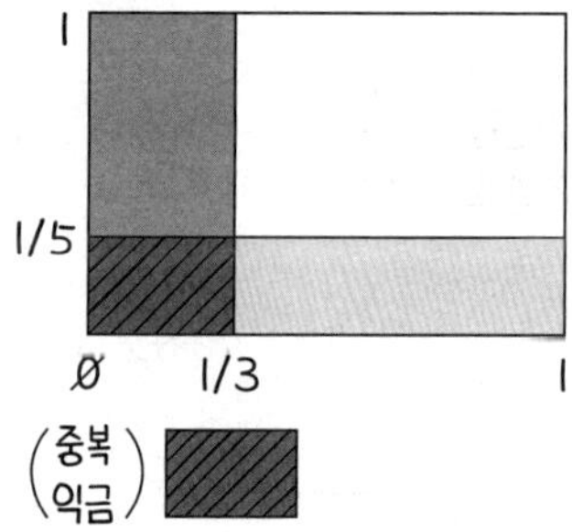

×5

익금 산입액 $= \boxed{100\times\frac{1}{3}} + \boxed{100\times\frac{1}{5}} - 100\times\left(\frac{1}{3}\times\frac{1}{5}\right)$

$= 100\times\left[\left(\frac{1}{3}\times\frac{1}{5}\right)-\left(\frac{1}{3}\times\frac{1}{5}\right)\right]$

$= 46.67$

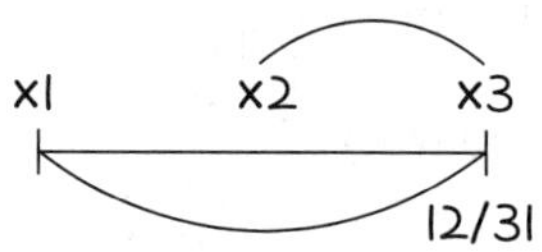

①② } 일시 환입

■ 현물출자

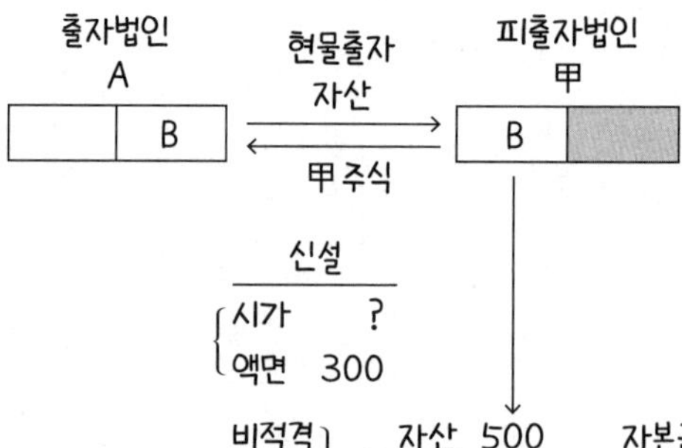

< 신설 = 물적분할 = 甲주식 100%
< 기존　　　　　　 甲주식 80%

동일 A

자산
{ 시가 500
{ BV 350

신설
{ 시가 ?
{ 액면 300

비적격 }
적격 } ⇒ 자산 500 (↖ 시가)　　자본금 300
　　　　　　　　　　　　　　　 주발초 200

■ 현물출자에 대한 과세이연

A 시가 비적격

甲주식 500 자산 350

양도차익 150 (익금) ← 법인세 과세

시가 적격

甲주식 500 자산 350

양도차익 150 (익금) ┐ 과세 소득 ∅

전입 150 압충 150 (손금) ┘

압충 × 환입 ×

① ② } 동시 고려 → 계산식

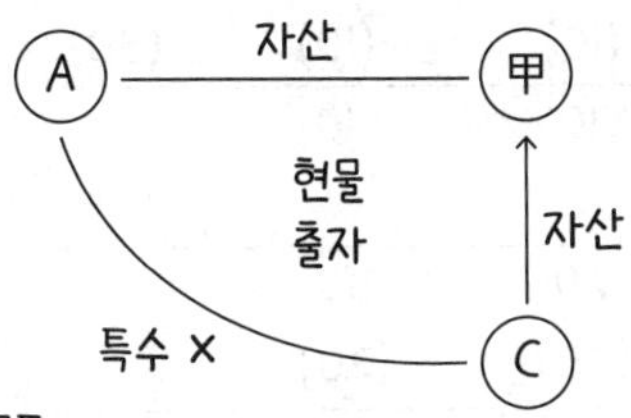

공동

甲(기존) A 비적격

기존 甲주식 510 자산 350

양도차익 160

← 주식 시가

VS

→ 적격

좌동

전입 160 압충 160

신설 甲주식 500 (시가) 자산 350

양도차익 150

■ 사업양수시 이월결손금 공제 제한

甲법인 사업양수   이월결손금 40 (기존) x1 1/1 현재

소득↑ (B 사업) —x1 1/1→ 양수 (A 법인) (양수법인)

자산 3,000	부채	1,000
	순자산	2,000

① 자산 3,000 ×70%   ② 순자산 2,000 ×90%

2,400 ≥ (2,100 AND 1,800)
(양수자산) (①) (②)

② 甲 ⌒ A
특수 有

	B소득	기존	A	공제제한 ×
x1	20	10	30	30
	공제 ×	(10)	(10)	(30)
x2	20	△10	10	
	공제 ×			
x3	30	20	50	
	×	(20)	(20)	

이월 → △10

■ 자산교환에 대한 과세이연

(A사) ⇄ (B사)

	A토지	B토지
시가	80 ⎤ 30	100
BV	50 ⎦	
현금지급 (BOOT)	20 / 16	

B토지 100 ← (요건) A토지 50, 현금 20

전입 (비용)	30	양도차익	30 (익금) ⎤ 과세소득 Ø
		압충	30 (손금) ⎦
압충	30	환입 (수익)	30 (익금) ← 과세이연

MIN (① 처분이익 30, ② 평가이익 80 − 50 = 30)
= 손금산입 30

B토지	100	A토지	50
		현금	16↓
		양도차익	34 {30, 4}
전입	30	압충	30 (손금)

4 ← 수증이익 4 ← 법인세

MIN (① 처분이익 34, ② 평가이익 30)
80 − 30

제 6 장 부당행위계산의 부인

■ 부당행위계산부인의 이해

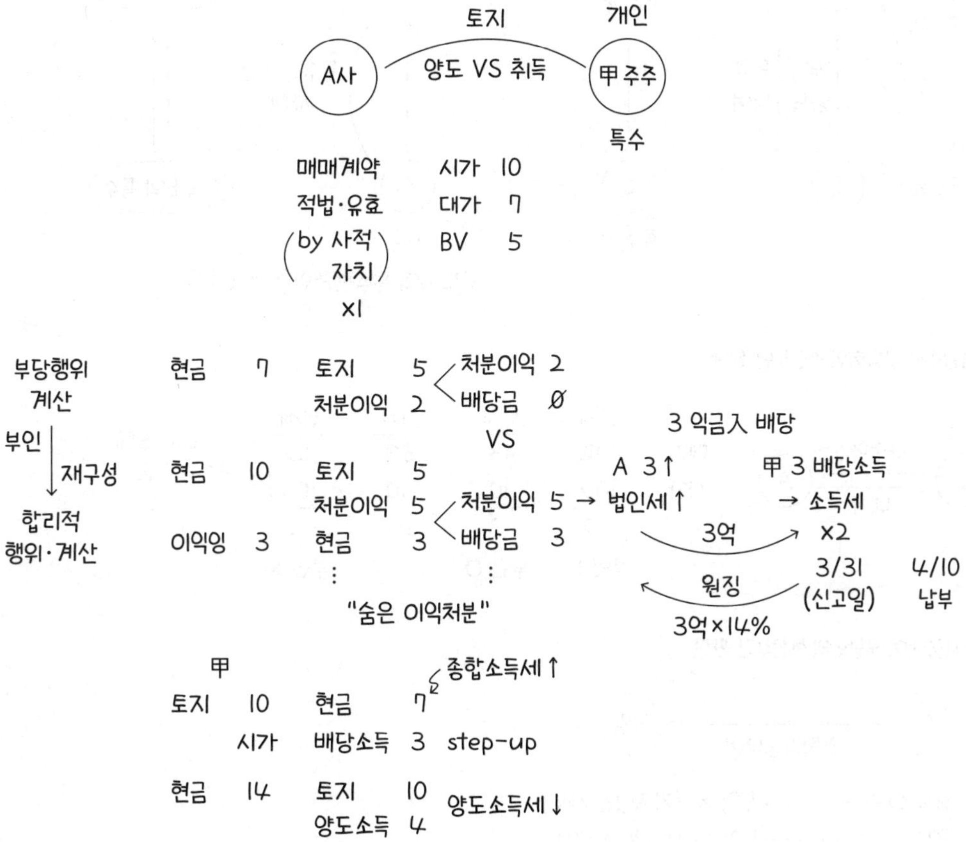

■ 특수관계인 외의 자를 통하여 이루어진 거래

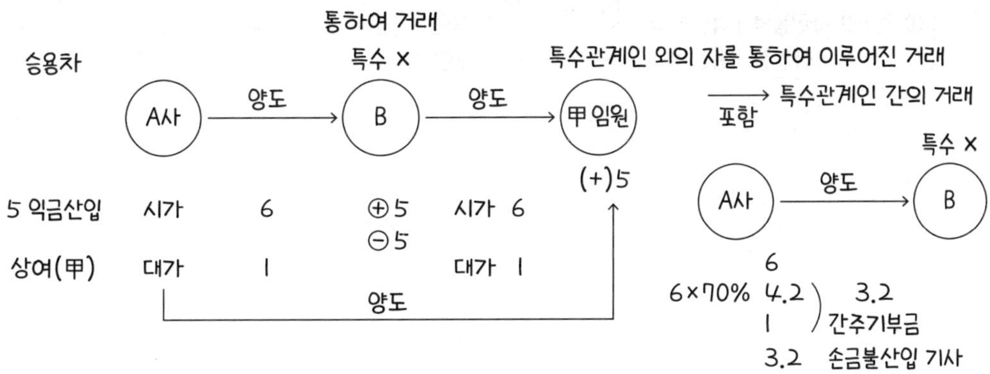

■ 특수관계인 판단 : 쌍방관계

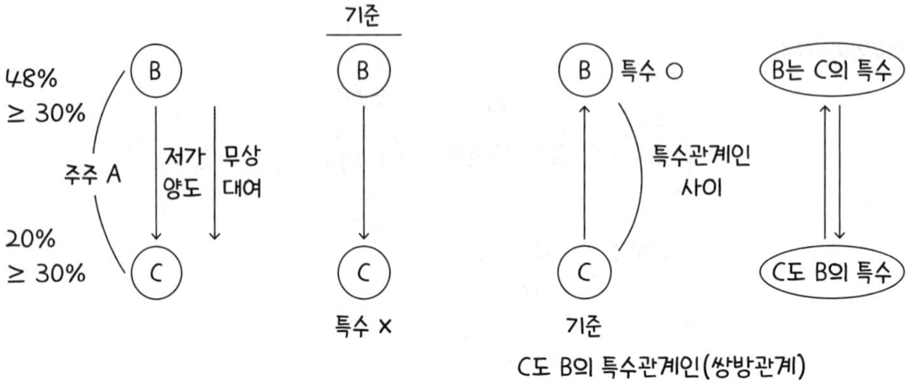

■ 사업양수시 부당행위계산부인 판단

	전체	토지	기타	전체	
대가	102	13	89	102	2 ≱ 100×5% OR 3억
시가	100	10	90	100	
	2	3	△1	2	
	부인 ×	부인 ○		부인 ×	

■ 주택자금대여 부당행위계산부인 판단

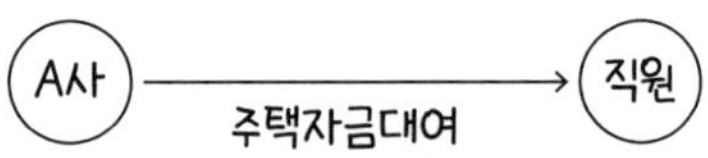

중소 ○ ⟶ 부인 × (가지급금 제외)
일반 ⟶ 부인 ○ (by 법령규정)

판례 { ② 시가 > 대가 + ① 건전한 사회통념 상관행 { 정상거래 —by 법원 판단→ 부인 × / 정상거래 ⟶ 부인 ○ } }

개괄적 유형

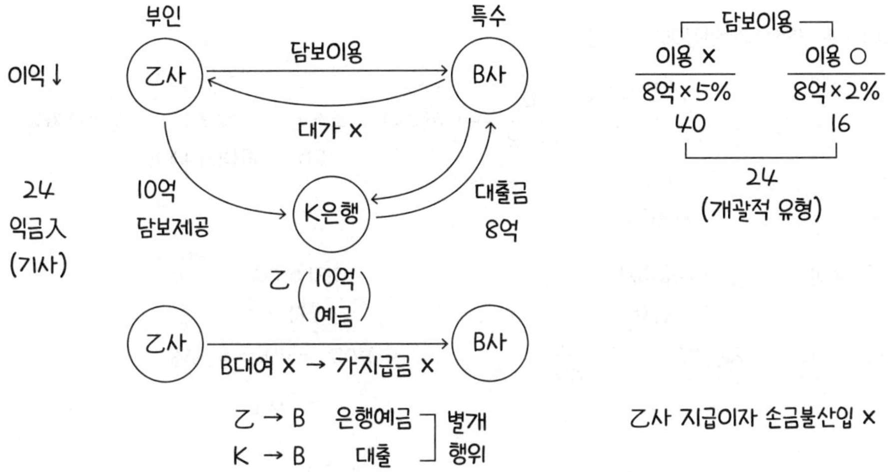

부당한 행위·계산의 판정시기

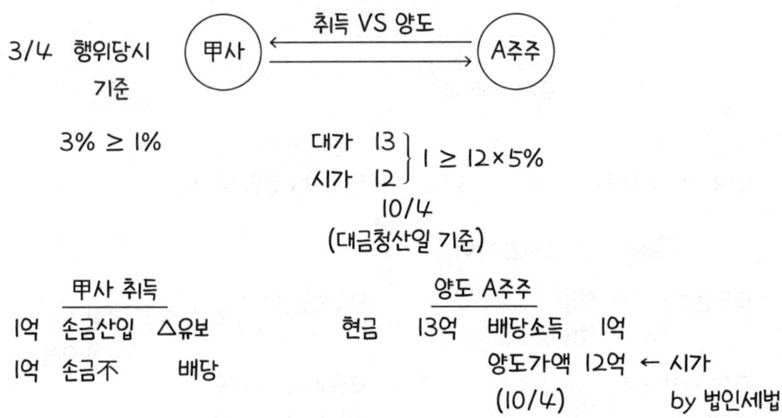

부당행위계산에 해당하는 거래를 은폐하는 경우 부과제척기간

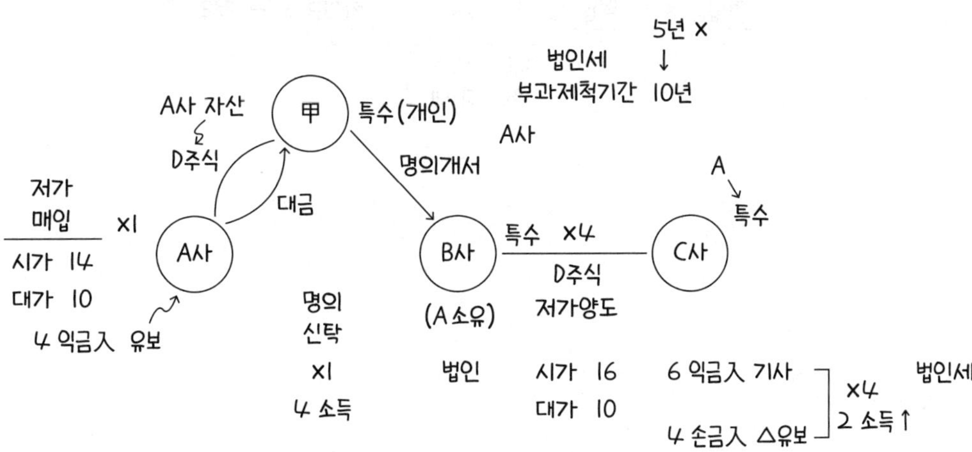

제 2 절 가지급금에 대한 법인세법의 규제

■ 가지급금 지급이자 손금불산입과 인정이자 익금산입

A —(1/1 대여, 업무 ×)→ 甲임원　특수 ○　4.6% 인정이자율

100 무이자 대여

K은행 1/1 — A

100 가지급금

차입금 300 200　　지급이자↑　　이자수익↓

10%　　전자　　후자

지급이자 30 20　　지급이자 = $30 \times \frac{100}{300}$ = 10　　인정이자 = $100 \times 4.6\% - Ø$ = 4.6

손금不 (기사)　　익금入 (상여)

이중규제 · 이중과세 ?

	전자		후자
입법취지	자금의 비생산적 사용 규제	VS	조세회피 행위 방지
적용요건			

(공통) 특수관계인 대여

차이점

전자	후자
◦ 업무관련 { × → 적용 / ○ → 적용 × }	업무관련 { ○ / × } 적용 특수 (무상 OR 낮은 이율)
◦ 무상 저리대여 / 정상대여 } 적용	무상저리 → 적용 / 정상대여 → 적용 ×
◦ 차입금 ○ → 적용 / 차입금 × → 적용 ×	차입금 ○ → 적용 / 차입금 × → 적용

이중규제 · 이중과세 ×

■ **인정이자율 판단**

차입금	이자율	이자
400	×4	16
600	×6	36
1,000	5.2%	52

$\frac{52}{1,000}$ = 5.2% 가중평균차입이자율

2) ⓒ

Ⓐ —100→ (甲) 특수
대여 vs 차입

가중평균
차입이자율 8% > 4%

8%(A 약정) → B가 반대 이자비용↑ → 부인 ○ 부인 ○ ← 이자수익↓ A가 반대 ← (甲 약정) 4%
가중평균차입이자율 없는 것으로 간주 의사합치 x (합의)
⇒ 인정이자율 = 당좌대출이자율

정당한 사유 없이 회수하지 않은 가지급금 등의 익금산입

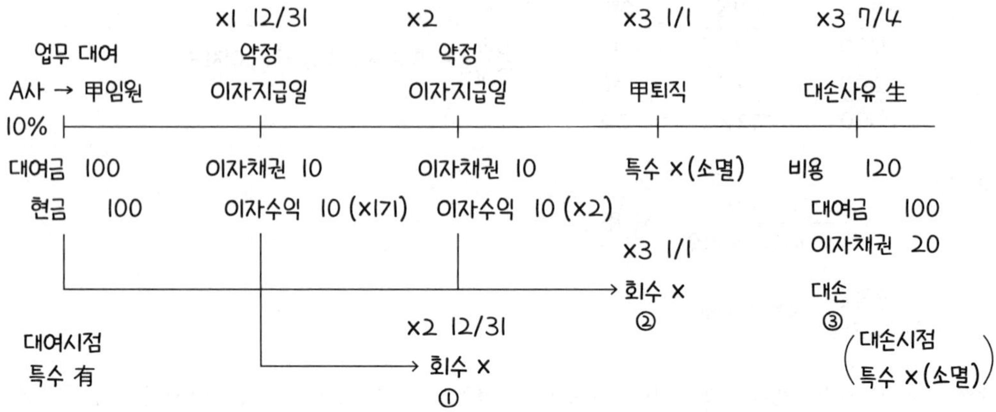

	B	조정분개		세무조정(소득처분)	
① x2 12/31	이자채권 10 (B/S) ↖ 가공자산 (TAX) (회수포기 채무면제)	비용 10 이익잉 10	이자채권 10 비용 10	10 손금入 △유보 10 손금不 상여	120 △유보
② x3 1/1	대여금 100 이자채권 10 ↖ 가공자산 (TAX)	비용 110 이익잉 110	이자채권 10 대여금 100 비용 110	110 손금入 △유보 110 손금不 상여	↓
③ x3 7/4	비용 120 대여금 100 이자채권 20 ↖ 손금 x (TAX)	대여금 100 이자채권 20	비용 120	120 손금不 △유보	120 유보

if x2 12/31 (특수 ○)	B	조정분개	세무조정
	대손금 120 대여금 100 이자채권 20 ↖ 대손금 x (가지급금 등) (TAX)	이익잉 120 대손금 120	120 손금不 상여

■ 자기주식의 고가매입·소각에 따른 부당행위계산 부인 사례문제

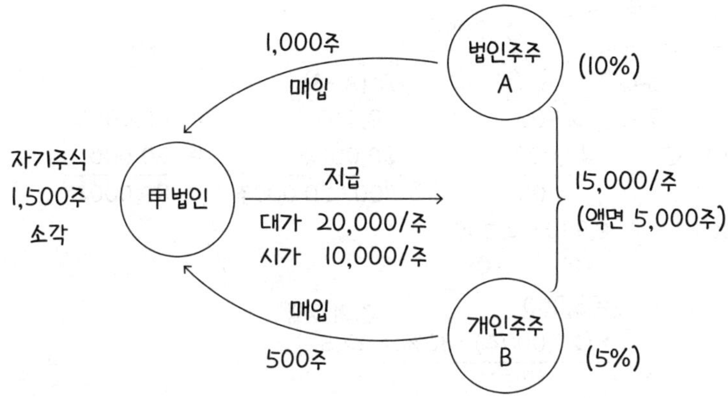

甲법인

차변		대변	
자기주식	30	현금	30
자본금	7.5	자기주식	30
자본금	22.5	(손금불산입 항목)	
이익잉	22.5	감자차손	22.5

법인주주 A　(20 - 15)×1,000주 = 5 의배

개인주주 B　(20 - 15)×500주 = 2.5 의배

■ 불공정합병에 따른 이익의 분여

특수 ○ 甲(20%) — ○ — 乙(30%)

	A			B	A'(A+B)		
과소 평가	10,000		과대 평가	2,500	8,750	A	60,000주
	60,000주	① : ②		40,000주	80,000주	B	20,000
	600			100	700÷80,000주		80,000주

10,000 − 8,750
= 1,250
×60,000주

Ø = 75↓

+

8,750 − 2,500
×① ×②
= 3,750
×(20,000주)×30% = 22.5 (乙의 이익)

75↑

$$3{,}750 = 8{,}750 - 2{,}500\times\left(\frac{40{,}000}{20{,}000}\right)$$

$$\frac{3{,}750}{8{,}750} \fallingdotseq 42\% \geq 30\%$$

甲(20%)
개인 주주: × 甲
법인 주주: 1,250×(60,000주×20%)×30%
= 4.5 익금入 기사

乙 임원 — 상여 × 기사(반드시)
乙 법인주주 — 기사

乙(30%)
개인 주주: 3,750×(20,000주×30%)
= 22.5 증여세 ○ (先) VS 소득세 × (상여 × ↓)
법인 주주: 3,750×(20,000주×30%)×20%
= 4.5 익금入 유보 (A주식↑)
각사소↑

甲(20) → ○ 乙(30), ⊗ 기타(70)

甲(20) → ○ 乙(30), 기타(80) → ⊗ 乙(30)

A주식	xx↑	B주식	xx	
		분여이익⊕	xx	4.5↑
현금	xx	의배⊕	xx	

법인세법	소득세법
분여이익 xx (先)	xx
↓	↑
의배 xx	xx (先)

제 7 장 과세표준과 세액계산

■ 외국자회사 수입배당금액의 익금불산입액

외국자회사

(A) ——배당 100——→ (甲)

대응비용 5

현금	100	수익	100
비용	5	현금	5

	I/S	
	+100	
	- 5	
순이익	+ 95	
익금不	(95)	100×95%
소득	Ø	

혼성금융상품

A국	우리 K
부채	자본
이자비용	배당
손금	익금不 (95) → 익금不 x
소득↓	소득↓

이중비과세 <방지>

■ 외국자회사를 인수하여 취득한 주식의 취득가액의 감액조정

(A) ←100%— (乙)

x1 1/1 현금 100 / 자본금 100   A주식 100 / 현금 100

x2 12/31 이익잉 100

x3 1/1   (乙) —A주식 취득→ (甲)

배당기준일   A주식 200

x3 9/1 x2 12/31 이익잉 100 재원   현금 200

x3 10/4   현금 100 / 수익 100

결의 = 지급

T	
현금	100
A주식	95
수익	5

95 익금不 {기타 → 수익 5 / △유보 O.K}

현금 100 / 이익잉 95

↕

현금 100 / 처분손실 100 / A주식 200   현금 100 / 처분손실 5 / A주식 105   95 손금不 유보

x3 1/1 취득

if 배당기준일 7/1) 6개월 이내 95 익금不 배제

수익 100

처분손실 100

소득 Ø

((-)95 익금不 기타 / 95 과세소득↓ → 조세회피 수단)

법인

제 2 절 결손금의 소급공제 및 이월공제

■ 결손금의 공제방법

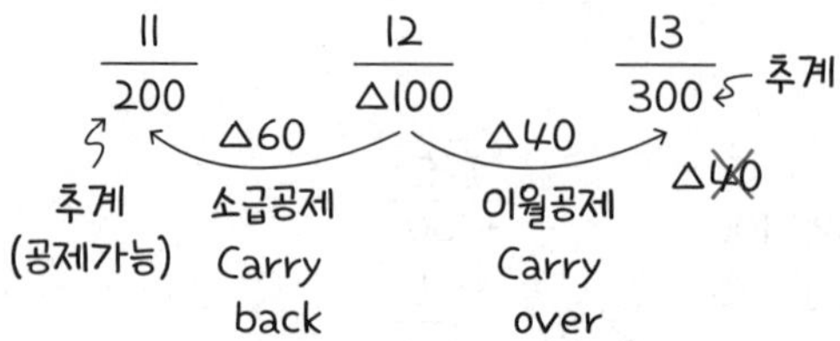

	소급공제	이월공제
법인	중소	모든 법인
공제한도	전기 과표	중소 각사소×100% 일반 각사소× 80%
공제기간	직전연도	10년 (2020 1/1 이후 발생분 15년)
공제여부	선택	강제
경정청구	×	○
추계시 공제	○	×

■ 분식회계로 인한 과다납부세액의 환급제한특례

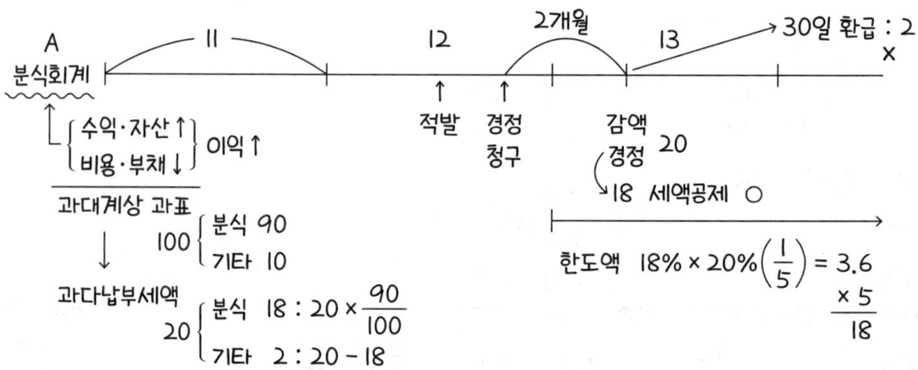

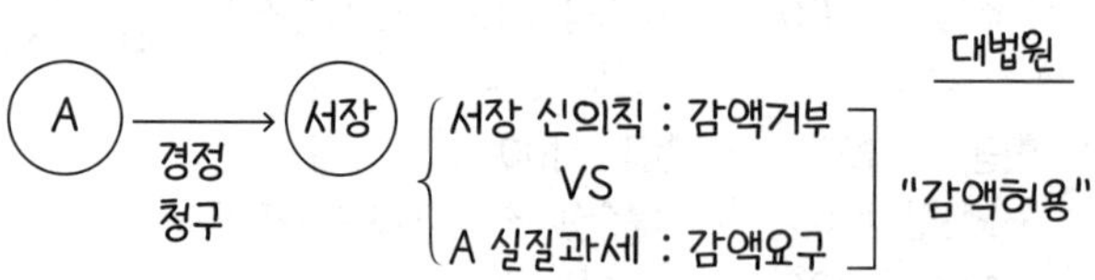

세액공제의 순서

산출세액 xxx

↓ 세액감면

세액공제 { 이월공제 × → 이월공제 ○ 남은 금액

(−) 분식 ~~ 세액공제

	13	14	15	16 ~ 20		21	1/1
차가감납부세액	3	4	5	Ø	Ø	청산소득	법인세
세액공제	(3)	(3.6)	(3.6)				5
MIN	① 18−3 ② 36 ③ 3	① 15−3.6 ② 36 ③ 4	① 11.4−3.6 = 7.8 ② 36 ③ 5	Ø	Ø		→ (7.8) △2.8 → A (환급)

성실신고확인대상 내국법인의 범위

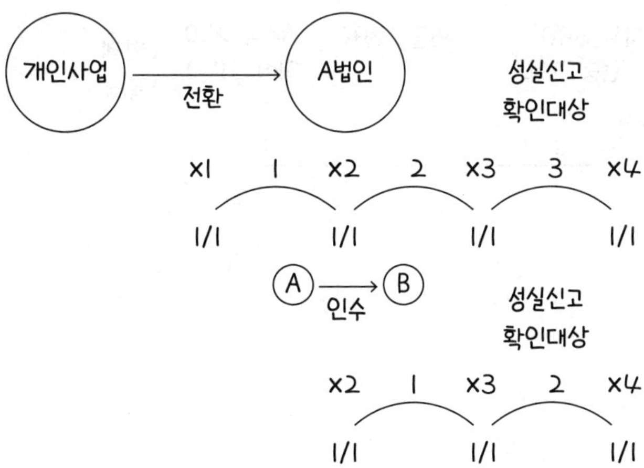

제 9 장 그 밖의 법인세

제 1 절 영리내국법인의 청산소득에 대한 법인세

■ 해산시 청산소득에 대한 법인세와 의제배당금액

해산등기일 ×1.7/1

A — 甲(100%) 주주

A

차변		대변	
자산	500	부채	200
		자본금	250
		이익잉	50

A주식 250 / 현금 250

차변		대변	
현금	600	자산	500
		수익	100
부채	200	현금	200
법인세비용	10	현금	10
집합손익	90	청산이익잉	90

잔여재산가액 (600－200)	400
자기자본총액	300
청산소득금액	100
	×10%
법인세	10

A

차변		대변	
현금	390	자본	
		자본금	250
		이익잉	(50 + 90)
	390		390

A → 甲주주

자본 390 / 현금 390

현금 390 / A주식 250, 의배 140 {법인세, 소득세}

유보이익 → 의배

■ **청산소득금액**

잔여재산가액　　　　자산 − 부채 = xx

(−) 자기자본총액　40↓　　　　xx↑

xx　청산소득금액↓

40↓

TAX 자본 "甲표" { 납입자본금 / 잉여금 < 자본잉, 이익잉 / ± 유보 }

(+) 환급법인세　　　TAX/발생연도 불문

(−) 이월결손금 상계액 MIN (① 이월결손금 / ② 한도 : 잉여금)

40

① 이월결손금	100	100	100
② 한도 : 잉여금	40	Ø	→ (Ø + 40)
	40	Ø	40

x1 7/1 | (해산등기일)

법인세 납부	환급
이익잉 100 / 현금 100	현금 40 / 이익잉 40

	x1	x2		x3 1/1 (해산등기일)
I/S 이익	△10	50	=	40(50−10)
	॥			↑
TAX 소득	△10	△20	=	△30 < △10, △20
	결손금	결손금		이월결손금

이미 상계

40(50−10)　　40

△30 상계　　△20

x　　20

2년 ← 해산등기일

잉여금 40 → Ø (+40)

잉여금 40

자본금 40

+자본금 40　잉여금 40

■ 청산기간 중에 생기는 소득의 처분

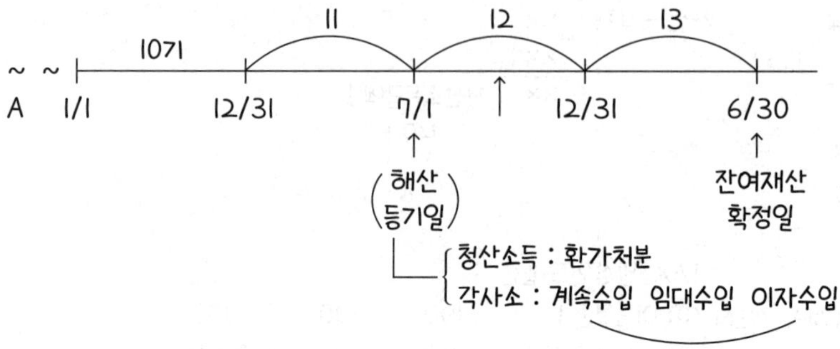

■ 유형자산·무형자산 처분수입 과세여부

어느 사업에 사용?		처분수입	
수익사업		과세 ○	②
고유목적 사업	3년 미만	과세 ○	②
	3년 이상	과세 ×	①

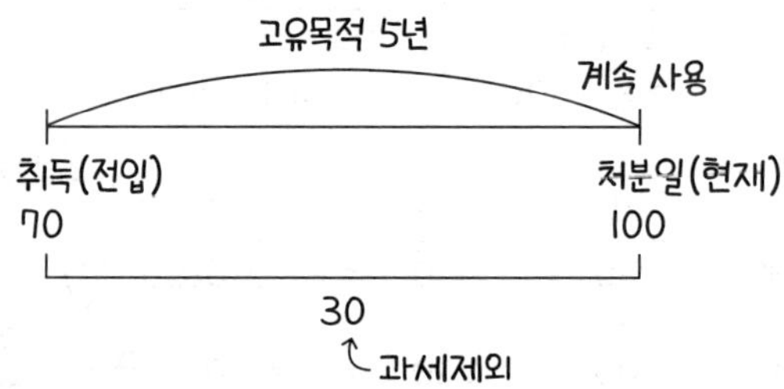

■ 고유목적사업에 10년 미만 사용한 경우 처분수입 과세여부

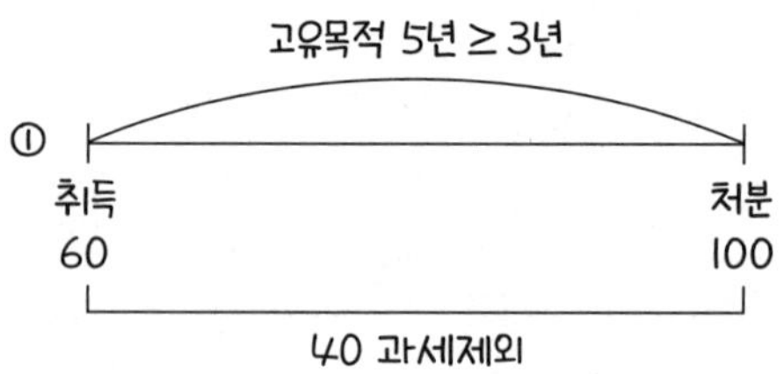

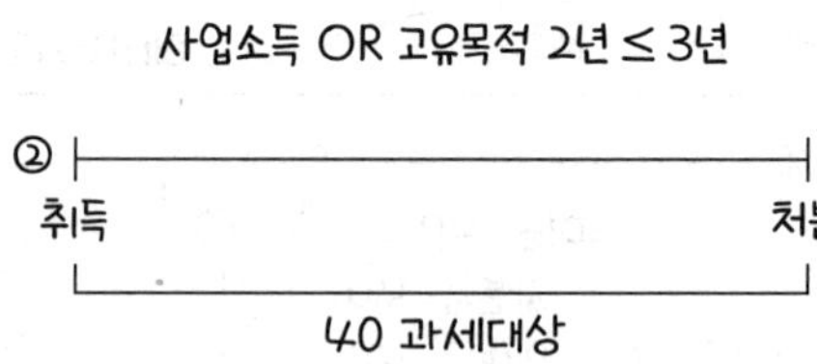

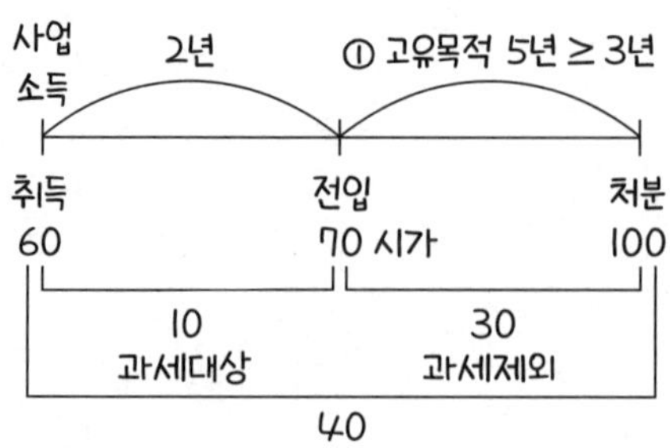

■ 고유목적사업에 10년 이상 사용한 경우 처분수입 과세여부

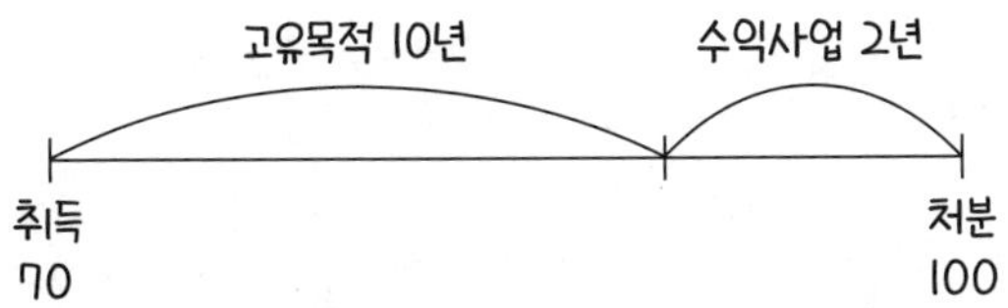

현금 100 토지 70
처분수입 30

$$30 \times \frac{(10 \times 365)}{(12 \times 365)} = 25$$

종전		과세
30	—	○

개정		과세
30	25 —	×
	5 —	○

■ 고유목적사업준비금 손금산입

	결산조정사항				신고조정사항(이익처분)			
· 전입	전입 (비용)	×× 400	준비금 (충당부채)	×× 400	이익잉 ××	손금入	준비금 △유보	××
· 지출 상계	준비금	×× 300	현금	×× 300	××	↓ 익금入	유보	
· 환입	준비금	×× 100	환입 (수익)	×× 100	준비금	××	이익잉	××

■ 다른 조세혜택과 고유목적사업준비금 손금산입

4)

다른 조세혜택		준비금
○	⟶	×
×	⟶	○

■ 고유목적사업준비금의 손금산입범위액

범위 = 금융소득(비영업대금이익 50%) × 100% + (수익사업소득 − 금융소득 − 이월결손금 − 특례기부금) × 50%(특례비율)

수익사업소득 ← 경정
(+)40
익금산입(상여)

■ 전기말 고유목적사업준비금의 잔액을 초과하여 지출한 경우

준비금 Ø　　BOOK

사업비	40	현금	40	
				100
전입	100	준비금	100	(90) 범위
				10 손금不 유보(오답)

TAX

전입	40	준비금	40	
준비금	40	현금	40	100 + 40 = 140
전입	100	준비금	100	(90) 범위
				50 손금不 유보(정답)

■ 고유목적사업준비금 상계(사용)와 미사용분 세무처리

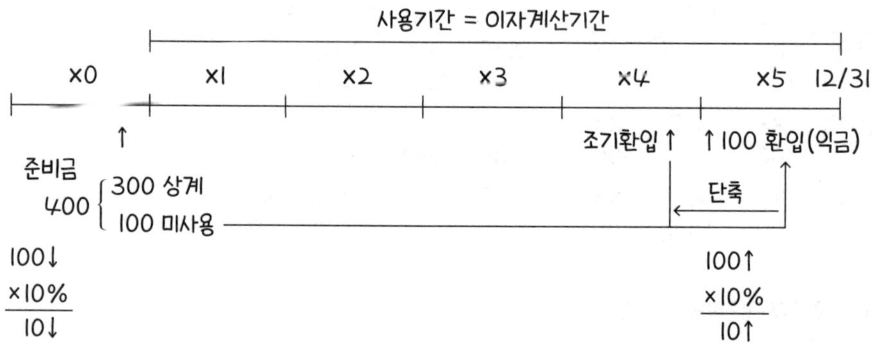

x4 / x5　법인세　　xx (10↑)

(+) 이자상당액

$$\left[10 \times (365 \times 5\text{년}) \times \frac{2.2}{10,000}\right] \quad \frac{xx}{xx}$$

↑ x0 법인세　　↑ 4년

비영리내국법인의 이자소득에 대한 신고특례(분리과세 특례)

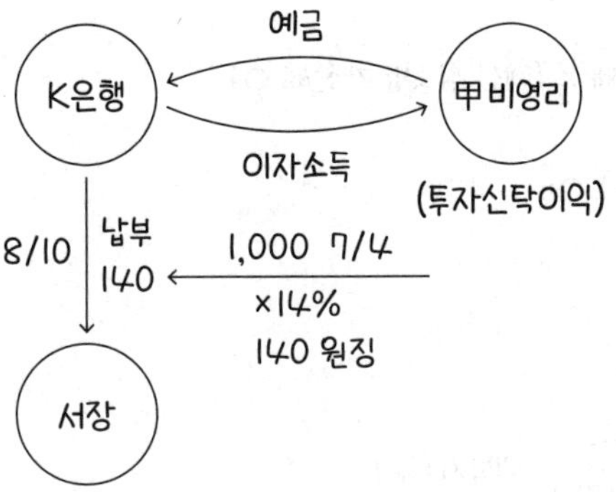

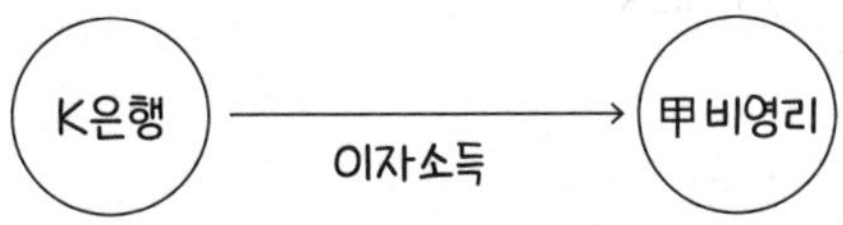

원징 이자소득 1,000

- 원칙 : 각사소 포함 → 과표신고 : 신고납부 (비영업대금이익 1,000×(9%~24%))
  - 1,000 * 기납부세액공제(140)
- 선택 : 1,000×19% - 140 = ⊕50
  - ↳ 고유목적사업준비금 범위↑
- 특례 : 각사소 포함 → 과표신고 × : 분리과세
  - × 1,000 세부담 14%

(수정신고 · 기한후신고 · 경정 → 과표 포함 ×)

비영리내국법인의 자산양도소득에 대한 신고특례

(사업소득 ×)

양도소득

- 원칙 : 일반법인세 신고납부
- 선택 각사소 포함 → 9%~24%
- 특례 : 특례법인세 신고납부

if 甲 → 개인(양도차익 - 장특 - 연 250) × (6%~45%, 40%, 50% 등)

■ 기장의무와 장부의 기록·보관 불성실가산세 배제 등 그 밖의 특례

사업소득 채권매매익
- ○ → 기장의무 有
  - if 기장 x → 장부 기록·보관 불성실가산세 x (대신 상증법 가산세 ○)
- x → 기장의무 x
  - B/S I/S 등 신고시 제출 x → 신고(간주) ○

■ 신탁의 이해

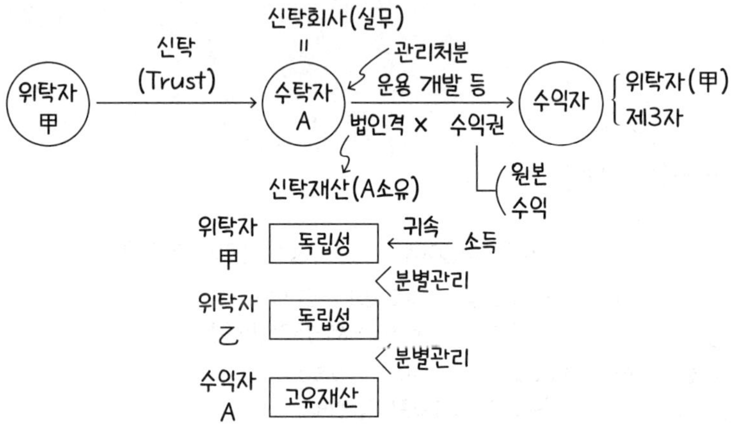

■ 신탁도관론

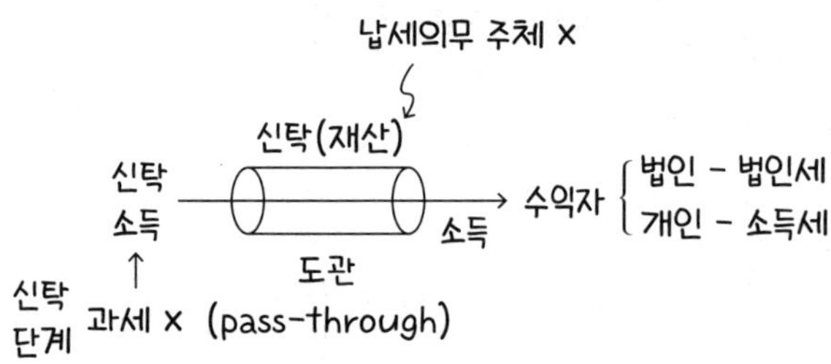

- 실질과세 부합
- 이중과세 조정 x

수익자 다수 → 복잡

(1) 수익자 과세신탁(원칙)

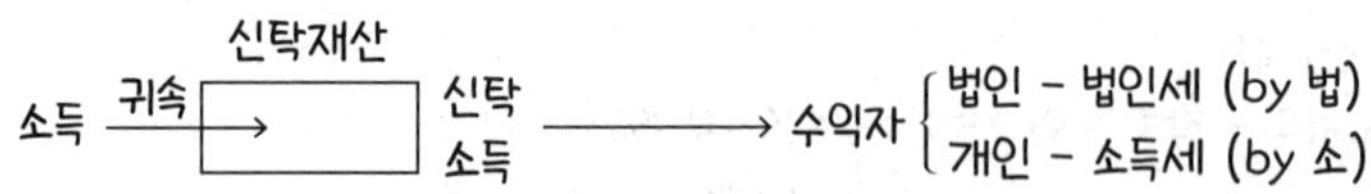

(2) 위탁자 과세신탁(예외)

위탁자
甲

신탁재산
신탁
소득 □ —— 수익자

법인 : 법인세 (by 법)
개인 : 소득세 (by 소)

① 위탁자 ——→ 신탁재산
실질
지배·통제

② 원본 권리 수익자 - 위탁자
이익 권리 수익자

위탁자 甲
- 법인 - 지배주주의 { 배우자, 직계존비속 } 수익자 과세 X
- 개인 - 배우자·직계존비속

위탁자 조세회피 방지(① OR ②) → <위탁자 과세신탁(예외)>

■ **신탁실체론**

독립성 실체 (소득 과세 단위)

수탁자
A
신탁재산 (하나 법인) ——구분——→ 수익 90 수익자

90 { 법인 - 법인세, 소득 - 소득세 }

소득 ——귀속——→ □
↑
법인세
과세

각사소	100
소득공제	(90)*
과표	10
	×10%
법인세	1

* 이중과세 조정

└ 수탁자 납부
A
(신탁재산 법인격 X)

→ <수탁자 과세신탁(예외)>
=
법인과세 신탁

법인형태 → 조세의 중립성 유지, 유동화전문회사 과세 유사

■ **신탁재산에 대한 법인세 과세방식의 요건**

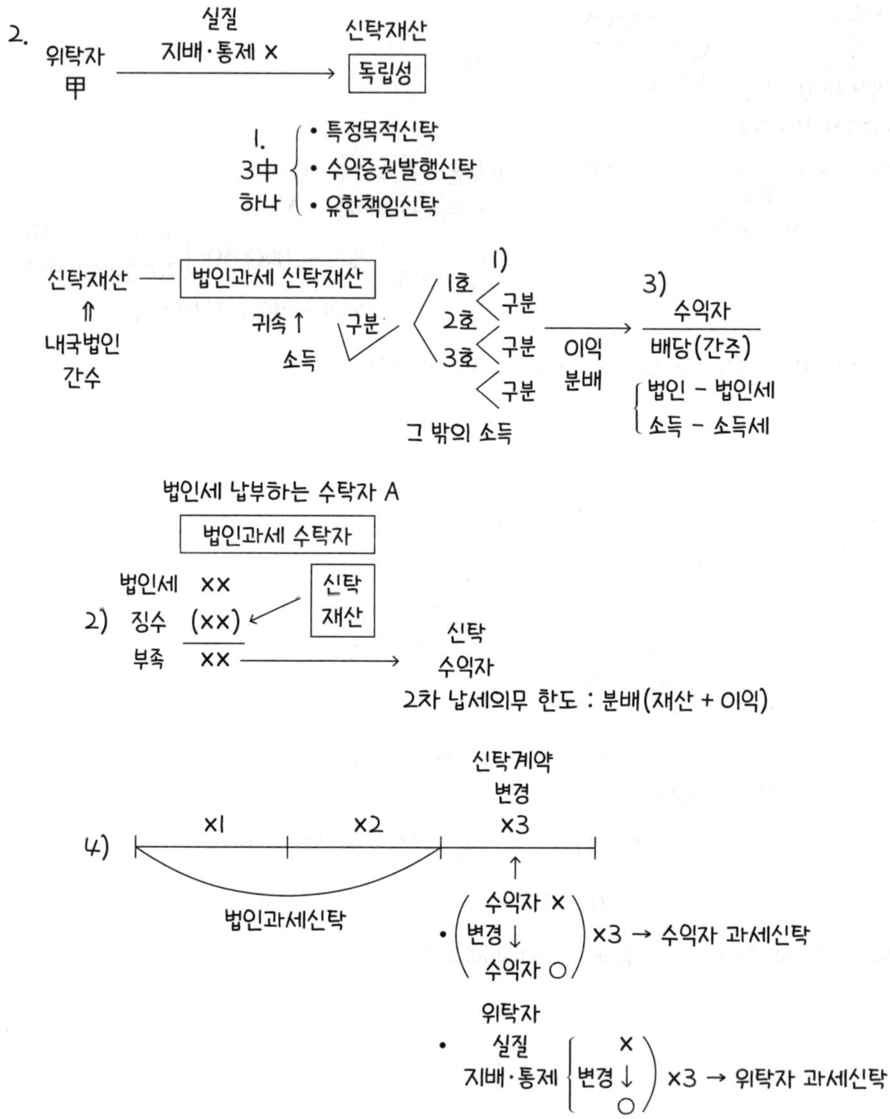

■ **신탁재산에 대한 법인세 과세방식의 적용**

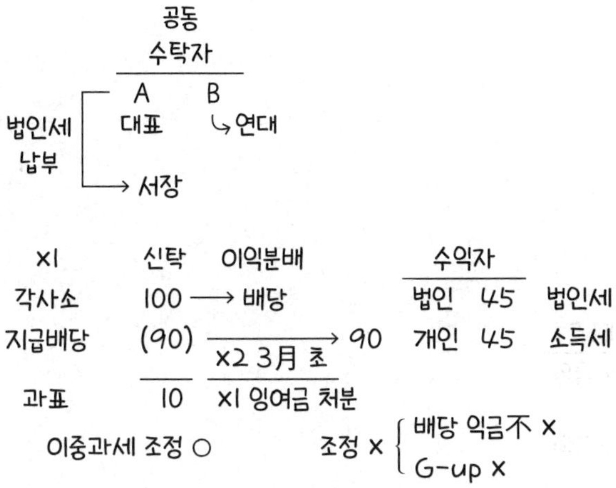

■ **법인과세 신탁재산에 대한 자산과 부채를 변경되는 수탁자에게 이전하는 경우**

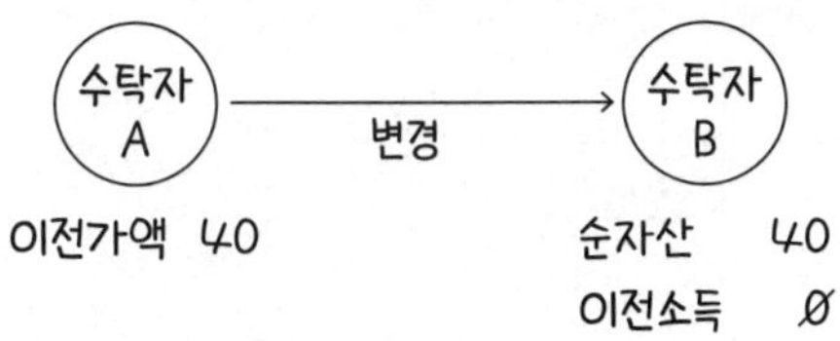

[소득세법]

제 1 장 소득세의 기초이론

제 1 절 소득세의 납세의무자

■ 거주자와 비거주자의 구분

개인 국적 x

거주자 주소(간주) OR 183일 이상 거소 : 국내 + 국외 (과세소득)

비거주자 주소 x + 거소 x : 국내 + ~~국외~~

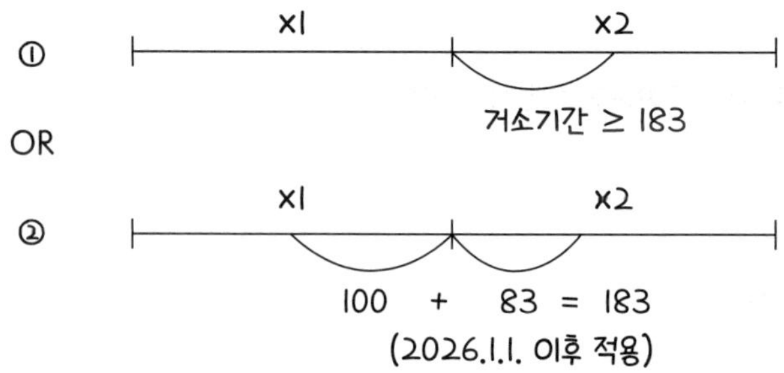

■ 법인이 아닌 단체에 대한 납세의무

사단, 재단 } 등기 x → 법인이 아닌 단체

K단체 [100]

- 법인으로 보는 단체 : 비영리법인 100 법인세 (by 법인세법) (by 국기법)
- 그 외의 단체
  - (1) 이익분배 ○
    - 甲개인 (50) 50 ↯ 소득세
    - 乙개인 (30) 30 ↯ 소득세
    - A 법인 (20) 20 ↯ 법인세
  - (2) 이익분배 x K단체 = 1 거주자(비거주자)* 100 ↯ 소득세

	주사무소
국내	거주자
국외	비거주자

* ① 인적공제 x
② 금융소득 > 20 ↳ 무조건 분리과세(14%)

K단체 [50 / 50]

- 50 — 일부 분배 ○, 확인 ○ →
  - 乙개인 (30) 30 ↯ 소득세
  - A 법인 (20) 20 ↯ 법인세
- 50 — 확인 x → K단체 1 거주자(비거주자) 50 ↯ 소득세

■ 외국인 단기거주자에 대한 과세특례

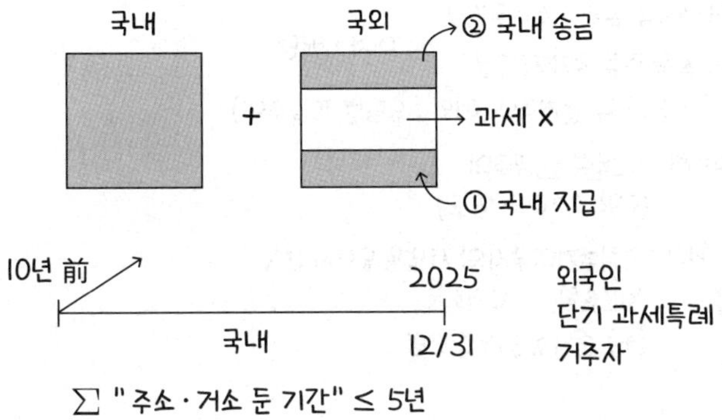

■ 상속으로 인한 납세의무의 승계

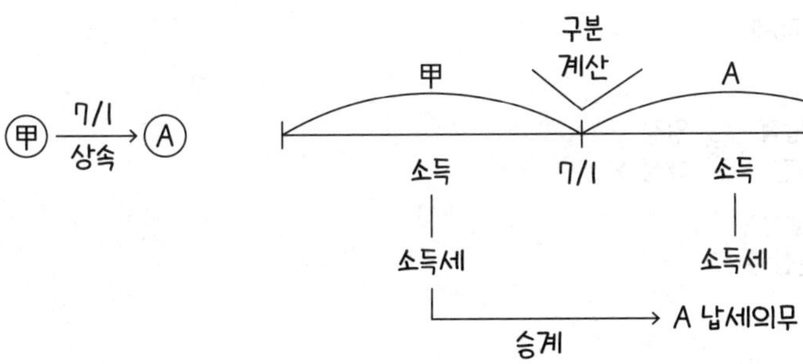

■ 신탁재산에 귀속되는 소득에 대한 납세의무

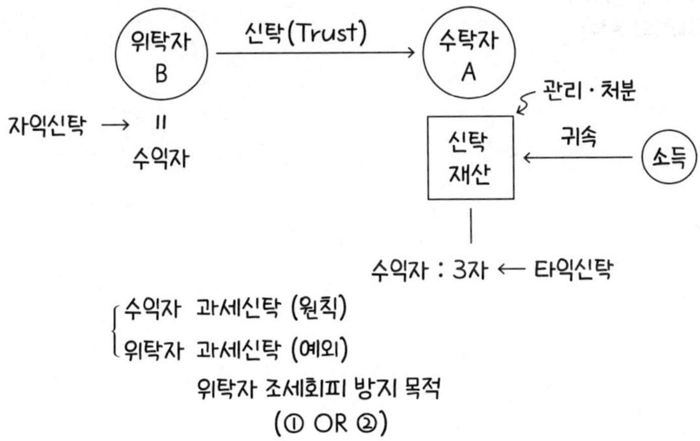

■ **과세소득의 범위 : 소득원천설**

甲	이	
	배	
	사	
종합소득	근	40
	연	
	기	
	퇴	200 결집효과 ↓
	양	100

1. 과세소득 범위 : 소득원천설
   (1) 소득 종류 8가지 구분
   + 제한적 열거주의(예외 : 유형별 포괄주의) ← 이자 · 배당
   (2) 계속·반복적 발생주의
   (예외 : 기타 · 양도)
   (예외 : 복식부기의무자의 사업용 유형자산 처분손익 → 사업소득)
   (+) 순자산증가설 반영

■ **종합과세 원칙과 과세단위**

2. 종합과세 원칙
   (1) 소득의 종류에 관계없이 합산과세
   (예외 : 퇴 · 양 ⇒ 분류과세)
   (2) 1역년 단위로 합산과세 ← 예납적 원징 OR 원징 대상 ×
   (예외 : 분리과세소득 ← 완납적 원징)

3. 과세단위
   - 개인단위 ~ 우리나라
   - 소비단위
     - 부부단위 : 자산소득 합산과세 ×
     - 가족단위 : 공동사업 합산과세
       (가족조합) (조세회피 목적)

제 2 장 거주자의 종합소득금액의 계산

제 1 절 이자소득 및 배당소득

■ 회수불능시 비영업대금이익의 총수입금액 계산특례

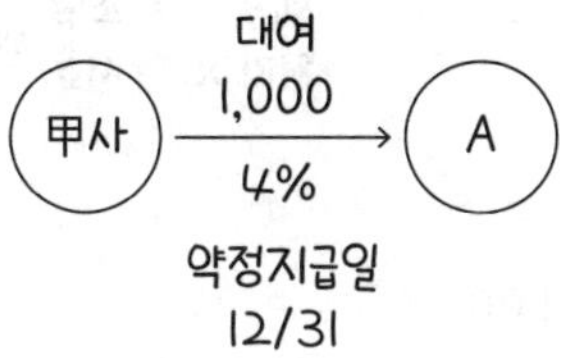

x1	1/1	대여금	1,000	현금	1,000	
	12/31	이자채권	40	이자소득 (익금)	40	x1 ↳ 법인세
x2	(1) 5/4	대손금 (손금)	1,040 40↓	대여금 이자채권	1,000 40	
	OR					
	(2) 5/4	현금 대손금	1,030 10	대여금 이자채권	1,000 40	
		(손금) x2 소득 10↓ → x2 법인세↓				

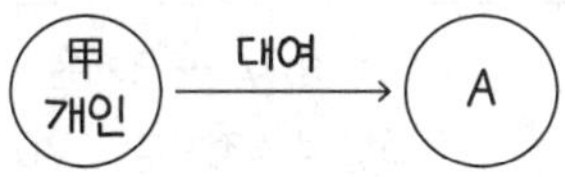

x1	1/1	대여금	1,000	현금	1,000	
	12/31	이자채권	40	이자소득	40	
			재계산 →	총수	Ø / 30	
x2	5/4	대손금 필요경비 x → x2 소득세 ↕	1,040	대여금 이자채권	1,000 40	
	(1)	회수금액	Ø <	원금	1,000 → 총수	Ø(x1)
	(2)	회수금액	1,030 >	원금	1,000 → 총수	30 (x1)
		현금	1,030	원금 이자소득	1,000 30 ↓	

■ 비영업대금이 채무자의 파산·강제집행 등으로 회수불능시 세무처리

①

도표

x1 12/31 1/1 | 대손 사유 ↓ | x2 | 회수 | x2 OR | 채권* 소멸

대여 | 12/31 이자채권 40 | 5/4 | 5/31 | 10/4 | OR | 11/4

이자소득 40

x1 총수 Ø

회수 Ø < 원금 1,000

→ 총수 Ø

x1 총수 신고대상 Ø

5/31 확정신고

x2 총수 40

↓

현금 1,040 / 대여금 1,000

이자소득 40 → 회수

(수입시기 : x2 10/4 실제지급일)

11/4 세무처리 x

* 소멸시효 완성

②

도표

x1 12/31 1/1 | 대손 사유 | x2 | 회수 | OR | 채권 소멸 | 소멸시효 완성

대여금 1,000 | 이자채권 40 | x | 5/31 확정신고 | 10/4 | 11/4 → 3개월

이자소득 40

x1 총수 신고대상 40

소득세 ↑ o.k

x1 12/31

(약정지급일 → 수입시기 ○)

↑

현금 1,040

대여금 1,000

이자채권 40

실제지급일 → 수입시기 x

후발적 경정청구 40 소득

x1 소득 40 → 소득세 ↓

x1 소득 40 이자채권 40

↳ x1 소득세 ↓

x1 소득 40 실현 x

(소득 40이 있음을 전제로
x1 소득세 납세의무 성립
but 성립 전제 소득 상실
x2 소득세 ↕
x1 소득세 ↓ → 소급적 처리)

■ 의제배당과 양도소득의 구분기준

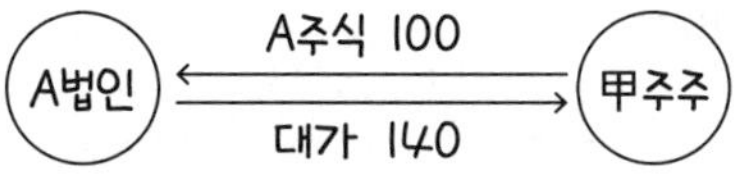

과세 잉여금

① {주식소각, 자본감소} 140 − 100 유보이익 = 의배 40 {O → G-up O, x → G-up x}

② {단순 주식매매} 140 − 100 = 양도소득 40

■ 자본금 감소로 인한 의제배당금액(유보소득 + 주식가치 상승분)

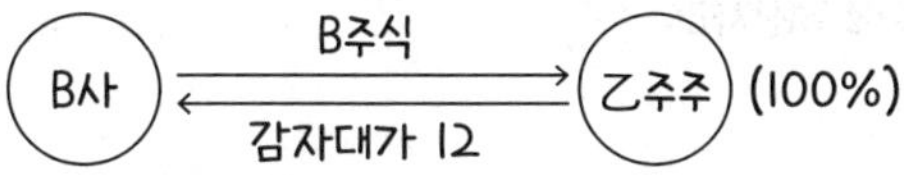

B주식 7 현금 7
(100%)

자본금 4
주발초 3 } 7 = B주식 취득가액
이익잉 2

우리나라			
B주식 7		현금 7	
현금 12		B주식 7	
		의배 5	

의배 5 → {유보소득 2, 주식가치 상승분 3}

일본			
B주식 7		현금 7	
B주식 2		의배 2	
현금 12		B주식 9	
		양도소득 3	

乙 —양도→ 3자

B주식 7	현금 7
현금 12	B주식 7
	양도소득 5

■ 자본금 감소로 인한 의제배당소득과 주식 양도소득 과세상 차이점

	의제배당	VS	양도소득
원징	14% 원징		원징 x
과세방법	종합과세 OR 분리과세		분류과세
G-up	G-up O		G-up x
세율	MAX {6%~42%, 14%}		10% 20% (25%) 30%
납세절차	종합과세 → 5月 확정신고		예정신고 → 5月 확정신고 (반기별)

소득

■ **금융소득종합과세의 구체적인 방법**

甲 32 + 다른 종소 $500 \times \begin{pmatrix} 6\% \\ 40\% \end{pmatrix}$ 乙 19×14%

↖ 42% 과표

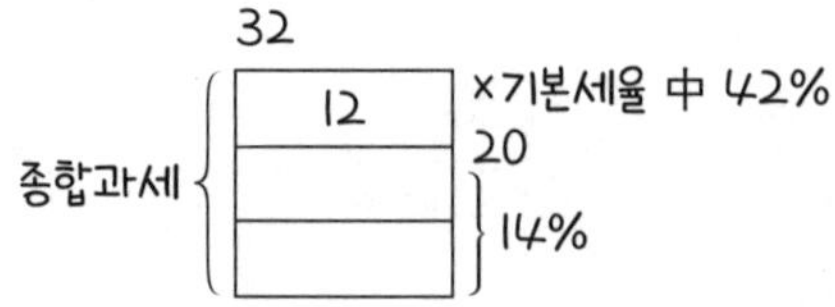

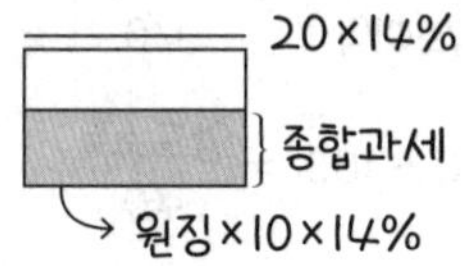

문턱효과 ↓

■ **다른 종합소득이 큰 경우 : 금융소득에 대한 종합과세시 세액계산특례 계산사례**

512 { 500×6~40, 12×42 }

甲 MAX(①, ②) = ①

① (532 − 20)×세율 + 20×14%
   = 500×(6%~40%) + 12×42% + 20×14%

② (532 − 32)×세율 + 32×14%
   = 500×(6%~40%) + 32×14%

■ **다른 종합소득이 매우 작은 경우 : 금융소득에 대한 종합과세시 세액계산특례 계산사례**

	甲
금융소득	32
다른종소	10 ⌉ Ø
소득공제	(10) ⌋
과표	32

과표 → 32 / Ø

MAX
① (32 − 20)×세율 + 20×14%
   = 12×6% ↓ + ~~20×14%~~

if 분리과세 ② (32 − 32)×세율 + 32×14%
   Ø + 12×14% + ~~20×14%~~

■ **종합과세되는 금융소득이 2천만원 이하인 경우 : 금융소득에 대한 종합과세시 세액계산특례 계산사례**

	乙
	10
	+32 ⌉ 22
	+(10) ⌋
과표	32

과표 → 10 / 22

(32 − 10)×세율 + 10×14%

■ 배당소득에 대한 이중과세의 조정

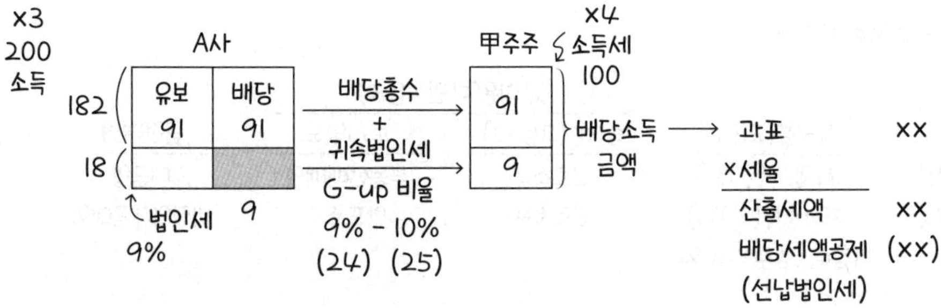

(1) 본래 G-up ① 내국법인 배당 ② 법인세 과세

(2) 금융소득 - 20 = 초과분

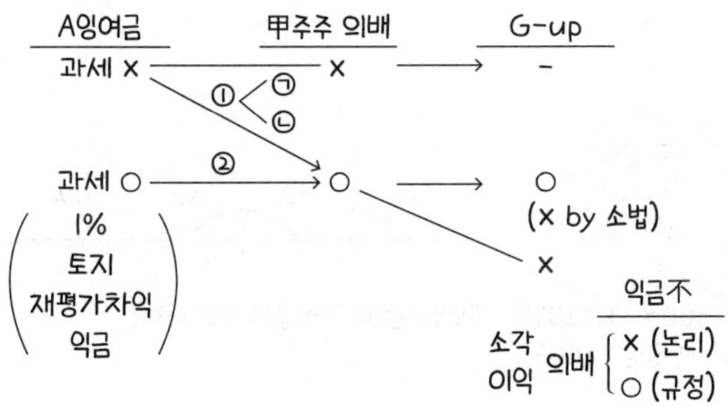

제 2 절 사업소득

■ 사업소득과 다른 소득의 구분기준

		강의용역(인적용역)		
구분	독립성(고용 ×)	종속성(고용 ○)	토지양도	금전대여
계속·반복성	사업소득(3%)	근로소득	부동산매매업	대금업
일시·우발성	기타소득(20%) (총수 - 총수×60%)	근로소득	양도소득	비영업대금이익

■ 재고자산의 자가소비

소득 ↑ = 소비 ↑ + 순자산증가액(저축)

■ 직업운동가 인적용역에 대한 과세방법

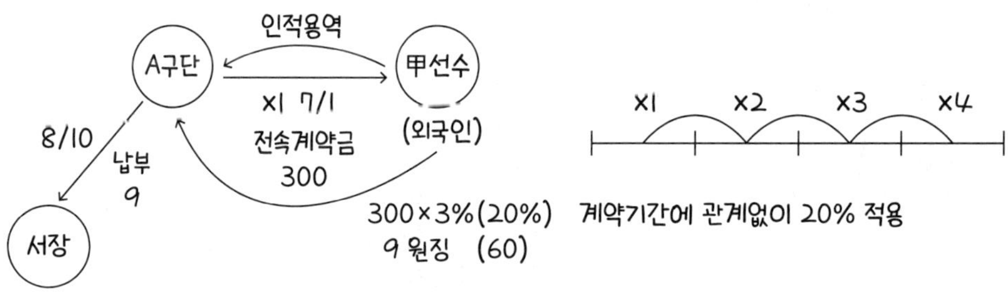

						기납부세액공제
x1	7/1	현금 300	선수수익 300			
	12/31	선수수익 50	총수	50	$\left(300\times\frac{6}{36}\right)$	50×3%
x2	12/31	선수수익 100	총수	100	$\left(300\times\frac{12}{36}\right)$	100×3%
x3	12/31	×2		×2		×2
x4	6/30	선수수익 50	총수	50	$\left(300\times\frac{6}{36}\right)$	50×3%

제 5 절 기타소득

■ 위법소득(뇌물)에 대한 과세

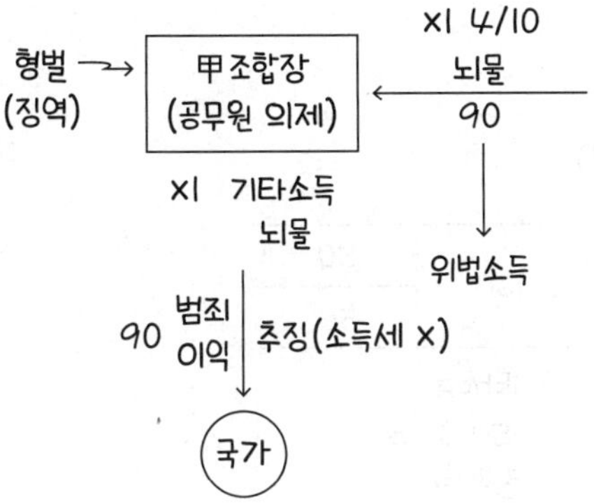

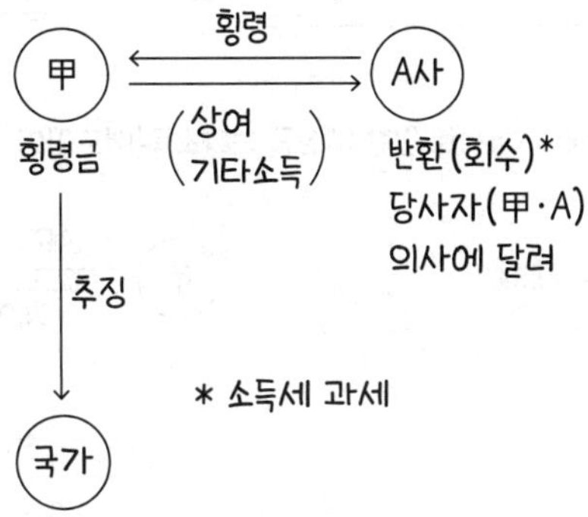

위법소득 과세근거

① 현실적 이득 지배·관리 + 향수

——→ 담세력 有

② 원인관계 적법·유효 x

if 위법소득 과세 x

→ 위법소득 > 적법소득
우대

위법소득 / 부가적 형벌

대법원 판례 (2015)
- 종전: 소득세 과세 ○ + 추징 ○ = 병과주의
- ↓
- 변경: 추징 ○ + 소득세 과세 x OR 추징 x + 소득세 과세 ○ = 선택주의

■ 위법소득(뇌물)이 추징되는 경우 세무처리

x1 (甲 90 위법소득 (뇌물))
- 先 추징 ——→ 소득세 과세 x (소득 실현 x)
- x1 先 소득세 과세
  - 추징 x ——→ 소득세 과세 ○(적법)
  - 추징 ○ ——→ 후발적 경정청구
  - (소득실현 x)

㊒ 사유 —3개월→ x1 소득세 감액경정 40↓

■ **계약 해제 기타소득의 요건**

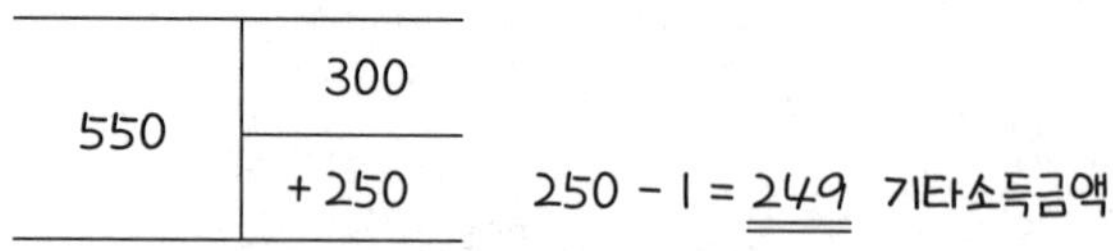

■ **계약이 해제로 인한 배상금 기타소득(매도인이 계약을 해제한 경우)**

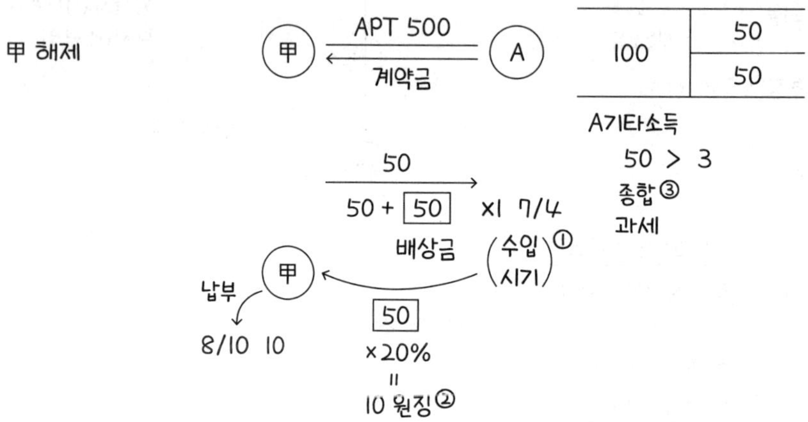

■ **계약이 해제로 인한 배상금 기타소득(매수인이 계약을 해제한 경우)**

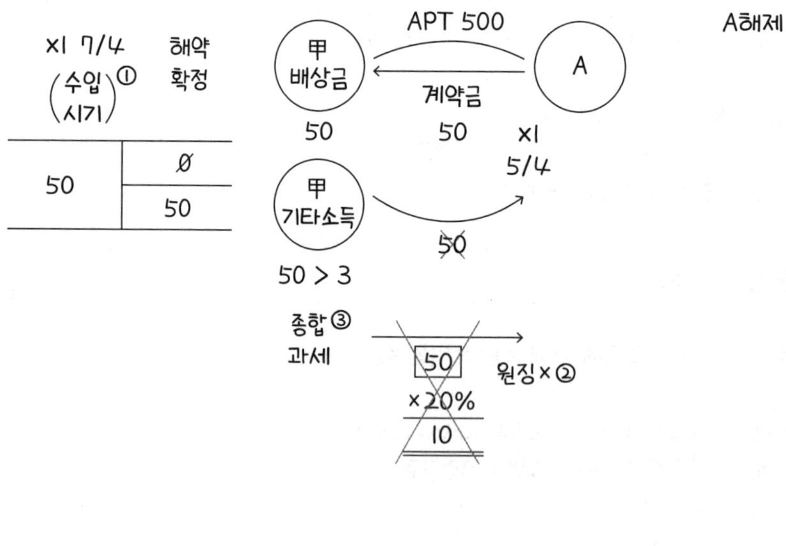

■ 위약금·배상금 기타소득금액이 300만원 이하인 경우 과세방법

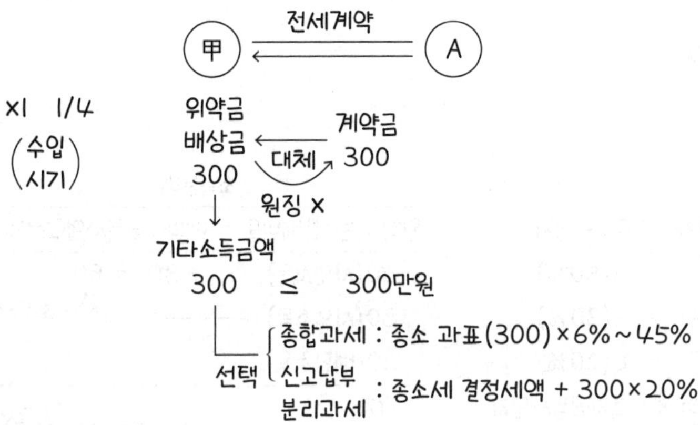

■ 서화·골동품 양도소득의 소득구분

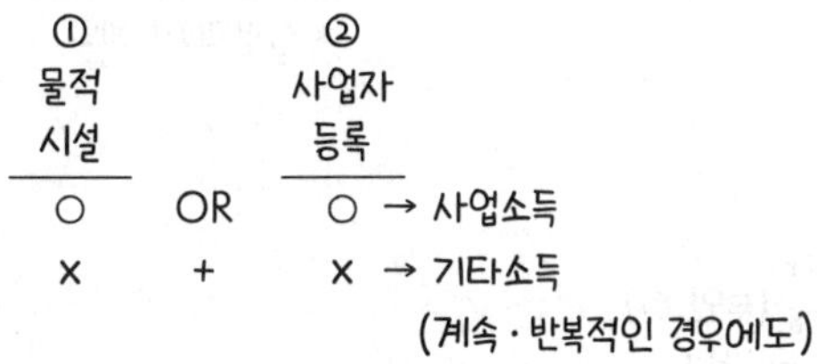

■ 서화·골동품 양도소득의 과세방법

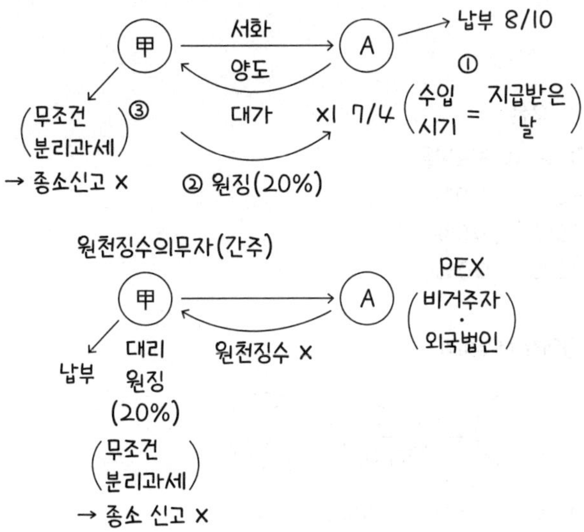

제 3 장 소득금액 계산의 특례

제 2 절 공동사업의 납세의무

■ 공동사업의 납세의무

x1
1/1 ~ 12/31

총수	300
필요	200
소득	100

공동사업장 = 1거주자 → 공동사업자

100 → A(50%)
100 → B(30%)
100 → C(20%)

C 경영참여 ×
+ 출자 ○
유한책임

출자공동사업자
= 수동적 동업자
: 익명 조합원

C (비영업대금이익
종전 : 25%)

소득분배

원칙 : 손익분배비율	예외 : 공동사업합산과세
50(사업소득)	+ 30* = 80 (소득세)
30(사업소득) →	
20(배당소득)	
각자 납세의무	B도 80 소득세 / 30 한도
국기법 연대 ×	연대 ○

* 실질과세 예외

■ 공동사업장 소득금액 계산시 부당행위계산부인 적용기준

A (300 + 10 − 200) × 50% = 55
(300 + 10 = 310)

B (300 − 200) × 30% = 30

C (300 − 200) × 20% = 20

A —저가 판매→ 자녀 (부인 ○)

시가 40
대가 30

B, C) 특수 ×

■ 손익분배비율의 결정

손익분배비율
① 약정된 손익분배비율
↓ ≠
② (출자) 지분비율

우선
① 약정 > ② 지분비율

	① 약정	② 지분비율
A	50%	40%
B	30%	40%
C	20%	20%

■ 공동사업에 출자하기 위해 차입한 금액에 대한 지급이자 세무처리

A

현금	100	차입금	100
지급이자	4	현금	4
출자금	100	현금	100

C —출자→ 공동사업
C ←출자지분— 공동사업

현금	100	차입금	100
현금	60	총수	60
필요경비	xx	현금	xx

↑ 甲 지급이자 4 필요경비 ×

■ 공동사업합산과세

① 특수
\+ 생계같이
(가족)

	실제	② 거짓신고
A(부)	50%	10%
B(자)	30%	70%
C	20%	20%

A소득 ↑ 42%
B소득 ↓ 소득

A 50% ↑ 주된 조세회피목적 공동사업자
B 20% 특수 → 합산과세

요건
(① ②) → 효과

■ 공동사업장에서 발생한 소득금액에 대하여 원천징수된 세액의 배분

ABC(약국)
×1 ↑ 100(조제용역)
공단
100 × 3% 원징
3 → 서장

기납부세액 공제
3×50% = 1.5 (A)
3×30% = 0.9 (B)
3×20% = 0.6 (C)

■ 출자공동사업자의 배당소득에 대한 과세방법

×1 확정 / 지급 / ×2 / 지급의제

1/1 총수 (필요) 소득 — 12/31 ↑ 수입시기 — 2/4 사업장 → C 20, 20 × 25% 원징 — 3/10 사업장 5 ↓ 납부 (1/4) 서장 — 3/31 — 4/10 사업장 5 ↓ 납부 서장 — 5/31 확정 신고 납부

마치 "사업소득" 과세방법
- 판정대상 금융소득 > 20
- ↑ 제외
- 출자 배당소득
- 무조건 종합과세
- G-up ×

■ 출자공동사업자의 배당소득이 있는 경우 : 세액계산의 특례

일반 10 < 20

출배 [20]

다른 종소 60 ┐ 50

소득공제 (10) ┘

과표 80 — { 10 / 70 { 50 (14×6 / 36×15) 6.24 / 20×24 }

└ { 10 / 20 / 50 }

MAX(①, ②) = ①

① (80−10)×세율 + 10×14

6.24 + [20] ×24 + 10×14

② (80−10−20)×세율 + 10×14 + 20×14

6.24 + 10×4 + [20] ×14

■ 출자공동사업자의 배당소득 비교과세

원천징수세액

[20] ×25% ↑

종합과세

MAX ([20] ×24% / [20] ×14%) − [20] ×25%

비교과세 (최소)

기납부세액공제

MAX ① (① 출배×15% / ② MAX ㉡ (㉠ 출배×6% / ㉡ 출배×14%))

(최소)

제 1 절 결손금 및 이월결손금의 공제

■ 결손금이 인정되는 소득과 결손금 공제여부

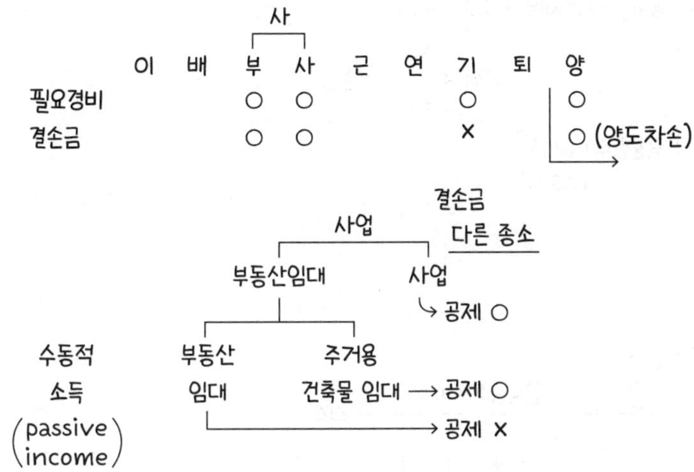

■ 사업소득 결손금 처리

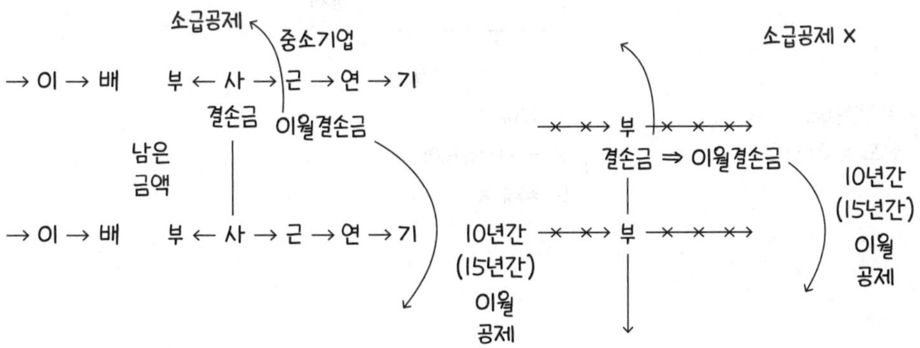

■ 결손금과 이월결손금 공제순서

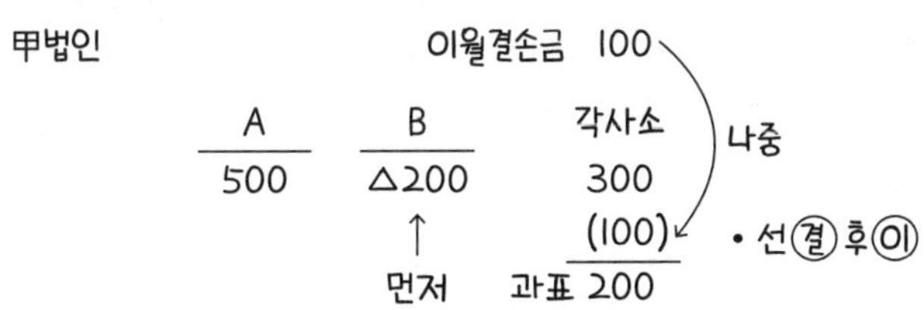

■ 종합과세되는 이자소득 및 배당소득에서 사업소득 결손금의 공제여부

다른 종소 Ø

MAX(①, ②)

① (초과분 − x + 다른 종소 − 소득공제) × 기본세율 + 20 × 14%

↖ 공제 여부, 공제금액 선택

공제 × ← 결손금

if 분리과세

② (다른 종소 − 소득공제) × 세율 + 금융총수 × 14% (25%)

Ø

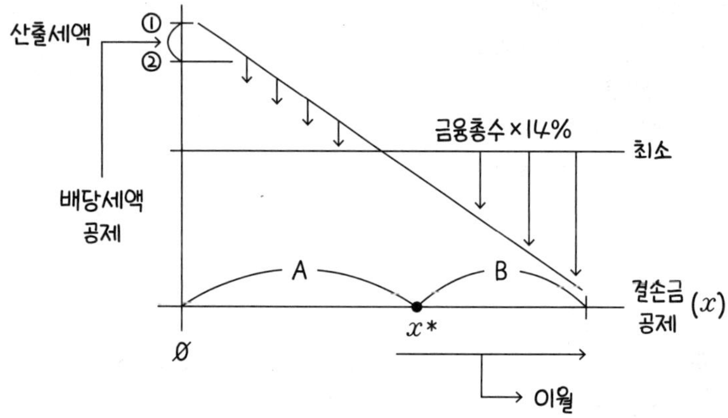

MIN (귀속법인세, 한도 = ① − ②)

- A 공제 ○
- x = 최적공제액
- B 공제 ×

골프회원권 처분손실의 처리

39매 ⇒ 골프회원권 150 　 공사미수금 150
현금 xx 　 골프회원권 xx 　 $150 \times \frac{29}{39}$
처분손실 4 　 ↳ 양도소득

甲

조경공사업	
총수	xx
필요	xx
처분손실	4x
사업소득금액	xx
4↓	x

골프회원권 매매업	
총수	xx
필요	xx
결손금	△4

"계속 · 반복성"
사업자등록
유무 → 관계 x

통산 → 다른 종소 / 공제

사업자의 기장의무

기장유형		간편장부대상자 (300 / 150 / 75)	복식부기의무자
기장 YES	간편장부	-	
	복식부기	기장세액공제(20%)	-
기장 NO		장부기록 · 보관 불성실가산세(20%)*	장부기록 · 보관 불성실가산세(20%)

↓
* 소규모 사업자 x

기장 NO → 추계조사

추계조사 　 단순경비율 (60 / 36 / 24) 　 기준경비율

제 5 장 퇴직소득세

제 1 절 퇴직소득세

■ 임원 퇴직소득 한도초과액(근로소득 간주)

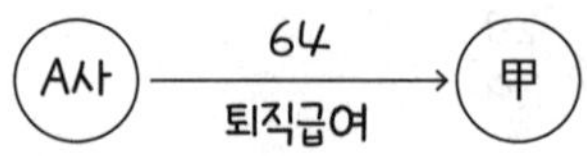

64

한도액 (60) (by 정관)

한도초과액 4

손금不

상여

64 { 인정상여 4 근로소득 ; 60 { 20 근로소득 ; 40 퇴직소득 − 40 } } → 근로소득 24

40 → 4, 36

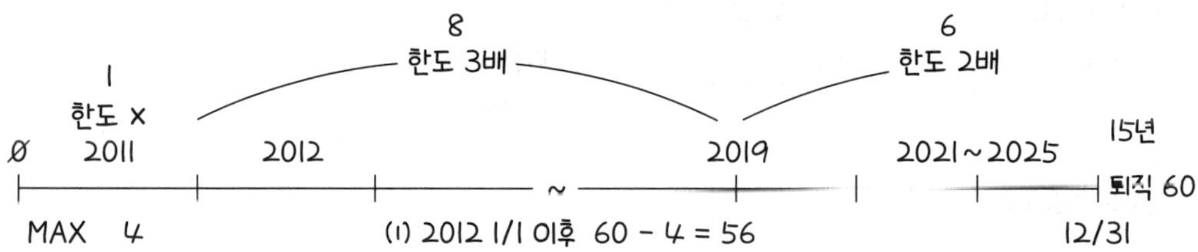

MAX 4
(①, ②)

① $60 \times \frac{1}{15} = 4$

② if 2011 = 3
12/31
퇴직

(1) 2012 1/1 이후 60 − 4 = 56

(2) 한도 $10 \times 10\% \times \frac{8 \times 12}{12} \times 3배 = 24$
$+ 10 \times 10\% \times \frac{6 \times 12}{12} \times 2배 = 12$ } 36

(3) 한도초과 56 − 36 = 20

2017	9	$\frac{30}{3} = 10$
2018	10	
2019	11	
⋮	⋮	
2023	11	$\frac{30}{3} = 10$
2024	9	
2025	10	

■ **퇴직소득세액의 과세이연**

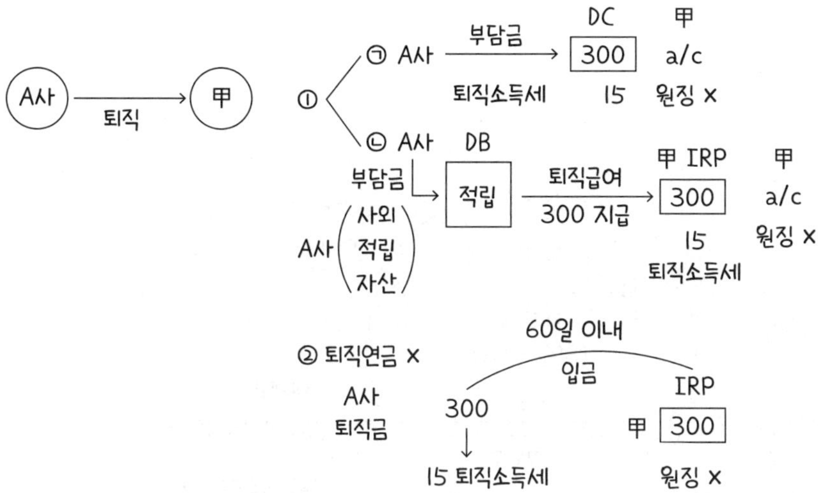

■ **퇴직금이 연금계좌에 입금되는 경우 과세이연 사례**

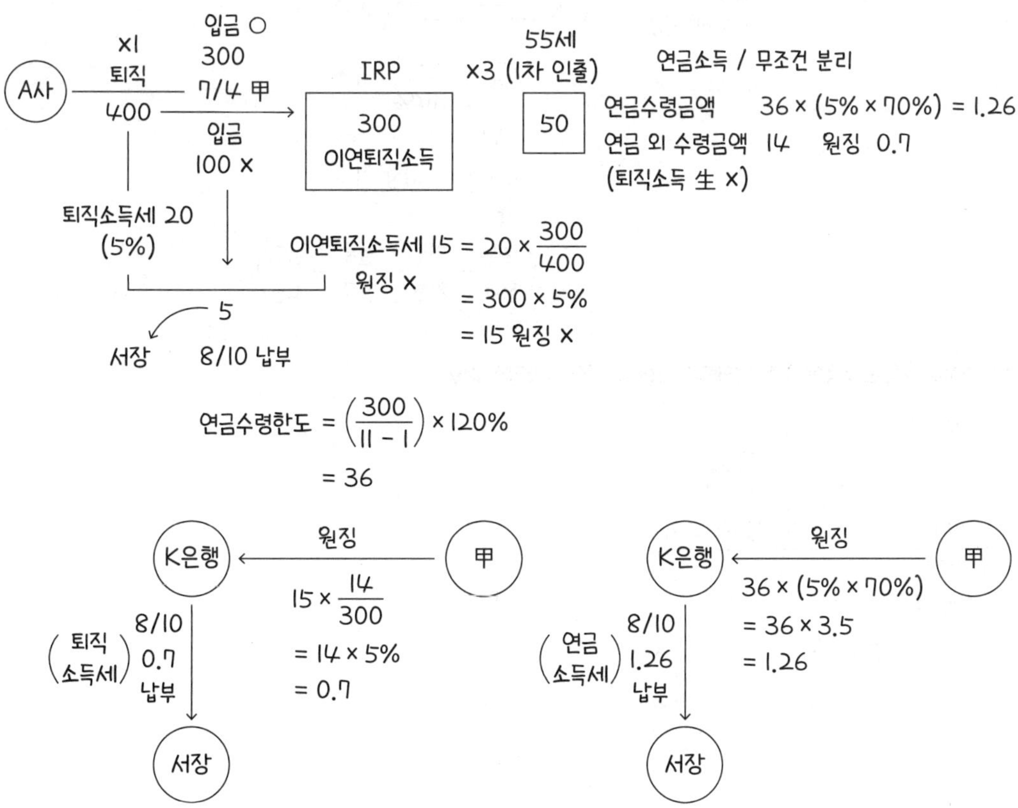

제 6 장 과세기간 중도의 소득세 납세절차

제 1 절 원천징수

■ 원천징수의 법적 성격

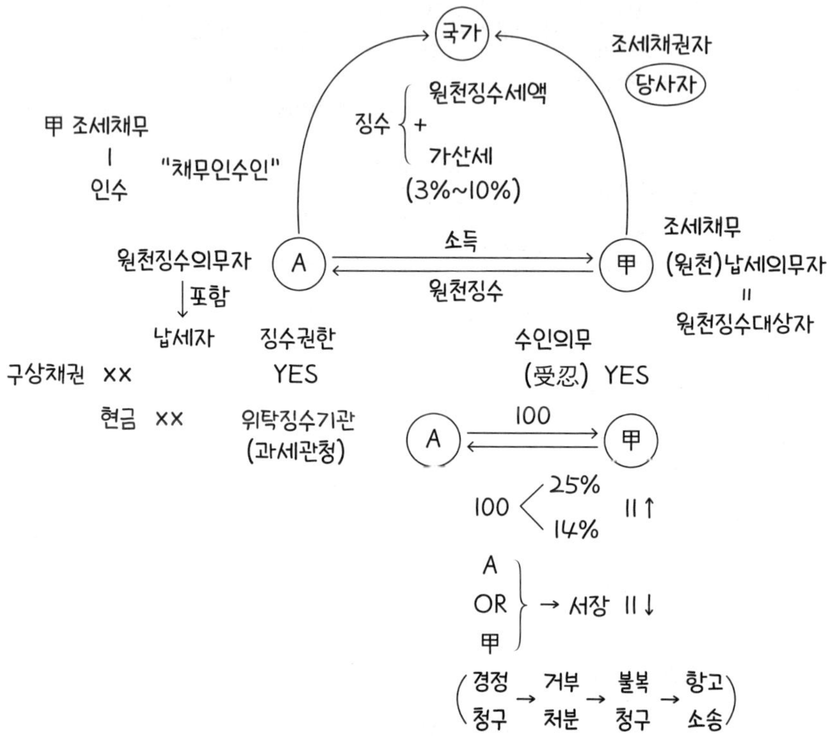

■ 원천징수 누락된 소득에 대한 납세의무자에게 직접 부과징수 여부

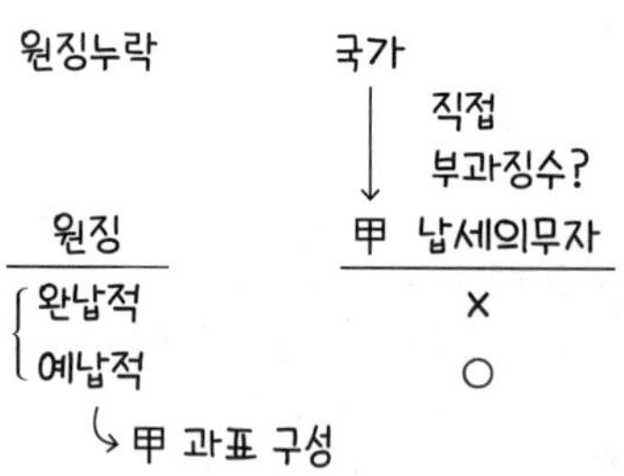

■ **원천징수납부되지 않은 경우 납부지연가산세만 징수하는 경우**

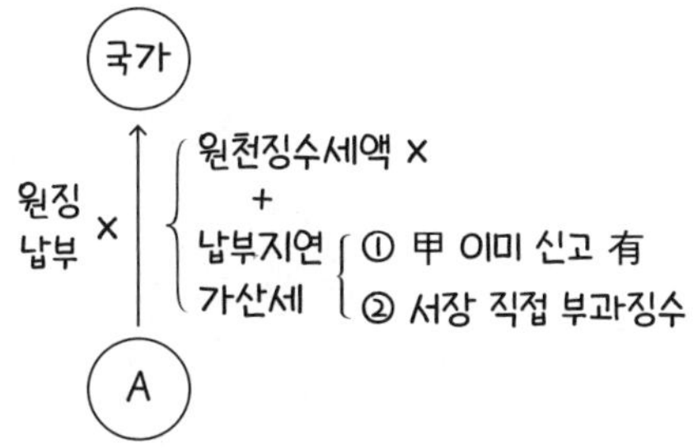

■ **비실명이자소득에 대한 원천징수 특례**

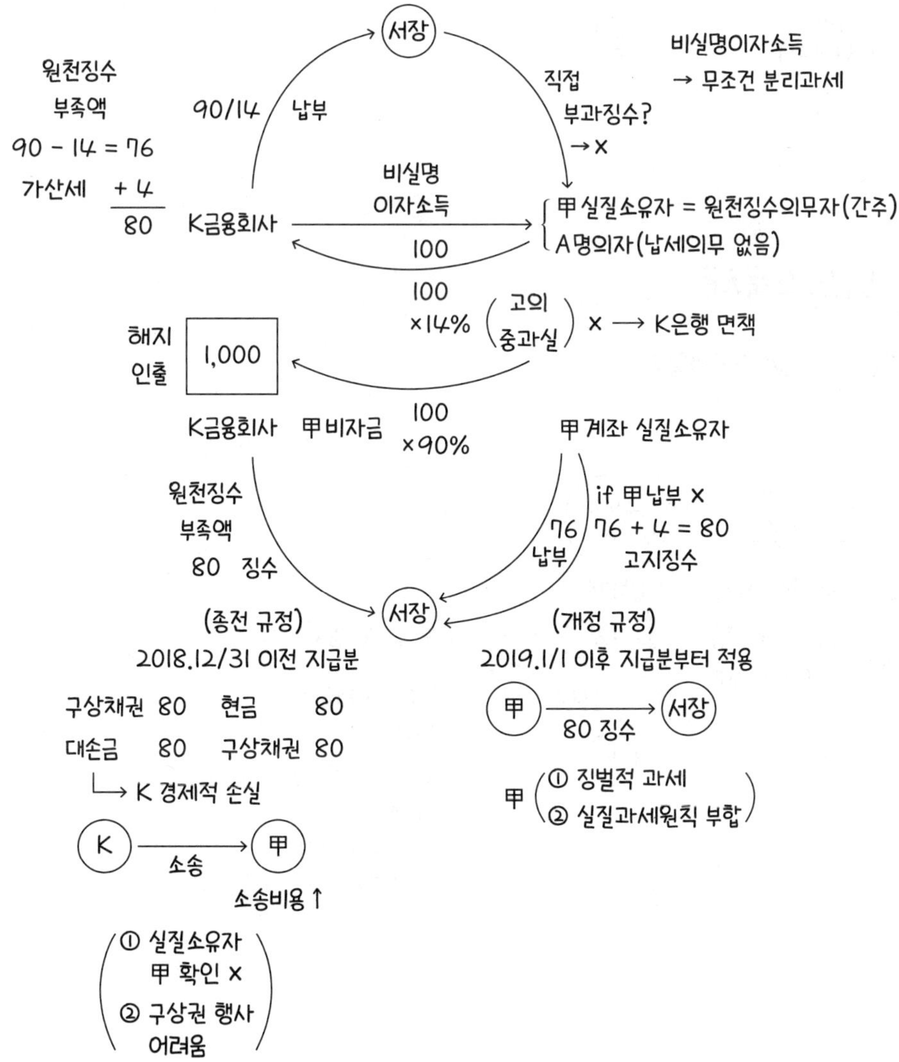

■ 금융회사의 고의·중과실 유무에 따른 금융회사의 원천징수의무 이행

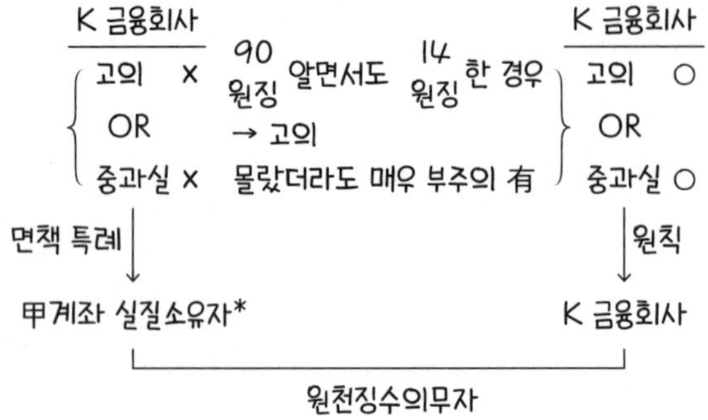

* 소득세 원천징수세액 부족액 (가산세 포함) 90 - 14 = 76
+ 4 (가산세)
80

제 8 장 양도소득세

제 1 절 양도소득세의 과세물건

■ 신탁수익권 양도

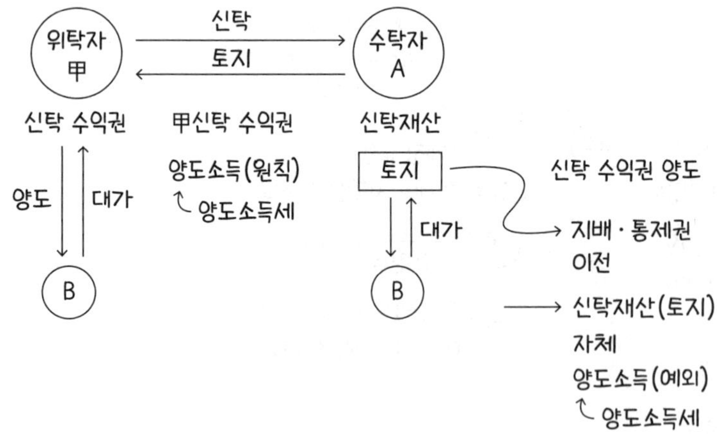

토지거래계약 허가구역 토지에 대해 허가받지 않고 양도한 경우 양도소득세 과세

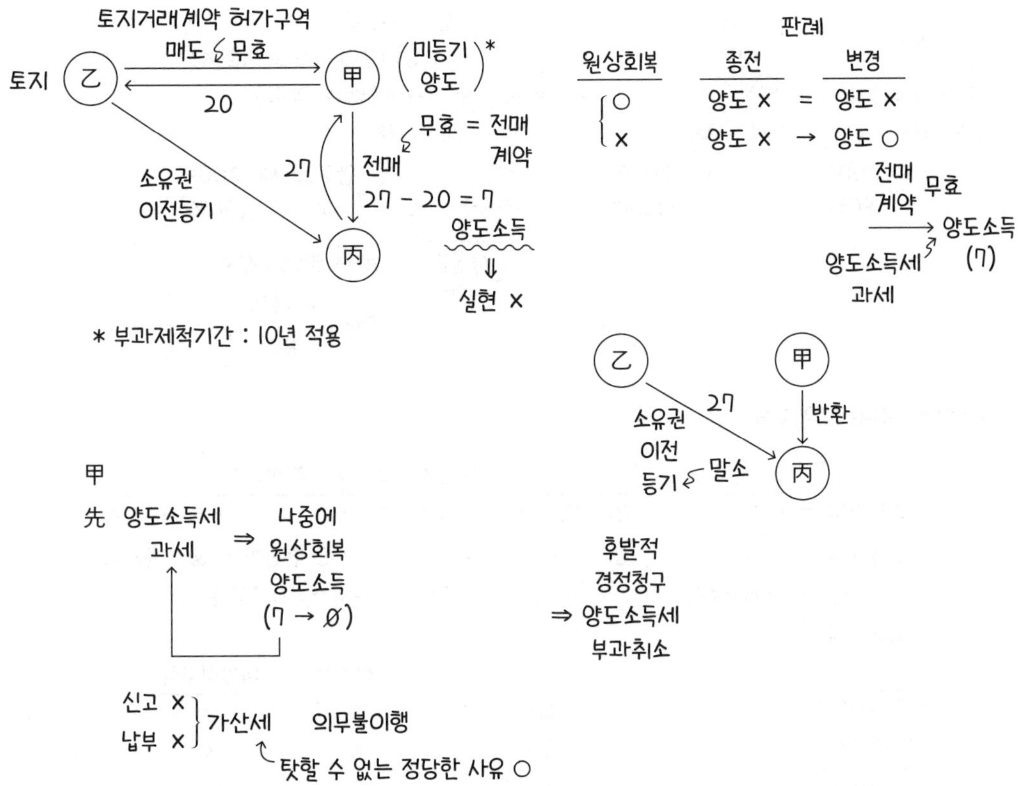

양도로 보지 않는 신탁재산의 이전

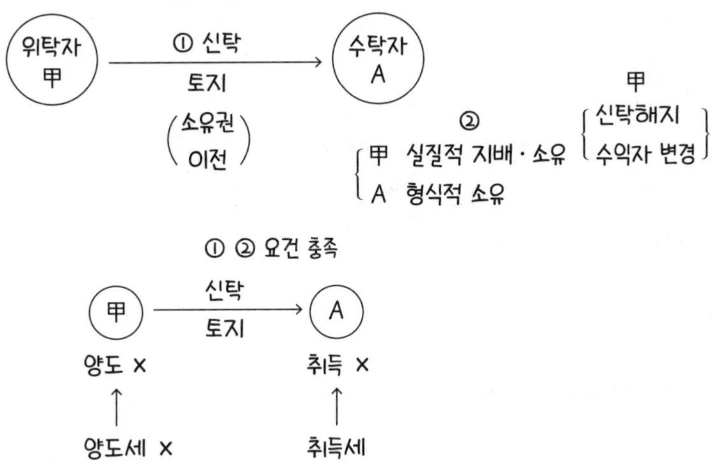

1세대를 구성하는 배우자의 범위

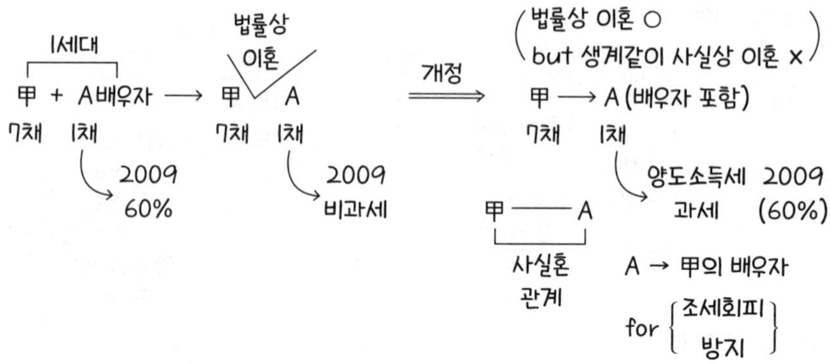

양도가액과 취득가액의 산정

		원칙
총수	= 양도가액	= 실가
필요 =	취득가액	= 실가
	기타경비	= 실제매출액

양도차익
(−) 장특
= 양도소득금액
(−) 연 250
= 과세표준

실가 인정 · 확인 × : 추계방법

① 매매사례가 → ② 감정가 → → ③ 기준시가

① 〃 → ② 〃 → ③ 환산가 → ④ 기준시가

개산공제 = 취득당시 기준시가 × 0.3% 등

	상장주식	비상장주식
매매사례가	×	○
감정가	×	×
환산가	○	○
기준시가	○	○

환산취득가액 적용

	기준시가	실가
양도당시	100	120
취득당시	60	x

환산가 = x

$100 : 60 = 120 : x$

$100 \times x = 120 \times 60$

$x = 120 \times \frac{60}{100}$

$= 72$

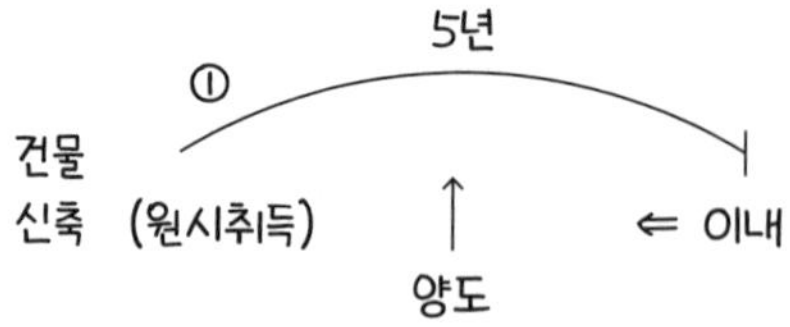

실가 ×

② 환산가 72
실가 62 × (숨겨)

) 10 ↑ → 양도소득 ↓ → 양도소득세 ↓

감정가

환산가액 × 5% = 가산세

72 × 5%

= 3.6

제 4 절 양도소득세 과세표준의 계산

■ 특수관계법인에게 고가양도한 경우 양도가액

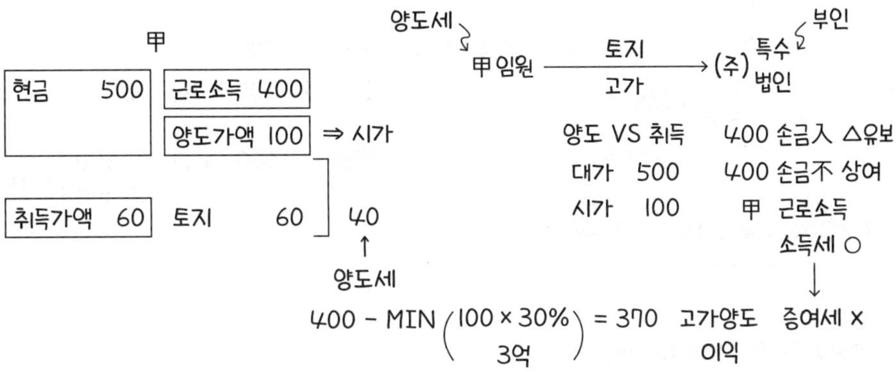

■ 특수관계법인 외의 자에게 고가양도한 경우 양도가액

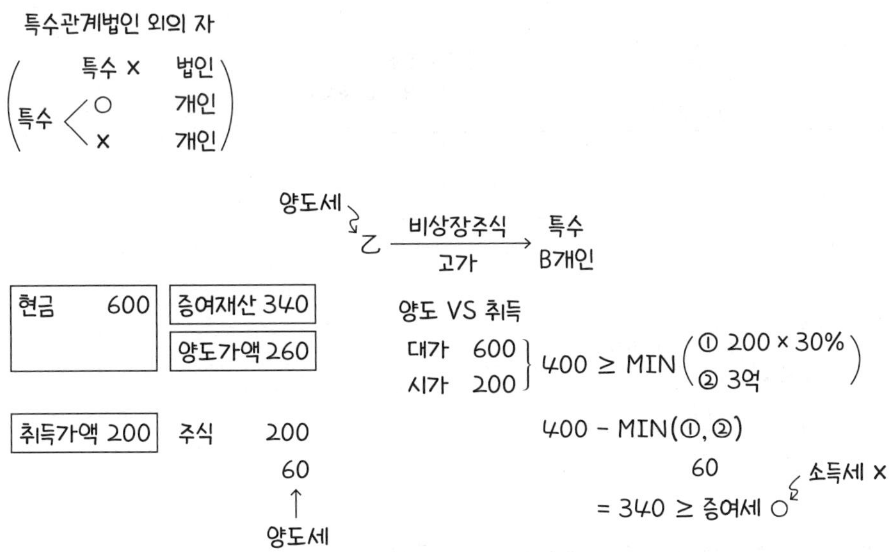

■ 특수관계법인으로부터 고가취득한 경우 취득가액

부인 → (주) 특수법인 —주택 / 저가→ 丙 임원

양도 VS 취득

200 익금入 상여

시가 500
대가 300 } 200 → 주택 500 | 현금 300 + 근로소득 200 ↑ step-up

근로소득 소득세 ○ ↓ 증여세 ×

현금 600 { 주택 500 ↑ / 양도소득 100 ↓ ← 양도세

(200 − 500 × 30% = 50) 저가양수 이익

■ 주식매수선택권 행사로 취득한 주식의 취득가액

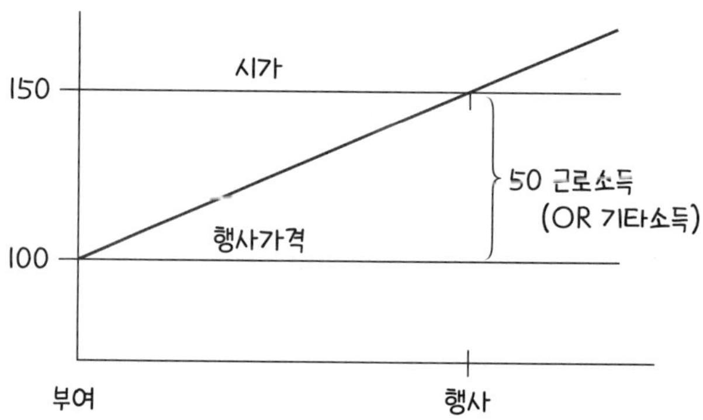

주식 150 (← 시가) { 현금 100 + 근로소득 50 ← 소득세 }

현금 180 { 주식 150 / 양도차익 30 ← 양도세 }

■ 사업소득금액 계산시 필요경비로 산입한 이자비용과 감가상각비의 처리

{ 오피스 200 / 현할차 10 } 미지급금 210 OR 오피스 210 미지급금 210

{ 이자비용 5 + Dep 14 } { 현할차 5 / 건물 14 }

= 사업소득 필요경비 → [210] − [19] = [191] 취득가액

이월과세

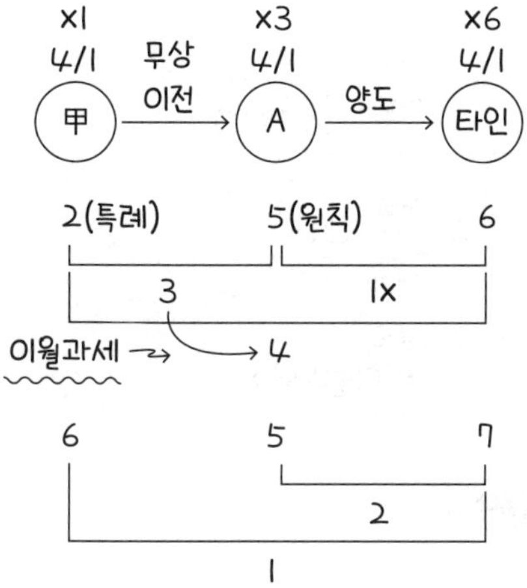

이월과세 요건

① 무상이전 : 증여 → 양도(상속 → 양도 ×)
② 甲 → A 배우자 직계존비속
③ 토지·건물 부동산 취득 권리
특정시설물이용권, 주식·출자지분(25 1/1 이후 증여분)
④ 증여일 ~ 양도일 5년 이내(23 1/1 이후 증여분 10년 이내)
⑤ 이월과세 세액 ○ > 이월과세 세액 ×
‖ < ‖ ⇒ 이월과세 ×

이월과세 효과

甲 취득가액 ⟶ A 취득가액
자본적 지출액 자본적 지출액
甲 취득시기 ⟶ A 취득시기
×1 4/1 ×1 4/1

(• 1세대1주택 • 장특 • 세율) 보유기간 ↑

양도차익
4 − A증여세
(필요경비산입)

배우자 관계가 소멸되는 경우 이월과세 적용여부

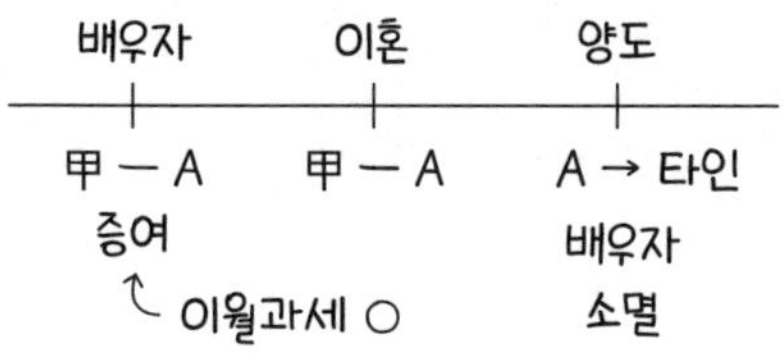

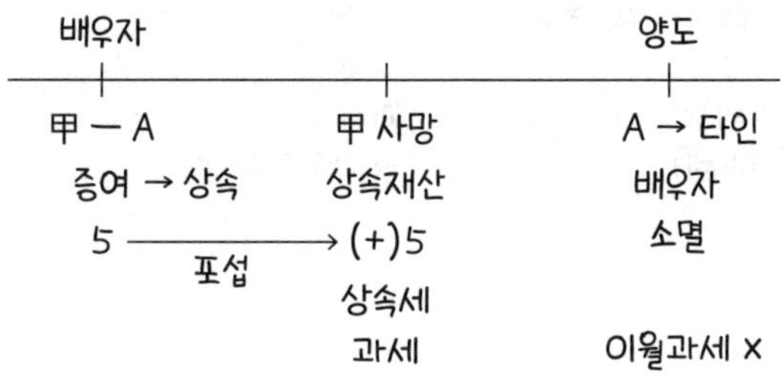

■ 사업인정고시일 2년 이전에 증여받은 토지가 수용되는 경우 이월과세 적용배제

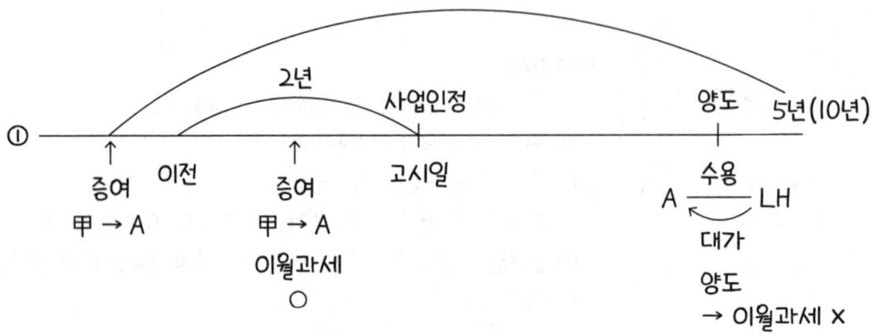

■ 이월과세에 적용으로 1세대1주택 비과세가 적용되는 경우 이월과세 적용배제

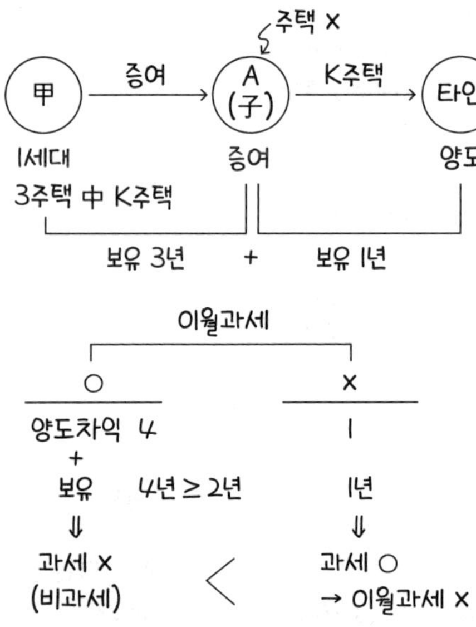

■ 가업상속공제 적용 자산에 대한 이월과세(취득가액 특례)

甲 —상속→ A —양도→ 타인

	甲		A	타인		양도차익
일반상속	200		500	600	→	100
(가업상속공제 0%)	×0%		×100%			
가업상속공제율 20%	200		500			
$\left(\frac{20}{100}\right)$	×20%		×(1-20%)			
	40	+	400			
			440	600		

440 ~ 600 : 160

(1) 200×20% = 40
+
(2) 500×(1-20%) = 400
440　　60↓

■ 증여 후 양도행위 부인

甲 —증여→ A —양도→ 타인

2　　5　　6

5 → 6 : 1

2 → 6 : 4 (직접 양도)

부인의 효과
- 甲 양도세 납세의무자
- A도 연대납세의무

부인의 요건
- ① 증여 → 양도
- ② 甲 → A 특수(이월과세 ×)
- ③ 과세대상자산
- ④ 증여일 ~ 양도일 5년 이내 (23 1/1 이후 증여분 10년)
- ⑤ 양도세 부당한 감소(요건)
- ⑥ 양도소득(I) → 수증자(A) 귀속 ×

■ 양도소득세의 부당한 감소여부 판단

A　　　甲 —if 양도→ 타인

A		甲	증여후 양도부인
5 증여세 + 1 양도세	<	4 양도세	○
5 증여세 + 1 양도세	>	4 양도세	×

제 8 절 거주자의 국외전출시 국내주식 등에 대한 양도소득세 과세특례

■ 국외전출세

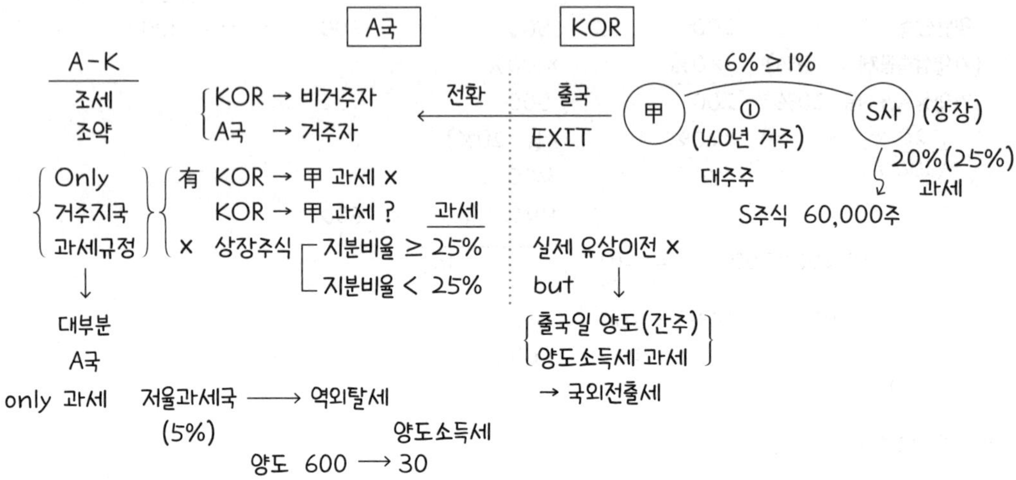

■ 국외전출세 납세의무자(= 국외전출자)

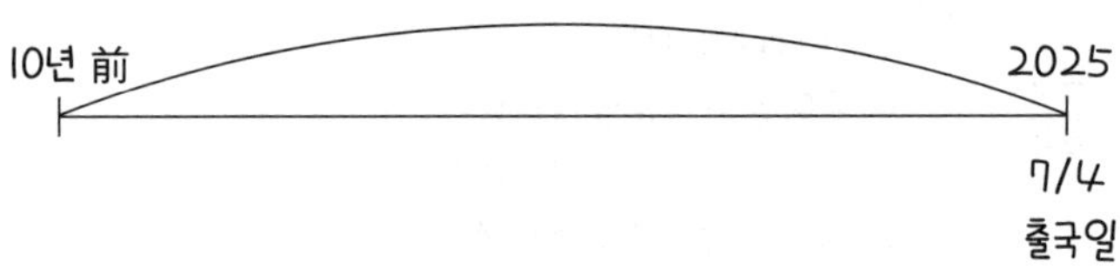

① ∑국내주소·거소 둔 기간 ≥ 5년
(40년)
+
② 2024 12/31 현재 甲 대주주

6% 코스피(코스닥)
(지분비율 ≥ 1%(2%) OR 시가총액 ≥ 50억)

■ 국외전출세 계산사례

국외전출세	시가 700		실제	
양도가액	700		600	
(-) 취득가액 기타경비	(407.5)			
양도차익	292.5			
(-) 기본공제	(2.5)			
과세표준	290	100	190	
×20%	×20%	×20%	×20%	
산출세액	58	-	38	= 20↓
(-) 조정공제액	(20)	⟶		(700 - 600) × 20% = 20
(-) 외국납부 세액공제	(30)		(30)	양도일 ⌒ 2년
	8		8	20↓ 경정청구

외국납부 세액공제 ×

$$\text{MIN}\begin{cases} ① \ 30 \times \dfrac{\text{MIN}(600,\ 700) - 407.5}{600 - 407.5} \\ ② \ 58 - 20 = 38 \end{cases}$$

↓

국내원천 유가증권 양도소득 세액공제 ○

$$\text{MIN}\begin{cases} ① \ \text{MIN}\begin{cases} ① \ 600 \times 10\% \\ ② \ (600 - 407.5) \times 20\% = 38.5 \end{cases} \\ ② \ 58 - 20 = 38 \end{cases} = 38$$

38
(20)
(38)
Ø

■ 국외원천 양도소득의 범위

비거주자	외국법인	
(7)	×	(100 + 40)
(8)	×	- 40
(9)	×	100

① 토지·건물·부동산 권리
② 기타자산 ⟨ 영업권 / 이용권
③ 주식·출자지분 부동산 주식 ⟨ 비상장 / 상장 —— (유가증권 양도소득)

(①~③ 비상장) 공통: 비거주자 = 외국법인 = 양도소득

부동산 주식: (내국법인 $\dfrac{\text{부동산 등}}{\text{자산}} \geq 50\%$)

■ 국외원천 유가증권 양도소득

<유가증권 양도소득의 범위>

외국법인

주식 —— (① PE ○ 모두 과세
(② PE × 과세제외 : 상장주식 지분비율 < 계속 25% < (특수관계인 양도연도 + 5년)

주식 외의 유가증권 —— (③ PE ○ 과세제외 : RP 매매차익 → 이자소득
(④ PE × " " " "

외국법인 —양도→ 거주자 내국법인, 소득(원징 ○)

비거주자

① ×

② ——→ ① (PE ○ / PE ×) 과세제외 지분비율 < 25%

③ ——→ ②

④ ——→ ③

■ 조세조약상 과세기준을 충족한 경우 국내원천 유가증권 양도소득에 대한 신고·납부의 특례

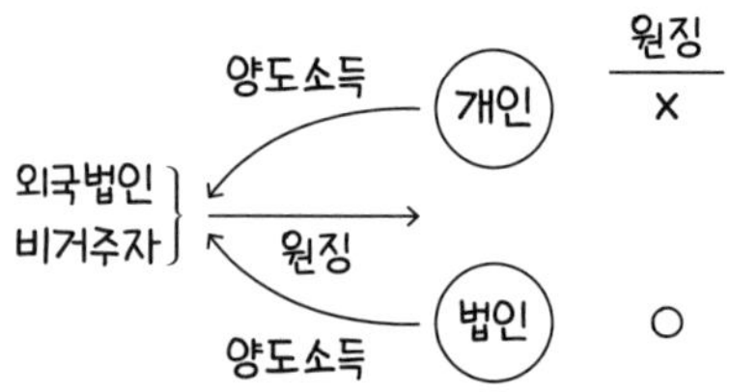

한·일

조세조약 과세기간

① 지분비율 ≥ 25%

\+

② 양도비율 ≥ 5%

↳ O.K

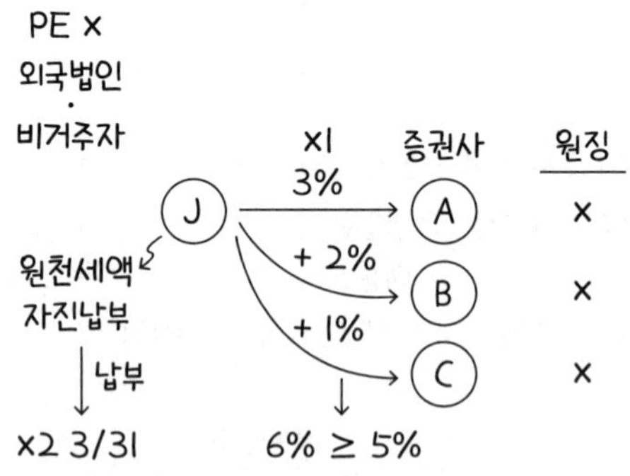

지점세

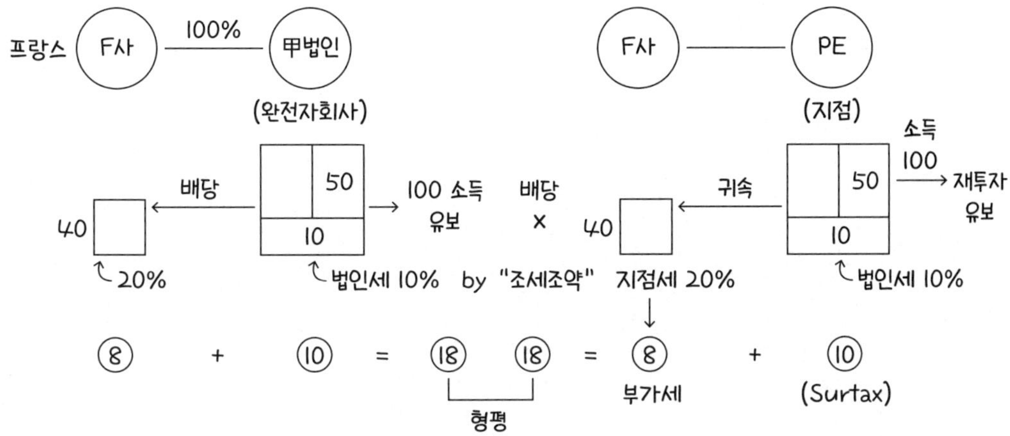

PE 소득금액 100
(−) 10
(−) 10
40

PE 소득금액 100
(−) 10
(−) 30
(−) 20*
40

* PE 과소자본세제
차입금 > 자기자본 × 2배
300 100 × 2배
이자비용
100 → 20 손금不 배당
20%

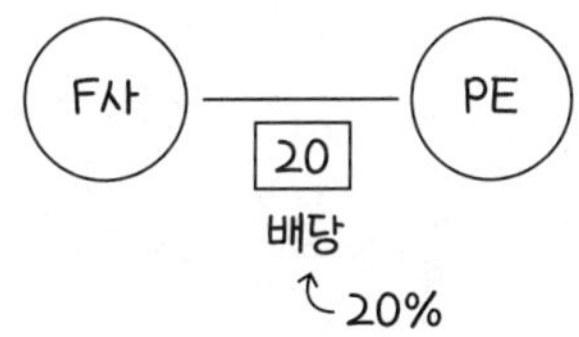

$20 \times MIN\begin{pmatrix}20\% \\ 10\%\end{pmatrix}$
= 2 제한세율

MEMO